权威·前沿·原创

皮书系列为
"十二五""十三五"国家重点图书出版规划项目

本书获河南省社会科学院社会科学创新工程试点经费资助

河南蓝皮书

BLUE BOOK OF HENAN

河南金融发展报告（2018）

ANNUAL REPORT ON FINANCIAL DEVELOPMENT OF HENAN (2018)

金融豫军崛起

主　编／张占仓　完世伟

社会科学文献出版社
SOCIAL SCIENCES ACADEMIC PRESS（CHINA）

图书在版编目（CIP）数据

河南金融发展报告. 2018：金融豫军崛起／张占仓，
完世伟主编. -- 北京：社会科学文献出版社，2018.7
（河南蓝皮书）
ISBN 978 - 7 - 5201 - 2941 - 1

Ⅰ.①河…　Ⅱ.①张…②完…　Ⅲ.①地方金融事业
- 经济发展 - 研究报告 - 河南 - 2018　Ⅳ.①F832.761

中国版本图书馆 CIP 数据核字（2018）第 134095 号

河南蓝皮书

河南金融发展报告（2018）
—— 金融豫军崛起

主　　编／张占仓　完世伟

出 版 人／谢寿光
项目统筹／任文武
责任编辑／高　启　高振华

出　　版／社会科学文献出版社·区域发展出版中心（010）59367143
　　　　　地址：北京市北三环中路甲 29 号院华龙大厦　邮编：100029
　　　　　网址：www. ssap. com. cn
发　　行／市场营销中心（010）59367081　59367018
印　　装／三河市龙林印务有限公司

规　　格／开本：787mm × 1092mm　1/16
　　　　　印张：19.75　字数：295 千字
版　　次／2018 年 7 月第 1 版　2018 年 7 月第 1 次印刷
书　　号／ISBN 978 - 7 - 5201 - 2941 - 1
定　　价／89.00 元

皮书序列号／PSN B - 2014 - 390 - 7/9

本书如有印装质量问题，请与读者服务中心（010 - 59367028）联系

▲▲ 版权所有 翻印必究

河南蓝皮书系列编委会

主　任　王　勇

副主任　周　立　袁凯声　王承哲

委　员　（以姓氏笔画为序）

万银峰　卫绍生　王　勇　王　超　王建国

王承哲　王玲杰　王景全　牛苏林　毛　兵

任晓莉　闫德亮　李太淼　吴海峰　完世伟

张林海　张富禄　张新斌　周　立　袁凯声

曹　明

主要编撰者简介

张占仓　博士，河南省社会科学院原院长、研究员，博士研究生导师，被授予河南省优秀专家、河南省学术（技术）带头人、国家有突出贡献中青年专家称号，享受国务院政治特殊津贴待遇，中国区域经济学会副会长。主要从事经济地理学研究，主攻方向为区域规划与发展战略。主持完成国家和省级重大重点项目 36 项，先后荣获河南省科技进步成果二等奖 14 项，三等奖 5 项，河南省优秀社会科学成果特等奖 1 项，发表学术论文 140 多篇，担任出版作品的主编、副主编及出版专著 30 部。

完世伟　博士，河南省社会科学院经济研究所所长、研究员，被授予河南省优秀专家、河南省学术技术带头人、河南省"四个一批"优秀人才称号，中国区域经济学会常务理事。长期从事宏观经济、区域经济、产业经济、技术经济及管理等方面的研究工作。主持或参与完成国家级、省级研究课题 30 余项，荣获省部级优秀成果奖 10 余项，公开发表理论文章 60 多篇，主持或参与编制区域发展、产业发展等各类规划 30 余项。

摘　要

2017 年金秋十月，党的十九大胜利召开，确定习近平新时代中国特色社会主义思想为党必须长期坚持的指导思想，吹响了决胜全面建成小康社会、迈向社会主义现代化国家新征程的嘹亮号角。特别是针对金融业发展，党的十九大报告指出"深化金融体制改革，增强金融服务实体经济能力，提高直接融资比重，促进多层次资本市场健康发展；健全金融监管体系，守住不发生系统性金融风险底线"。这一年里，河南金融行业以迎接党的十九大和学习领会贯彻十九大精神为统领，以服务实体经济为己任，积极主动适应利率市场化和互联网金融发展的挑战，加快改革创新和差异化、特色化战略转型，支持供给侧结构性改革，金融业发展实力增强，"金融豫军"继续壮大，社会融资规模再创新高，农村金融改革取得新突破，全省金融行业实现新发展。

《河南金融发展报告（2018）》由河南省社会科学院主持编撰，以"金融豫军崛起"为主题，深入系统地分析了 2017 年河南金融行业发展的主要态势以及 2018 年河南金融业发展的走势，全方位、多角度研究和探讨了河南金融业执行稳健金融政策，不断推进供给侧结构性改革、创新金融产品和服务、积极服务实体经济的举措及成效，并对 2018 年河南金融行业深化改革、加强创新、防范风险、强化对实体经济支撑等提出了对策建议。全书深度融入了党的十九大提出的关于金融业发展的新思想、新论断、新提法、新举措，以期为河南省委省政府、金融机构以及社会公众提供高质量的决策参考依据。全书共分为总报告、评价篇、金融豫军篇、服务创新篇和专题研究篇五部分。

本书的总报告由河南省社会科学院课题组撰写，代表了本书对 2017～

2018年河南金融业发展形势分析与展望的基本观点。总报告认为，2017年河南省金融行业主动适应新常态，坚持创新发展、稳健经营，着力推动供给侧结构性改革，强化服务、支持实体经济，呈现出新态势、新亮点、新特征。与此同时，也出现了新问题、新挑战。2018年，河南省应加大重点领域金融支持、加快多层次资本市场发展、加强薄弱环节金融创新、深化金融改革、突出规范监管、强化风险防范，方能实现金融业稳定健康发展。

本书的评价篇对河南全省的金融生态环境进行了评估。金融豫军篇由河南省人民政府发展研究中心课题组阐释了做大做强金融豫军的战略意义，深刻剖析了金融豫军群体崛起的"河南现象"，分析了未来金融业发展的趋势及对河南经济的影响，并提出了新时代做大做强金融豫军的对策建议；另外，中原银行、中原证券、中原资产、郑州商品交易所、河南省农村信用社联合社、郑州银行等金融豫军分别对各自2017年主要经营情况进行了系统回顾，并对2018年发展进行了展望。服务创新篇围绕河南的主要金融机构在普惠金融、服务小微企业、服务区域经济转型、服务脱贫攻坚等不同领域的业务创新进行了总结、分析，并就具体问题提出了具体发展思路及相应举措。专题研究篇，在深入领会党的十九大精神的基础上，就河南加快发展科技金融、推进兰考普惠金融改革实验区、加快推广应用PPP模式、强化商业银行转型发展风险控制、推动区域性股权市场健康发展等进行了深入分析，提出了相关思路及建议。

针对新时代、新形势对河南金融业提出的新要求、新任务，本书邀请了相关金融机构、金融监管机构、科研院所和政府部门的知名专家学者，研究分析了河南金融业特别是金融豫军在推进供给侧结构性改革、服务支持实体经济、防范金融风险等方面的重点难点问题，并从不同角度提出了河南金融业高质量发展的对策建议。

关键词： 河南 金融业 金融豫军

目　录

Ⅳ　服务创新篇

Ⅴ　专题研究篇

皮书数据库阅读**使用指南**

总 报 告

General Report

B.1

2017～2018年河南省金融业
运行分析与展望

河南省社会科学院课题组*

摘 要： 2017年，河南省金融行业主动适应新常态，坚持创新发展、
稳健经营，着力推进供给侧结构性改革，以强化服务来支撑
实体经济，金融业发展实力增强，"金融豫军"继续壮大，
社会融资规模再创新高，农村金融改革取得新突破。但是，
河南金融仍存在"金融豫军"实力不强、服务实体经济能力
不强等问题，区域金融风险仍然存在。2018年，面对国内外
复杂的经济金融形势，河南省应加大重点领域金融支持、加
快多层次资本市场发展、加强薄弱环节金融创新、深化金融
改革、突出规范监管、强化风险防范，实现金融业稳定健康

---

* 课题组组长：张占仓；课题组成员：完世伟、赵然、石涛、武文超、王芳、李丽菲。

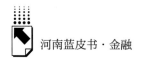
发展。

关键词： 河南　金融　金融豫军　供给侧结构性改革　金融创新

一　2017年河南省金融业运行分析

2017年，河南省金融行业主动适应新常态，认真贯彻执行国家金融政策，坚持创新发展、稳健经营，着力推进供给侧结构性改革，强化服务、支撑实体经济，有效地促进了金融行业持续较快发展。在经济新常态下，河南金融业运行表现一些新态势、新亮点、新特征，面临新问题，需要充分利用本土优势，把握发展新机遇，推动全省金融行业实现新发展、新突破。

（一）新态势

2017年，河南省金融行业继续执行稳健的金融政策，不断推进金融供给侧结构性改革，创新金融产品和服务，积极服务好实体经济、供给侧结构性改革、三大攻坚战等河南省经济转型的现实需求，取得了良好的发展态势。

1. 河南省银行业发展稳中有进

一是银行业规模持续扩大。2017年，河南银行业本外币存款余额达到60037.6亿元（见图1），较年初增长5056.6亿元，同比少增加1641.1亿元；同比增长9.2%，增速同比回落4.7个百分点，高于全国平均水平0.4个百分点。本外币贷款余额达到42546.8亿元，较年初增长5407.2亿元，同比增加66.2亿元；同比增长14.6%，增速同比回落2.2个百分点，较全国平均水平高出1.9个百分点。二是授信规模持续提高。2017年河南省存贷比持续上升，12月末存贷比值为70.9%，较年初增长3.3个百分点，月均存贷比为68.4%。三是金融机构改革成效突出。2017年，农村信用合作社（含联社）减少19家，总数为62家；农村商业银行增加19家，达到78家；村镇银行新开2家，达到79家。四是银行业稳健性持续提高。在控制不良贷款率低于1.7%、实体经济企稳回升态势不稳的现实情况下，全省银行业实现盈利686.3亿元，较年初增加17.7亿元，同比提高2.6个百分点。

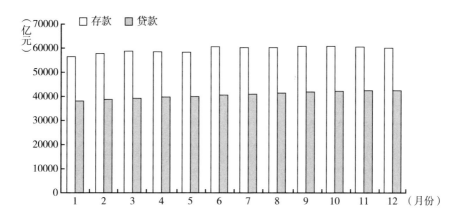

图1　2017年河南省全社会本外币存款（人民币口径）月度趋势

数据来源：河南省金融办网站统计公告。

2. 河南省证券行业稳定健康发展

一是直接融资能力显著增强。2017年，直接融资3069.13亿元，首次突破3000亿元大关，同比增加177.76亿元。二是积极推进河南企业挂牌上市。全省有7家企业实现境内外上市，融资129.83亿元，上市公司实现再融资391.95亿元，全省境内上市公司累计达到78家；境外上市公司37家，上市公司达到116家。全年共发行118只股票，其中境外发行40只，境内A股78只，境内A股上市公司流通市值规模达到7307.38亿元。全省新增新三板挂牌企业51家，总数达到378家，挂牌家数居全国第9位、中部六省第2位。有1354家企业在中原股权交易中心挂牌，累计挂牌企业达到2395家。三是机构规模逐步扩大。2017年，全省共有证券、期货、基金机构517家，其中新设71家；在河南备案的私募基金107家，备案私募基金

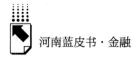

164 只，其中新增 73 只，私募基金管理规模达到 433.5 亿元。

3. 河南省保险行业实力逐步增强

2017 年，河南省保险行业实现保费收入 2020.07 亿元，居全国第五位，同比增长 29.9%，高出全省 GDP 增速 22.1 个百分点。其中，实现财产险收入 443.6 亿元，同比增长 15.7%；人身险收入 1576.8 亿元，同比增长 34.5%。保险赔付 625.86 亿元，同比增长 14.2%；其中，人身险赔付规模达到 408.3 亿元，财产险赔付规模达到 218.6 亿元，为全省社会经济发展提供了可靠保障。

（二）新亮点

1. 中原证券 A 股成功上市

2017 年 1 月 3 日，中原证券在上海证券交易所 A 股成功上市，成为河南省首家在内地、香港挂牌上市的金融企业。中原证券于 2014 年 6 月在香港成功上市，募集资金 15 亿港元；2015 年完成首次增发，募集资金 25 亿港元；2017 年回归 A 股共发售 7 亿股，募集资金 28 亿元，用于补充运营资金。在短短的两年半的时间内，中原证券完成了在香港上市、增发融资、回归 A 股的三大历史性跨越，努力打造成以证券为主业，横跨保险、"四板"市场以及其他金融业态的国际化、现代化的金控集团，为中原崛起、河南振兴提供有力的资本支持。

2. 浙商银行郑州分行开业

2017 年 2 月 21 日浙商银行郑州分行正式开业，标志着河南省成为全国性股份制银行全部入驻的第 7 个省份。浙商银行郑州分行围绕打造"发展好、服务好、队伍好、管理好、风控好"好银行的奋斗目标，落实"创新、高效、务实、稳健"总体要求，全力推进"特色银行—精品银行—主流银行"梯次发展，全力建设区域内最具特色竞争力的股份制商业银行。同时，积极支持河南省战略性新兴行业、现代农业、交通运输行业、传统支柱行业等主导产业，突出"互联网＋"创新驱动，不断创新融资模式，承诺在 5 年内累计提供不少于 3000 亿元的意向性融资额度，重点支持郑州航空港经济综合实验区、郑洛新国家自主创新示范区、河南自贸区、中原城市群等国家战略的推进实施。

3.郑州银行智力工程上台阶

2017年11月7日，全国博管办下发《全国博士后管委会办公室关于同意郑州银行股份有限公司博士后科研工作站独立招收博士后研究人员的通知》（博管办〔2017〕88号），郑州银行博士后工作站成为河南省首家具有独立招收博士后的科研工作站。郑州银行博士后工作站自2014年成立以来，先后完成国家级课题2项，部级课题19项，专项课题21项，相关成果获得省部级奖励数十次。近年来，郑州银行博士后工作站紧密围绕郑州银行发展需要，着力参股保险、社区金融、农村金融、互联网金融等热点，为郑州银行、河南省金融发展提供了有力的智力支持。2017年，郑州银行喜获2017年两岸暨港澳银行业财富管理论坛"最佳城商行综合理财能力"和"最佳产品创新"两项大奖，并于2017年10月10日，郑州银行成功发行11.91亿美元境外优先股，成为河南省首单、全国城商行境外第三单，经营综合实力显著增强。

（三）新特征

1.社会融资规模略有下降

2017年，河南省社会融资规模达到6809.0亿元，同比减少0.2个百分点，居全国第11位，较2016年下降4个位次。2017年末，新增存贷比接近70%，为全省社会经济发展提供了有效的信贷支持。

从中部六省的对比情况来看，2017年除河南省外中部其他5省社会融资规模均实现同比增长。安徽、湖北、湖南、江西、山西的社会融资规模分别为7038.0亿元、7281亿元、6430亿元、5347亿元和3203亿元，同比增速分别为12.0%、23.2%、44.9%、38.0%和75.0%。河南省社会融资规模位列中部6省第3位，分别低于安徽229.0亿元、湖北472.0亿元，分别高出湖南379.0亿元、江西1462.0亿元、山西3606.0亿元（见表1）。

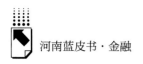

表1　2017年和2016年中部6省社会融资规模及增长率

单位：亿元，%

地区	2017	增长率	全国排名	2016	全国排名
河南	6809	-0.2	11	6823.6	7
安徽	7038	12.0	10	6283.6	11
湖北	7281	23.2	9	5910.9	12
湖南	6430	44.9	12	4436.7	14
江西	5347	38.0	14	3875.7	16
山西	3203	75.0	20	1830.6	26

数据来源：中国人民银行官网2016年和2017年统计数据。

2. 农村金融改革取得新突破

（1）普惠金融建设取得新进展。一是兰考成为全省首个"摘帽"贫困县。通过探索构建"以数字普惠金融为核心，以金融服务、普惠授信、信用建设、风险防控为基本内容"的"一平台四体系"兰考模式，普惠授信户户全覆盖工作机制基本建立，普惠金融一网通人人全覆盖初步实现，普惠金融服务站点村村全覆盖工作顺利推进，兰考县普惠金融指数从2015年全省108个县（市）排名第22位上升到2017年第2位，成为全省首个"摘帽"的贫困县。二是普惠金融支持力度进一步扩大。2017年，全省收到中央财政拨付普惠金融专项资金达到16.7亿元，其中PPP奖励补助资金3.7亿元，其他方面使用资金9.1亿元，省级财政配套资金3.9亿元，为全省普惠金融事业的发展提供了有力支撑。

（2）金融扶贫取得新成绩。一是金融扶贫"卢氏模式"基本成形。推进金融助推卢氏县脱贫攻坚试验区建设，按照"政银联动、风险共担、多方参与、合作共赢"的工作思路，通过构建"金融服务、信用评价、风险防控、产业支撑"四大体系，基本形成金融扶贫"卢氏模式"。自2017年7月以来，全省51个贫困县（市）学习复制"卢氏模式"，取得显著性成效，全面建立三级金融服务体系，拓展金融服务范围至2.2万个村级单位，实现了金融服务由村到人的转变；基本建成农村信用体系，共采集792.18万户农户信息，采集率为85.13%，其中建档立卡贫困户111.21万户，采集率为98.45%；风险防控体系逐步建立，共到位担保、风险补偿基金24.35亿元；产业支撑体系形式多样，新型农业经营主体蓬勃发展，成为带贫主力军。与此同时，非贫困县的复制推广工作也在逐步推进。在"卢氏模式"的带动下，全省金融扶贫贷款年末余额达1162.3亿元，同比增加482.6亿元，增长71%。2017年，全省扶贫小额信贷余额287.87亿元，当年新增244.98亿元，同比增长5.6倍。习近平总书记、汪洋副总理、马凯副总理对河南省探索的金融扶贫新路子做出重要批示，给予充分肯定。二是全省扶贫信贷政策体系基本成形。2017年，河南省政府先后颁发《河南省扶贫小额信贷助推脱贫攻坚实施方案（暂行）》《河南省扶贫小额信贷服务体系建设工作方案（暂行)》《河南省扶贫小额信贷风险防控体系建设工作方案（暂行)》《河南银行业扶贫小额信贷工作考评办法（暂行)》《央企河南扶贫基金助推脱贫攻坚实施方案（暂行)》，基本明确了扶持对象、服务方式、风控方式、考核方式、基金支持等扶贫小额信贷体系，为全省扶贫攻坚发展提供了有力的政策保障。

（3）农村信用合作社改革持续深入，推动小贷规范发展。积极破解不良贷款清收处置、置换资产处置变现、增资扩股三大难题，化解历史包袱，优化监管指标。2017年，全省139家县级农信社已有部分农信社改制组建农商行，余下均达到组建标准，完成省政府制订的三年行动计划，省辖市农商行组建工作稳步推进，目前已有5家完成组建，12家正在履行筹建程序。担保小贷规范健康发展。取消担保机构经营许可证和融资业务经营资格20家，审批设立注册资本金30亿元的国有控股融资担保公司1家。全省融资担保机构累计为2.69万家中小微企业和"三农"项目提供担保565.3亿元。取消小额贷款公司试点资格24家，审批设立注册资本金16亿元的小额贷款公司3家。全省小额贷款公司累计为8200家中小微企业和"三农"项目提供贷款191.3亿元。

3. 银行业平稳运行，支持实体经济成效显著

在经济下行压力持续加大、银行业机构持续盈利面临较大压力的现实情况下，河南省银行业整体保持了平稳运行的发展态势。一是河南省银行业整

体发展规模进一步扩大。2017 年，河南省银行业利润达到 686.3 亿元，较上年同期增加 17.7 亿元；总资产达到 75966.6 亿元，较年初增加 6364.6 亿元；总负债达到 73033.3 亿元，较年初增加 5936.4 亿元，全行业净资产达到 2933.3 亿元，较年初增加 428.3 亿元。二是银行业机构规模持续扩大。2017 年，全省银行机构网点达到 13071 家，同比增加 89 家；总部法人机构 238 家，同比增加 2 家；从业人员达到 203961 人，较年初增加 1503 人。各类法人金融机构达到 89559 家，较年初增加 596 家；分支机构 114402 家，较年初增加 907 家，行业发展规模进一步扩大。三是银行稳健性进一步提高。2017 年，全省不良贷款额达到 978.8 亿元，较年初减少 86.7 亿元；银行不良贷款率达到 2.3%，同比下降 0.6 个百分点；全年商业银行不良贷款率达到 7%，与上年同期持平。四是地方法人机构流动性整体较好，风险补偿能力强。2017 年，资本充足率达到 14.0%，较年初增加 2.0 个百分点，地方法人金融机构流动性较好；拨备覆盖率达到 119.07%，同比上升 30.97 个百分点。

表2　2017 年各季度河南省银行业运行情况

单位：亿元

指标	第一季度		第二季度		第三季度		第四季度	
	总额	比年初增加	总额	比年初增加	总额	比年初增加	总额	比年初增加
总资产	73655.1	4053.1	75608.0	6006.0	75987.7	6385.7	75966.6	6364.6
总负债	71151.0	4054.1	73066.0	5969.1	73218.7	6121.8	73033.3	5936.4
存款	58755.8	3776.1	60608.9	5629.2	60857.5	5877.8	60037.6	5057.9
贷款	39197.3	2057.7	40688.0	3548.4	41819.0	4679.4	42546.8	5407.2
不良贷款	1011.6	-53.9	1035.3	-30.2	1027.4	-38.1	978.8	-86.7
利润*	241.4	30.6	449.1	50.2	627.2	28.2	686.3	17.7

注：利润为同比增加值。
数据来源：河南省银监局网站统计公告。

服务实体力度持续加大。2017 年，全省本外币各项贷款余额为 4.25 万亿元，同比增长 14.6%，较年初增加 5407.2 亿元，同比多增 66.4 亿元。余额存贷比和新增存贷比分别为70.9%和106.9%，同比分别提高3.3个和27.2个百分点。一是强化对重点领域支持力度。河南省银行业继续加大对"一带一路"倡议、先进制造业强省、中国（河南）自由贸易区、郑洛新国家自主创新示范区等国家战略的支持力度。2017年，全省银行业为"一带一路"相关项目提供超过2亿美元的融资支持，开立信用证200多笔；为全省制造业行业提供贷款4503.5亿元，较2016年末增加69.0亿元，同比多增了211.4亿元，有力地支持了全省先进制造业强省的建设。二是企业金融服务能力进一步增强。2017年，全省通过应收账款融资服务平台实现涉企融资1732笔，融资规模超过360.0亿元，仅小微企业融资就高达738笔，资金规模达到94.0亿元。为全省165.7万人提供超过120.0亿元的创业担保贷款，有9559个小型企业充分发挥就业吸纳作用。三是全力支持扶贫攻坚战。2017年，全省累计发放扶贫再贷款资金规模达到139.5亿元，扶贫再贷款资金覆盖全省所有贫困县，资金规模居全国第3位；扶贫再贷款的加权利率得到显著优化，利率较一般贷款利率水平降低4个百分点，仅为4.4%，有效地降低了贫困群众的融资成本；累计发放精准扶贫贷款1162.3亿元，较2016年初增加482.6亿元，同比增长71%，带动服务建档立卡贫困人口351万人。四是稳步推进"两权"抵押贷款试点工作。全省银行业加大了对农村金融改革创新的力度，全力支持农村土地产权交易、土地确权、风险释放、价值评估等工作。2017年，累计为全省9个"两权"抵押贷款试点县发放农村承包土地经营权抵押贷款1503笔，金额达7.83亿元，贷款余额8.43亿元，同比增长282.5%；两个农房产权抵押试点县累计发放农民住房财产权抵押贷款3481笔，金额2.55亿元；贷款余额2.4亿元，同比增长142.2%。

4. 保险行业高速增长，增长质量稳步提升

在改革推动、需求拉动、政策驱动合力作用下，河南保险业高速增长。一是河南省保险行业整体发展得到提升。2017年，河南保险业收入2020.1亿元，同比增长29.9%；保险深度5.0%，同比提高1.1个百分点；保险净值1394.4亿元，较2016年增加387.2亿元，同比增长38.4%。二是保险业

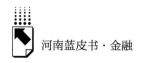

务结构调整成效显著。总体上，人身险收入占全部保费收入的比重上升2.0个百分点，达到78.0%；人身险收入达到1576.5亿元，较上年同期增长33.4%。其中，人身意外险收入达到38.0亿元，同比增长37.0%；健康险收入达到240.5亿元，同比增长59.2%；寿险收入达到1297.9亿元，同比增长29.4%。三是保险机构规模持续扩大。2017年，全省新引进保险机构3家，保险中介服务机构7家，金融中介服务机构4家。

河南省保险保障能力持续增强。一是服务实体经济的能力逐步增强。2017年上半年，河南省保险资金在全省的投资规模超过660.0亿元，正式建立起政策性出口信用保险"走出去"风险统保平台，累计承保出口企业多达1373家，风险保险资金超过195.4亿元。科技创新风险投资体系逐步完善，人保财险和平安产险的河南分公司探索开展专利保险试点，不断扩大首台套保险的试点范围和首台套重大技术装备保险，为27家企业提供风险保障6.4亿元；安诚财险、阳光财险等公司为河南机场集团、郑州轨道交通等重点项目提供保险保障上百亿元，积极服务河南重大工程建设。二是强力支持农业现代化和扶贫攻坚工作。2017年，河南省保险行业着力发挥"政融保"项目优势，着力解决"融资难、融资贵、融资慢"问题，逐步建立起以发挥党建优势为基础的"干部推荐＋融资支农＋保险保障＋财政贴息"和"政融保"险资直投产业扶贫机制。对全省已经建档立卡的贫困户实施"政融保"项目，对符合条件的各级财政实现全额贴息政策；对新型农业经营主体和扶贫龙头企业完成"政融保"项目，各级财政按照融资利率最高50%进行贴息。优化项目设计，明确"政融保"项目的融资用途、融资对象、融资模式、业务流程、融资期间和还款方式等内容，使其更加符合河南省产业扶贫、精准脱贫的需求。2017年，人保财险河南省分公司受理支农融资项目425个，落实融资额6.37亿元，已放款项目带动4160个贫困户脱贫致富。三是保险覆盖领域进一步扩大，民生保障体系逐步完善。新农合、城镇居民大病保险在全国率先实现省级统筹，全面覆盖全省18个省辖市、9460万名城乡居民，覆盖全省805万名贫困人口，累计为50.69万人次赔付7.32亿元，困难群众的报销比例提高了15.45个百分点。2017年，河南省成为全国首个大病保险实行两保合一、省级统筹的省份，全年赔款19.53亿元，有27.47万人受益。河南省是全国首个省市县乡4级医疗机构全部一站式结算的省份。省市县乡4级联网统一政策、统一流程、统一手续，较好地解决了垫付难、报销难、省内异地就医难三大难题。

5. 河南债券和证券行业平稳发展，资本市场融资能力持续提升

河南证券行业平稳发展。境内上市公司市值逐步增加，后备上市力量充足。2017年，河南省境内上市公司流通市值9778.0亿元，上市公司平均市值125.4亿元，其中有26家上市公司超百亿元。2017年，河南新增4家企业A股IPO，首发融资规模达到40.1亿元，全省共有742家重点上市后备企业。

资本市场融资能力持续提升。河南省内78家A股上市公司通过增发募集资金531.0亿元，其中郑州市募集资金197.08亿元，洛阳市82.67亿元，安阳市44.46亿元。一是河南省郑煤机、同力水泥、好想你、万洲国际、洛阳钼业和龙蟒佰利6家上市公司重大资产重组，涉及汽车及零部件、水泥、食品、畜牧、有色金属、化工六大行业，涉及交易金额958亿元，涉及市值3387亿元。二是积极推动市场化债转股。截至2017年12月末，全省市场化债转股总规模为1302.5亿元，其中已落地债转股规模为175亿元，进入实质性审批阶段债转股规模为265亿元，有意向债转股规模为862.5亿元。三是新三板后备上市企业规模继续扩大。从新三板挂牌公司来看，截至2017年9月底，全省共有新三板挂牌公司379家，新三板后备企业1089家。

（四）新问题

2017年，河南省金融业发展成效显著，为全省社会经济发展提供了有力支撑。在经济发展新常态下，实体经济发展持续承压，河南金融业发展仍然面临诸多问题。

1. "金融豫军"发展实力有待提升

一是"金融豫军"发展实力与河南省社会经济地位不匹配。当前，

"金融豫军"已经初步形成，但是起步晚、规模小、竞争实力弱，地方法人金融机构的资产规模、发展质量、赢利能力与其他商业性银行还存在一定的差距，尚未发挥引领全省金融产业发展的现实作用。2017年全省金融产业增加值占GDP的比重仍旧低于全国平均水平，银行存贷比、证券化率等关键指标仍低于全国平均水平，与河南省GDP总量排名全国第五、人口全国第一的社会经济地位不匹配。二是"金融豫军"组织规模仍需扩大。随着河南省社会经济的稳健发展，以及消费结构稳步升级，省内汽车金融、消费金融、互联网小贷等金融主体还存在一定的空白，消费潜力还存在很大的空间，给地方法人金融机构的建立提供了有利的市场空间，"金融豫军"还需要在细分市场上不断增加机构数量，不断丰富"金融豫军"金融牌照，丰富"金融豫军"协同服务河南省社会经济发展的能力。三是"金融豫军"高级管理人才欠缺。当前，河南省金融业快速发展，从业人员数量和规模逐步提升，由于受到地域、经济发展程度等的限制，使省内高端、创新型金融高级管理人才"引进来""留得住"存在一定的难度，造成了高端金融管理人才稀缺，成为制约"金融豫军"服务实体经济的一个短板。

2.金融服务实体的能力需进一步加强

一是金融精准扶贫能力有待提升。一方面是部分精准扶贫的贷款利率等惠农政策仍然存在不到位的情况，仍然存在进一步提升的空间。另一方面，由金融精准扶贫带动建档立卡贫困人数仅占全省贫困人口的30.3%，银行、保险等金融机构在控制自身金融风险的前提下，在产品创新、服务能力改进方面还存在很大的空间，充分发挥金融扶贫在"造血式"扶贫中的核心作用。二是融资难、融资贵问题仍然存在。"贷款难""难贷款"等融资难、融资贵的问题持续存在，在中小企业、小微企业融资服务中尤为突出。在国内经济回暖基础不稳的现实背景下，中小企业自身经营状况不佳，导致信贷资质条件门槛高，出现贷款难问题。一方面是金融机构，尤其是银行对小微企业的贷款门槛高，突出表现在审批条件多、审批程序复杂、贷款时间长、贷款成本高等方面；另一方面信贷计划执行进度慢、内部管理体制不健全、无还本续贷政策落实不到位、产品创新滞后等问题较为突出。

3. 区域金融风险仍然存在

2017年，经济回稳基础不稳，实体经济发展困难较多，银行业风险极大。一是信用风险高。2017年，全省主要银行对外公布的不良贷款中小微企业不良贷款占比仍然较高，逾期贷款与不良贷款的比重相对较高，信贷质量有进一步提升的空间。同时，大额信用风险受市场疲软、财务管理不佳等问题持续增加。二是证券期货机构合规性经营水平有待提升，部分上市公司存在退市的可能性。积极开展清理整顿各类交易场所。排查全省涉嫌从事交易业务的机构142家，清理整顿外省在河南省设立的交易分支机构90家，关闭国家转交处理的"微盘"交易平台84个。2017年以来，河南省证监局已经对省内14家公司下发关注函，5家公司下发问询函，4家公司进行谈话提醒，2家主办券商下发监管关注函，2家公司采取行政监管措施，1家主办券商下发问询函，进一步加大对不合规行为的整改，但省内部分公司潜在经营不合规行为仍然存在。三是以非法集资为代表的金融风险出现变异。2017年，全省新立非法集资案件229起，涉案金额143.7亿元，参与人数7.3万人，同比分别下降39.6%、35.7%和34.2%。发案数量、涉案金额、参与人数从全国第1位分别下降到第4位、第3位、第3位，非法集资案件高发频发势头得到初步遏制。当前，以非法集资为代表的金融风险借助互联网技术，逐步变异成结构复杂、监控难度大、形式多样化的金融风险，给全省社会经济发展造成了安全隐患。四是社会风险传播压力加大。通过现场排查，认定违法违规事实，确定重点监控对象69家；对32家"整改类"机构，逐一下发整改通知书，限期整改；对6家比特币等虚拟货币交易平台进行清理整治。随着互联网金融、P2P等领域非法集资金融风险的增加，违约"跑路"事件在国内持续发生，在新媒体技术的传导下，借助银行、保险、证券等金融产品概念，以非法集资为代表的金融风险持续扩大到银行、保险、证券、担保等金融机构，最终通过这些渠道影响到实体经济，有形成系统性金融风险的可能性。

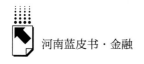

二 当前河南金融发展总体走势展望

2017 年，世界经济复苏好转，发达经济体面临一系列政治、经济挑战，新兴市场经济增长加快，但仍面临调整与转型压力。中国坚持稳中求进的工作总基调，经济运行缓中趋稳、稳中向好。党的十九大以后，中国宏观调控、金融监管和金融业改革不断深化，金融市场平稳运行，金融基础设施建设取得新进展。河南金融业在建设现代服务业强省的过程中快速发展，金融在区域经济中的作用不断增强，"金融豫军"快速成长。展望 2018 年，国内外金融市场发展步伐持续加快，发展中的风险和机遇并存，面对有利条件和不利因素，河南省金融业有望在服务实体经济发展加快改革创新，为现代服务业大省和经济强省建设提供有力支撑。

（一）有利条件

1. 中国金融业发展创新的步伐加快

近年来，中国金融业稳步发展，金融市场体制改革和发展创新步伐加快。党的十九大以后，中国的宏观调控、金融监管体制改革步伐加快，中国人民银行的货币政策和宏观审慎政策双支柱调控框架逐渐成形，银监会和保监会合并。银行业资产负债规模保持增长，对经济转型升级的支持力度不断加大，对薄弱领域的金融服务水平日趋提升。证券期货业市场主体稳健发展，监管力度不断加强，基础性制度建设进一步完善。保险业总体呈现较快发展态势，资产规模不断扩大，保费收入快速增长，改革深入推进，服务社会能力增强。金融市场参与主体进一步丰富，市场制度建设扎实推进，对外开放取得显著进展。货币市场交易规模持续扩大，利率弹性有所增大。外汇市场成交持续活跃，人民币国际化步伐不断加快。债券、股票和期货成交量快速增长。金融基础设施建设取得新的进展，支付、清算和结算体系不断完善，金融法律法规不断健全，征信市场发展和社会信用体系建设持续推进。中国金融市场的稳步健康发展，金融体制改革的不断深化，为河南金融业发展提供了良好的宏观环境。

2. 河南经济发展产生的投融资需求

2017年，河南省实现地区生产总值44988.16亿元，稳居全国第5位，同比增长7.8%，经济增速连续多年保持高于全国水平，全省居民收入实现了与经济增长同步增加。地区经济的快速发展随之必然带来投资和融资需求的增长。具体来看，近年来河南省加快推进新型城镇化，常住人口城镇化率多年保持1%以上增速，随之带来基础设施建设和房地产投资的增长，农业人口转移市民化带来的消费增长，居民收入日益提高后产生的消费升级和理财需求增加，这些变化带来了大量的投资、融资、理财、交易等方面金融服务需求，为河南金融业的业务增长提供了广大的市场潜力。与此同时，在中国经济进入新常态的宏观背景下，经济结构调整和产业升级的步伐加快，以技术创新、绿色发展、文化消费等为代表的新兴产业加快发展，同时也带来了大量的信贷和投资需求，银行、信托、证券、信托尤其是产业基金和风险投资基金等金融机构都面临着快速发展的机遇。

3. 国家战略规划和战略平台叠加效应带来新契机

近年来，国家战略规划和战略平台密集落地河南，郑洛新国家自主创新示范区、国家大数据综合试验区、中国（郑州）跨境电子商务综合试验区、中国（河南）自由贸易试验区、兰考普惠金融改革试验区先后获批，中原城市群成为国家重点培育发展的城市群。新一批国家战略规划的落地给河南在区域发展、综合交通枢纽建设、科技创新、投融资体制、对外开放等多个领域实施改革创新、先行先试的发展空间。在这样的重大机遇下，河南金融业同样面临着发展创新的历史机遇。围绕郑洛新国家自主创新示范区发展科技金融、风险投资、产业投资等方面的业务；围绕中国（郑州）跨境电子商务综合试验区、中国（河南）自由贸易试验区扩大金融业对外开放，吸引国外金融机构到豫发展，发展期货保税交割、跨境结算、进出口保险等领域的业务；围绕兰考普惠金融改革试验区创新"三农"领域的金融业务，发展农村金融体系。利用国家战略的重大机遇，积极深化金融改革创新，有利于河南金融在一些领域走在全国前列。

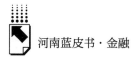
4.河南金融业发展环境不断优化

近年来，河南加快建设现代服务业强省，大力支持金融业发展，河南金融机构数量、规模和种类日益丰富，"金融豫军"日益壮大，河南金融环境不断优化。金融实力不断壮大。2017年，河南省金融机构存贷款余额分别达到59068.66亿元和41743.31亿元，存贷比超过70%，存贷款规模和存贷比较过去都有显著提升，河南金融业规模和效率明显提升，已经成为河南新兴的支柱产业之一。金融豫军快速发展，中原银行资产总额快速增长，中原证券成功在上海上市，成为在上海和香港两个证交所上市的证券公司，中原消费金融公司开始运作，"金融豫军"规模、种类和经营管理达到新的水平。民间金融机构发展迅速。2017年，河南省小额贷款公司282家，实收资本221.07亿元，贷款余额达到238.48亿元。经过几年的快速发展，河南金融业已经具备雄厚的实力，市场规模、市场参与者和市场竞争力都有很大提升，为进一步发展和改革创新奠定了良好的基础。

5.新时代新经济发展带来新机遇

当前，新经济模式快速发展，金融业与网络技术、信息技术的融合成为发展的热点，同时也为金融业的发展带来强烈的冲击。网络经济的快速发展，推动零售业与互联网、物流、供应链和金融业的整合，使这些行业的发展形态出现了快速变化。电子商务企业逐渐发展了金融领域的经营渠道，同时具有信息技术和数据方面的优势，开始发展网络交易、移动支付、互联网理财等方面业务。传统金融机构加快转型，实行线上和线下相结合，同时和互联网企业不断融合。众筹、互联网交易、移动支付等新金融交易模式迅速发展，共享经济迅速崛起，新经济下的商业模式创新带动金融业快速变革。创新和变革带来机遇，对河南金融业来说，金融创新步伐的加快是河南金融实现后发赶超、弯道超车的机遇。伴随着国家大数据综合实验区、中国（郑州）跨境电子商务综合试验区、兰考普惠金融改革试验区落地河南，河南金融业具备了创新发展的环境和机遇，有望在创新中实现跨越式发展。

（二）不利因素

1. 国际经济和金融市场风险居高不下

2017年，世界经济复苏进入缓慢上升阶段，主要经济体的经济增长速度回升，国际经济及金融形势不确定性在减少，企业投资和居民消费意愿增强。美国政府推出积极的财税新政，欧美银行系统趋于稳健，新兴市场增长稳定。但进入2018年，经济发展和金融市场的不确定性仍然很高。一是国际经贸活动不确定性增强。2018年3月，美国提出了针对中国商品加征关税，挑起了贸易战，未来中美贸易战的走向将很大程度地影响进出口贸易，甚至改变国际经贸活动的环境。二是2017年世界主要经济体复苏向好，但是新兴市场中的土耳其、墨西哥、乌克兰、阿根廷、南非等国家的财政风险在上升，为新兴市场的发展带来不确定性。三是西班牙、意大利、希腊等欧洲国家政治风险较高，同时中东、亚太、非洲地区的地缘政治风险在明显上升。复杂的外部形势可能随时给金融市场带来"黑天鹅"，为中国以及河南金融发展增加了不确定性。

2. 国内经济发展的不确定因素依然存在

2017年，中国经济稳中向好，结构调整持续发力，经济景气明显上升，同时在供给侧结构性改革的作用下，经济发展、金融市场和房地产市场的风险均在降低。但是进入2018年，经济和金融市场仍存在一定的不利因素。一是资金面的不确定性。在国内推动供给侧结构性改革，打好防范重大风险攻坚战的过程中，金融市场去杠杆将不可避免，宏观调控也将以稳健为主，同时地方债务的治理也持续推进，可以预见2018年资金面可能会逐渐趋紧。二是伴随着人们对环境治理要求的不断提高，中央不断加强环境监管和治理力度，会给经济发展带来一定压力。三是2017年各地房地产推出限购政策，起到了很好的调控效果，中央推出房产税的日期不确定，进入2018年，房地产市场不确定性仍然存在。在这种环境下，河南金融业要保持快速发展、守住不发生区域性金融风险的底线，责任和压力沉重。

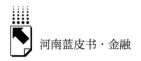

3.河南金融业发展基础仍较薄弱

河南金融业虽然经历了快速发展，"金融豫军"规模和水平迅速提高，但是底子仍然相对薄弱。一是"金融豫军"仍处于发展的起步阶段，在全国竞争力不强。中原银行2015年刚刚组建，中原证券、中原信托、百瑞信托等企业在全国范围内都属于业内中游水平，中原农险、中原资产、洛银租赁等公司都处于组建和发展的初期，资本、人才和管理水平都急需提升，"金融豫军"未来发展的任务比较重。二是金融业发展环境仍然不优。社会信用体系建设不够完善，在居民理财需求旺盛的同时金融知识相对薄弱，民间金融组织的风险仍然不可忽视，区域金融发展的环境不优对河南金融发展将会产生一定的制约。三是农村金融机构偏少，金融体系薄弱。河南作为粮食大省、农业大省、人口大省，农村人口众多，农业发展的任务较重。农村金融机构仍然偏少，金融体系不够发达。农村耕地、林地等各项产权、经营权的确权、流转方面任务繁重，融资渠道相对较窄，成为河南金融发展的难题之一。

（三）河南金融发展走势展望

当前，河南正处于新型城镇化、新型工业化快速推进时期，经济社会在平稳健康发展的过程当中，经济结构调整和产业转型升级的步伐不断加快。与此同时，中国金融市场正在经历着快速发展和变革，金融机构之间联系日益深入，金融和互联网信息科技深度融合，金融产品和业务创新步伐不断加快，人民币国际化持续推进，股票市场注册制即将推出。河南金融业经过多年的快速发展，金融业规模和经营效率迅速提升，"金融豫军"实力不断增强。展望未来，河南金融业将牢固树立创新、协调、绿色、开放、共享的发展理念，围绕河南省经济中心工作，着力服务实体经济、"三区一群"建设和打好"四张牌"，深化金融改革，强化金融创新，完善金融体系，守住不发生区域性金融风险的底线，为经济社会发展提供投融资保障。预计2018年，河南新增融资将达到8000亿元，其中新增贷款5000亿元，资本市场融资3000亿元，重点围绕重大战略、重点项目和重大基础设施建设，统筹直接融资、间接融资，加强资金保障。发展壮大"金融豫军"，全面完成农信社改制，推动郑州银行回归 A 股，争取民营银行、法人寿险公司年内获批筹建。确保区域金融稳定，加强对各类违法金融活动的风险监测和处置，确保不发生系统性、区域性风险。

三　推进河南金融业健康快速发展的对策建议

推进全省金融业健康快速发展，就必须持续深化金融改革，推动金融创新、完善金融体系，防范金融风险，切实发挥对实体经济发展的支撑作用，为决胜全面小康、让中原更加出彩奠定坚实基础。

（一）着力加大重点领域金融支持，强化资金保障

1. 加大对重点工程和项目的信贷投入

围绕全省重大战略和产业发展规划，加大先进制造业、战略性新兴产业、现代服务业、循环经济、节能环保等领域重点项目的资金支持，引导推动重点领域与行业的转型和调整。

2. 围绕"三区一群"建设加大金融支持力度

围绕加快郑洛新国家自主创新示范区建设，着力增设科技型支行、科技型网点，扩大知识产权质押贷款等无形资产抵质押贷款规模，尝试开展投贷联动试点。围绕中国（河南）自由贸易试验区建设，积极开展跨境人民币创新业务和外币离岸业务先行先试，试点开展保险资金跨境双向投融资。围绕郑州航空港经济综合实验区建设，制定专门信贷支持计划，设立保险资金基础设施投资计划、不动产投资计划和项目资产投资计划等。围绕中原城市群建设，着力加大对公共交通、城市停车场、城市地下综合管廊建设、污水与垃圾处理、保障性住房建设、棚户区改造等重大项目的支持力度。

3. 主动对接"一带一路"建设

"一带一路"倡议既面向沿线国家和地区，也面向国内相关地区和城市。随着"一带一路"建设的不断推进，我国与沿线国家和地区的经济发

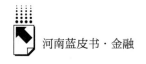

展格局将发生重大而深刻的变化，在基础设施、产能对接、对外贸易、跨境金融等方面产生大量新的金融服务需求。河南要主动抓住这一发展契机，积极组织省内金融机构与境外金融机构展开专项对接，加强系统内外协调联动，大力拓展贸易融资、内保外贷、海外并购、境外发债等融资模式。

（二）加快多层次资本市场发展，扩大直接融资规模

企业通过资本市场进行直接融资，是现代市场经济的重要融资形式，河南要进一步挖掘融资潜力，扩大直接融资规模。

1. 积极推进企业上市和挂牌

加大上市后备企业培育力度，分类组织境内外上市培训，定期进行督促指导，不断强化后备企业库动态管理，特别是从战略性新兴产业和重大转型行业中，筛选和支持实力强、成长性好的优秀企业上市融资，建立企业上市绿色通道，综合利用财政、税务、土地、工商等行政手段，加快对企业的上市培育。

2. 着力提升上市公司质量

企业上市只是有效利用资本市场的第一步，还要在上市后有效管理市值，要不断向上市公司注入优良资产，提升企业资产价值和流动性，提升企业融资能力，实现企业价值最大化。鼓励上市企业再融资，通过公开增发、定向增发、配股和股权质押融资等方式，提高利用资本市场配置资源的效率和水平。

3. 高度重视债券融资，扩大债券市场融资规模

加大债券市场融资宣传与推动力度，引导拟发债企业通过银行间市场、产权交易市场、区域股权交易市场、境外市场，灵活选择企业债、公司债、可转债、永续债、中期票据、短期融资券等多种债券融资工具进行融资，有效降低融资成本。

4. 提高政府融资能力

积极发挥各类投融资平台的作用，支持各级政府投融资公司市场化转型，发行城市地下综合管廊建设、城市停车场建设、双创孵化、绿色债券、

养老产业、战略性新兴产业等专项债券。

5. 加快各类要素市场建设

加快推进资本、土地、人力资源、产权交易、技术交易、中介服务等市场发展，构建高层次的要素市场体系。加快中原股权交易中心建设，开展股权质押融资，积极申请新三板推荐试点资格；加快中原金融资产交易中心建设，研究制定《河南省权益类交易场所监督管理办法》，做好权益类交易场所监管。

（三）加强薄弱环节金融创新，着力发展普惠金融

要加强对金融组织、金融产品以及服务模式的创新力度，围绕"大众创业、万众创新"，以及小微企业发展、"三农"工作、脱贫攻坚等薄弱环节加大金融服务保障力度。

1. 增强对小微企业的信贷支持

加强政策引导，鼓励金融机构加大对小微企业的支持力度，组织开展全省银行业小微企业、民营企业融资难、融资贵专项检查，实施金融支持小微企业专项行动计划，大力推广"银税通"业务模式，扩大知识产权、应收账款等抵质押贷款规模，为小微企业量身定做满足其发展需求的金融产品和服务。

2. 持续推进农村金融创新

在全省范围内积极推广担保创新、循环授信等八大类卓有成效的创新模式，积极稳妥开展农村两权抵押贷款试点。针对专业大户、家庭农场、农民专业合作社等新型农业经营主体，全面开展金融培育。

3. 加大对脱贫攻坚的支持力度

加快完善和推广金融扶贫的"卢氏模式"。严格落实国家小额扶贫贴息贷款相关政策，确保对单个生产经营贫困户应贷尽贷。积极推动贫困地区企业通过上市、发债募集资金，支持上市公司发起设立扶贫产业基金，对那些带动力强的扶贫开发龙头企业创新推出无抵押、无担保信用贷款。

4. 支持小型金融机构发展

适度放宽市场准入，下放审批权限，支持村镇银行、信用合作社、小额信贷、消费金融、融资租赁等小型金融机构发展，进一步增加和完善金融供给，提高金融服务质量和供给的效率，以"草根金融"的优势更好地满足小微企业、个人经营者、农户等市场主体的资金需求。同时，要加强对弱势群体的金融支持。着力加大对农民工创业就业、青年创业贷款的支持，强化残疾人和老年人等无障碍金融服务，扩大对乡、村金融服务的覆盖，提高金融服务的可得性，同时要继续推进兰考普惠金融改革试验区建设。

（四）持续深化金融改革，稳固壮大"金融豫军"

1. 着力完善"金融豫军"组织体系

要围绕"金融豫军"经营的区域性特色，加快组建民营银行、法人寿险公司，推进大型企业集团组建财务公司、地方金融机构组建金融租赁公司，引导各金融机构加快向省辖市和经济发达的县域延伸机构网点。全面梳理各类金融牌照，研究设立财产保险公司、健康保险公司、互助保险公司、汽车金融公司等多品类、创新型金融主体，从而不断扩充"金融豫军"队伍，丰富金融业态和金融产业链，使这一品牌不断壮大。

2. 持续深化改革

要加快推进农村信用社改制农商行的工作，加快县级农信社改制和省辖市城区农信社改革，不断提升经营水平和创新能力。推动中原资产管理公司围绕票据保理交易、供应链金融、保理资产证券化等方面拓展业务，形成新的利润增长点。支持中原信托、百瑞信托开展产业基金类资产管理业务、资产证券化。加快推动郑州商品交易所开展尿素等新品种期货交易，尽快推出白糖期权试点。

3. 推进金融服务产品研发

积极引进和推广国内外金融创新产品，鼓励金融机构加快航空金融、物流与供应链金融、贸易融资及租赁、绿色金融、普惠金融等产品的创新，加强银企、银证、银保、银信等多金融业态的战略合作，联合研发组合型金融产品。

4.继续实施"引金入豫"工程

进一步加强郑东新区金融集聚核心功能区建设，加快金融基础设施建设，特别是要完善金融后台服务、数据服务及产品研发中心，增强郑东新区金融集聚核心功能区的承载、集聚、创新、辐射功能，为"金融豫军"的崛起提供金融产业集聚驱动力，支持符合条件的本土金融机构在郑东新区金融集聚核心功能区设立区域总部、村镇银行总部以及产品研发中心、后台服务中心等机构。

（五）突出规范监管，提升担保行业整体实力

1.完善担保行业体系，规范经营行为

要注重发挥政府性融资担保机构的重要作用，以省、市、县级财政出资的担保机构为重点，整合担保资源，聚焦政策支持，实现做大做强，成为全省服务小微企业和"三农"的主力军，发挥示范带头作用，支撑整个行业的发展。支持社会资金参与担保体系建设，以扩大担保机构的数量与规模，促进政策性担保机构与民营性担保机构协调发展。引导担保机构加强内部管理，规范经营行为，提高风险控制能力和担保能力。

2.健全担保机构风险分担和补偿机制

由于融资担保是一种高风险的中介行为，必须通过再担保、共保、比例担保等方式分散风险，提高担保机构对抗风险的能力。要进一步完善再担保机制，按照政府主导、专业管理、市场运作的原则，加快组建中原再担保公司，充分发挥其传递政策导向、引导行业规范经营、化解行业风险的"稳定器"作用。贯彻落实中央财政支持建立农业信贷担保体系的政策，以省农业信贷担保公司为龙头，加快对全省30个主要农业大县农业信贷业务的全覆盖。建立政府、银行和担保机构三方风险共担机制，研究设立政府性融资担保基金，推动建立政府、银行和担保机构三方共同参与、互利共赢、共担风险的机制和可持续的合作模式。加大对融资担保机构的风险补偿投入，以省级再担保机构为平台，以再担保业务为纽带，推动融资担保机构与银行

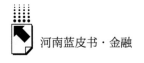

业金融机构开展合作。

3. 建立健全监管制度

按照审慎监管原则，建立健全行业统筹规划、机构设立变更和退出、公司经营规范、强化日常监管、有效防控风险等一系列行业监管制度。加强融资担保机构信用管理，建立企业信用信息公示制度，加快融资担保机构信用信息公示系统建设，加强信用监管和社会监督，以促进行业的健康快速发展。

（六）强化风险防范，杜绝系统性金融风险发生

贯彻党的十九大要求，坚决打好金融风险防范的攻坚战。

1. 加强金融风险日常监测预警

金融机构要加强对可疑资金流动的监测预警，做好宏观审慎评估，加强风险研判，及时预警提示。要强化金融机构审慎经营，高度重视并做好"去产能、去库存、去杠杆"中的金融风险防范，最大限度缓解去产能与金融债券保护的矛盾。

2. 做好防范打击和处置非法集资工作

持续深入推进防范非法集资宣传活动，充分利用电视、广播、报刊、网络、公共交通设施等载体大力宣传非法集资的风险与危害，组织好涉嫌非法集资广告资讯信息排查清理活动，增强宣传的针对性和有效性。统筹安排有关非法集资类不稳定问题专项整治工作，加大陈案处置力度，加快新案处理进程，推动非法集资案件持续下降，确保大局稳定。

3. 加强互联网金融风险清理整顿

对互联网金融从业机构进行清理整顿，形成互联网金融从业机构分类清单，并根据违法违规情况实施分类处置。对持有金融业务牌照合规经营但风险较大的机构，要及时整改并加强风险管控；对违法违规经营的，要依法暂停业务、限期整改；对业务极不规范、有意逃避监管的，要坚决依法予以取缔；对于涉嫌恶意欺诈的严重违法违规行为，要依法严厉打击。

4. 做好信访维稳

要切实做好上访群众政策解释、疏导劝返工作，协调处置因非法集资引发的群体性事件和突发事件。深入排查不稳定因素，及时掌握动态信息，畅通对话渠道，及时回应群众诉求，引导通过法律途径解决问题，稳妥做好矛盾处置化解，确保金融秩序平稳，社会大局稳定。

参考文献

中国人民银行金融稳定分析小组：《中国金融稳定报告（2017）》，中国金融出版社，2017。

中国银行国际金融研究所：《全球经济金融展望报告》，2017年11月。

中国银行国际金融研究所：《中国经济金融展望报告》，2017年11月。

河南省统计局：《河南省统计年鉴（2017）》，河南省统计局网站，http：//www. ha. stats. gov. cn/。

河南省统计局：《2017年河南省国民经济和社会发展统计公报》，河南省统计局网站，http：//www. ha. stats. gov. cn/。

《在改革中攻坚克难　在挑战中破浪前行》，《河南日报》2017年6月27日。

周小川：《"十三五"金融体制改革热点难点》，《中国经贸导刊》2016年第10期。

张占仓：《我国"十三五"规划与发展的国际环境与战略预期》，《中州学刊》2015年第11期。

王芳：《新经济背景下科技金融创新发展问题研究》，《湖北经济学院学报》2016年第6期。

王芳：《河南省科技金融结合的绩效评价及对策建议》，《金融理论与实践》2016年第12期。

潘卫红：《河南金融发展水平比较分析》，《当代经济》2016年第2期。

石涛：《破解河南小微型科技企业创业融资难困境的区域实践与启示》，《决策探索》2017年第6期。

唐晓旺：《抢抓机遇　加快河南农村小型金融机构发展》，《决策探索》2016年第1期。

评 价 篇

Evaluation Articles

B.2

新常态下河南省辖市金融
生态环境综合评价

河南省社会科学院课题组*

摘　要：　优化金融生态环境、防控重大金融风险是为河南经济建设提
　　　　　供持续动力的关键方略。基于金融生态土壤、成长、空气等
　　　　　在内的仿生态学的金融生态环境综合评价体系，利用2016年
　　　　　河南省18个省辖市的社会经济数据，对全省金融生态环境进
　　　　　行了有效评价，以期发现河南省金融生态环境建设的特点、
　　　　　不足及其影响要素，并提升优化河南金融生态环境水平的政
　　　　　策建议。

关键词：　金融生态环境　综合评价体系　熵值法　河南省

* 课题组组长：张占仓；课题组成员：完世伟、赵然、石涛、武文超、王芳、汪萌萌。

一 引言

金融是现代经济的血脉，对现代产业体系的优化、发展具有十分重要的推动、引领、带动、辐射作用，并且具有强烈的反馈效应。能否抓住金融产业发展的重大机遇，实现金融产业集群发展，打造区域金融中心，实现区域金融生态环境的优化、提高是支撑区域社会经济发展的关键。河南中部崛起，打造中原经济区，离不开良好的金融生态环境。金融环境既是金融与经济协调、有序发展的前提与基础，也是政治、经济、信用、法律等外部要素与金融内部要素利用金融机构载体相互影响、相互作用的有机整体。金融生态环境更是金融环境建设的绿色化、健康化，能够更加合理地优化区域资源配置，补齐区域经济发展的短板。当前，河南省正处打好"四张牌"、把握"四个着力"、全力扶贫攻坚、如期实现全面小康社会建设的关键时期，离不开稳定、有序、健康的金融生态环境。深化金融改革，优化金融机构体制，完善风险管理框架，构建秩序良好、生机勃勃的区域金融生态环境，是河南建设"四个强省"战略目标的客观要求和重要支撑，对于推动河南乃至中部地区经济社会的全面、协调和可持续发展具有重要意义。

自2004年，时任中国人民银行行长周小川提出"金融生态"概念以来，金融生态就成为学者研究的焦点。学者普遍认为金融生态环境是金融行业发展的外部环境，包括经济、法制、制度、信用、市场五大环境（周小川，2004；杨子强，2005；李扬，2005）。但是，学者更加注重对金融生态环境的评价及优化。中国人民银行洛阳市中心支行课题组（2006）认为区域金融生态环境评价指标体系包括经济发展水平、金融资源水平、社会信用和法制环境等四个目标层、14个准则层、90项指标。邓淇中、李鑫、陈瑞（2012）基于1996～2008年中国29个省份的统计数据，对比分析了中国29个省份的金融生态环境竞争力认为，成熟型的金融生态环境主要集中在东部地区，以广东、上海、北京竞争力最强；落后型的金融生态环境多集中在西部地带，以青海、宁夏、贵州竞争力最差；潜力型和成长型的金融生态环境则是在中部地区各省份。何颖媛（2013）在分析农村金融生态环境属性构成基础上，构建了农村金融生态环境与新型农村金融机构脆弱性的关系模型，并在问卷调查基础上运用结构方程模型进行实证检验后认为，除了农村法律环境的影响假设未得到支持外，农村的经济环境、金融环境、政策环境和信用环境在降低新型农村金融机构脆弱性方面有显著正向影响。杨昌辉、邱立伟、丁帅（2014）以皖江城市带内9个城市作为评价对象，构建金融生态环境的评价指标体系，在计算层次分析法基础上得出灰色关联系数，运用TOPSIS评价模型对示范区内9个城市的金融生态环境进行评价，认为皖江城市带9个城市的金融生态环境完善程度差异明显，部分城市的金融生态环境不容乐观。刘林（2015）运用初等突变系统的三种常用类型，对西部某地区2009~2014年的金融生态环境状况进行综合评价后认为，运用该方法开展金融生态环境评价能有效解决指标权重确定和计算复杂等问题，可供区域层面的金融生态环境跟踪监测与综合评价参考借鉴。黄茂海、吴文丽、谢志忠（2016）构建了包括经济基础、社会保障、信用环境、企业诚信、人民生活水平以及政府与中介6个方面27个子指标的福建金融生态环境指标体系，利用2013年数据对福建9个地市的金融生态环境进行了综合评价，认为需要大力夯实经济基础、完善中介服务体系、优化信用体系建设，从而不断优化金融生态环境。吴昊旻、靳亭亭（2017）以2007~2015年中国A股上市公司为样本，实证检验金融生态环境及其不同维度与企业创新效率之间的关系，实证结果表明，金融生态环境及其各组成维度均能促进企业创新效率水平的提升，且这一作用对小企业和民营企业更显著。研究表明，金融生态环境的优化有利于提高金融资源的配置效率，改善企业的外部治理环境，进而促进企业创新效率的提升。

金融是现代经济的血脉，稳定、有序、健康的金融生态环境是推动经济高质量发展的有力举措。基于生态学的方法，本文构建包含金融生态土壤环境、金融生态成长环境、金融生态空气环境在内的金融生态环境测度体系，利用2016年河南省18个省辖市的统计数据，利用熵值法对河南省金融生态环境进行综合评价，分析河南省金融生态环境发展的现状，找出金融生态环境发展中存在的问题，并给出有效的对策建议，以期能够改善河南省的金融生态环境。

二 金融生态环境评价指标体系的构建

2001 年，白钦先教授将"可持续发展"理念拓展至金融领域，提出了"金融生态环境"的基本内涵。2004 年，周小川强调生态学对金融发展的影响，首次提出金融生态环境，用经济、法律等外部环境因素来优化金融环境，实现金融行业稳健、有序、健康发展。自此，金融生态环境，尤其是金融生态环境综合评价受到了学者的极大关注，金融生态环境综合评价分析也日趋成熟。

（一）河南省城市金融生态环境综合评价指标体系的设计原则

近年来，河南加大了金融发展的力度，但河南是传统工业大省、人口大省、农业大省，金融是河南社会经济发展短板的现状并没有改变。在构建河南城市金融生态环境综合评价体系时必须基于河南社会经济发展的现实，反映发展现状，突出发展问题。同时，既要基于省情事实，也要遵循城市金融发展数据的可得性，使评价体系科学、合理、有效。本文将基于科学性、结构优化性、可操作性原则构建符合河南省发展实际的城市金融生态环境综合评价体系。

1. 科学性

科学性是城市金融生态综合评价体系构建的前提。城市金融生态综合评价体系必须基于现有研究成果，符合主流理论的研究范式，评价体系结构规范、科学、逻辑缜密，指标选取合理、符合客观实际。

2. 结构优化

结构优化是城市金融生态环境综合评价指标体系构建的中枢。城市金融生态环境综合评价指标必须层次分明、结构合理，指标相互联系、相互交织，增强指标评价体系的系统性。

3. 可操作性

可操作性是城市金融生态环境综合评价指标体系构建的关键。城市金融生态环境综合评价指标体系既要科学、简洁、客观，同时必须要考虑到评价指标数据的可得性、真实性。

（二）河南省城市金融生态环境综合评价体系的建立

城市金融生态环境综合评价是大多数学者研究金融生态环境的关键，且主要围绕省辖市和省级层面展开。城市金融生态环境综合评价指标体系最早于2004年由中国社会科学院课题组《中国城市金融生态环境评价》报告中提出的，该报告对国内50个地级市的金融生态环境进行了综合评价。李扬等人（2005）则基于调查问卷所得数据对中国金融生态环境进行了综合评价，为国内学者的研究提供了很好的思路，但指标过于臃肿，且方法主观性强。与此同时，杨昌辉等（2014）、黄茂海等（2016）人阐述了基于金融生态环境健康状态的区域金融生态环境综合评价指标体系，层次分明，结构突出。综上所述，并结合现有的研究成果，仿照生态学的基本原理，将河南省城市金融生态环境综合评价体系划分为金融生态土壤环境指标、金融成长环境指标、金融空气环境指标，并考虑到河南省社会经济发展的省情以及数据可得性，构建了河南省城市金融生态环境综合评价指标体系（见表1）。

表1 河南省城市金融生态环境综合评价指标体系

一级指标	二级指标	三级指标
金融生态成长环境	金融机构	金融产业增加值占GDP比重
		金融产业增加值占第三产业比重
		金融产业增加值占全省产业增加值的比重
		金融资产使用效率
		金融深化程度
		金融机构网点覆盖率
	股票债券市场	国债总额占GDP的比重
		境内上市公司数量(A股)
		证券交易额与GDP之比
	保险市场	保险赔付率
		保险深度
	企业	工业总产值占GDP比重
		规模以上企业利润总额占GDP比重
		单位规模以上企业利润总额
	居民	城镇居民可支配收入
		城镇居民人均消费支出
		农村居民人均纯收入
		农村居民人均消费支出

续表

一级指标	二级指标	三级指标
金融生态土壤环境	经济环境	当地 GDP
		当地 GDP 占全省 GDP 比重
		第三产业增加值
		第三产业增加值占全省第三产业增加值的比重
		二、三产业结构比
		社会消费品零售总额
	政策环境	外商直接投资占 GDP 比重
		入境旅游收入占 GDP 比重
		财政收入
		财政收入占全省财政收入的比重
		财政支出占收入比重
		税收财政收入比
		进出口总额占 GDP 比重
	社会治安环境	人口火灾发生率
		平均每起事故损失
		交通事故发生数
		金融处罚案件(保险及证券)
		银行不良贷款率
		企业三角债比率
金融生态空气环境	安居环境	垃圾无害化处理率
		城市绿化覆盖率
		人均公共绿地面积
	教育人才资源	万人普通高等学校学生数
		万人公共图书馆藏书量
	信用环境	企业合同违约率
		信用文化普及情况
		政府信用建设的法规制度情况

(三)河南省城市金融生态环境综合评价体系的指标说明

1. 金融生态成长指标

依据仿生学的基本原理,金融生态成长指标反映的是金融主体成长发展的现实情况。依据《中国统计年鉴》《中国金融统计年鉴》等国家统计金融指标设计原则，兼顾数据可得性，将金融生态成长指标划分为金融机构、股票债券市场、保险市场、企业以及居民5个二级指标。其中，金融机构指标包括金融资产使用效率、金融产业增加值占GDP比重、金融产业增加值占第三产业比重、金融产业增加值占全省金融产业增加值的比重、金融机构网点覆盖率、金融深化程度6个三级指标。股票债券市场指标包括境内上市公司数量（A股）、国债总额占GDP的比重、证券交易额与GDP之比3个三级指标。保险市场指标包括保险深度和保险赔付率2个三级指标。企业指标包括规模以上企业利润总额占GDP比重、工业总产值占GDP比重、单位规模以上企业利润总额占GDP比重3个三级指标。居民指标包括农村居民人均纯收入、城镇居民可支配收入、农村居民人均消费支出、城镇居民人均消费支出4个三级指标。

2. 金融生态土壤指标

依据仿生学的基本原理，金融生态土壤指标包括经济环境、政策环境和社会治安环境3个二级指标，分别代表城市金融生态环境发展的首要条件、重要条件和保障条件。其中，经济环境指标包括当地GDP占全省GDP比重、当地GDP、二三产业结构比、第三产业增加值、第三产业增加值占全省第三产业增加值的比重和社会消费品零售总额6个三级指标。政策环境指标包括财政收入、财政支出占收入比重、税收财政收入比、财政收入占全省财政收入的比重、外商直接投资占GDP比重、入境旅游收入占GDP比重、进出口总额占GDP比重7个三级指标，主要反映财政税收、外贸、投资等政策效果。社会治安环境指标包括交通事故发生数、平均每起事故损失、银行不良贷款率、人口火灾发生率、金融处罚案件（保险及证券）、企业三角债比率6个三级指标。

3. 金融生态空气指标

依据仿生学的基本原理，金融生态空气环境指标反映的是金融主体成长发展的外部环境，主要是社会化要素，包括教育人才资源、安居环境和信用环境3个二级指标。教育人才资源指标包括万人公共图书馆藏书量和万人普通高等学校学生数等2个三级指标。安居环境指标包括城市绿化覆盖率、垃圾无害化处理率和人均公共绿地面积 3 个三级指标。信用环境指标包括信用文化普及情况、企业合同违约率和政府信用建设的法规制度 3 个三级指标。

（四）河南省城市金融生态环境综合评价方法

从现有学者关于城市金融生态环境综合评价方法的研究来看，主要集中于 AHP 层次分析法、主成分分析法、DEAP 数据包络分析法、因子分析法、熵值法和突变级数法等，其中 AHP 分析法、主成分分析法以及因子分析法对样本量要求高且主观成分大，DEAP 数据包括分析法宏观性强，突变级数分析法不适宜于截面数据分析；熵值法客观性强、不受指标与样本量比例限制，因此本报告主要采取熵值法对河南省城市金融生态环境进行综合评价。

熵值法最大的优势在于消除了主观赋权的弊端，通过客观赋权法使得综合评价的结果更加客观、真实。熵值法的基本原理包括确立样本数据矩阵七个部分。

1. 建立测评对象数据矩阵

假设被评价样本总体为矩阵 $A = \{X_{ij}\}_{n \times m}$，其中，$X_{ij}$ 表示的是第 i 个城市第 j 个指标的数值，也即 $A = \begin{pmatrix} X_{11} & \cdots & X_{1m} \\ \vdots & & \vdots \\ X_{n1} & \cdots & X_{nm} \end{pmatrix}_{n \times m}$

上式中，n、m 分别表示的是指标、样本的数量，本报告中 $n = 36$，$m = 18$。

2. 指标数值的标准化处理

为了消除指标间的量纲差异，需要对指标数据进行标准化处理。由于指标会出现正向、负向的差别，对指标的标准化处理包括正向处理和负向处理两种方式。

对于正向指标，非负标准化处理有：

$$X'_{ij} = \frac{X_{ij} - \min(X_{1j}, X_{2j}, \cdots, X_{nj})}{\max(X_{1j}, X_{2j}, \cdots, X_{nj}) - \min(X_{1j}, X_{2j}, \cdots, X_{nj})} + 1, i = 1, 2, \cdots, n; j = 1, 2, \cdots, m$$

对于负向指标，标准化处理有：

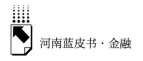

$$X_{ij}^{'} = \frac{\max(X_{1j}, X_{2j}, \cdots, X_{nj}) - X_{ij}}{\max(X_{1j}, X_{2j}, \cdots, X_{nj}) - \min(X_{1j}, X_{2j}, \cdots, X_{nj})} + 1, i = 1, 2, \cdots, n; j = 1, 2, \cdots, m$$

记标准化处理后的数据为 X_{ij} 。

3. 不同城市指标的比重及第 j 项指标熵值测算

利用标准化处理后数据 X_{ij} 来测算不同城市指标的比重,有第 i 个城市第 j 个指标的指标比重 P_{ij} ,为:

$$P_{ij} = \frac{X_{ij}}{\sum\limits_{i=1}^{n} X_{ij}} \qquad (j = 1, 2, \cdots, m)$$

基于 P_{ij} 值,有第 j 个指标的熵值 e_{ij} ,也即 $e_{ij} = -k \times \sum\limits_{i=1}^{n} P_{ij}(\ln(P_{ij}))$,($k > 0$),且令 $k = \frac{1}{\ln m}$,有:$e_{ij} \in [0,1]$,在前一步中已经对数据进行了非负标准化,因此,熵值 e_{ij} 有统计意义。零指标差异系数为 g_j ,有 $g_j = 1 - e_j$, g_j 越大表明该指标的重要性越高。

4. 指标权重及综合得分测算

第 j 项指标权重 Wj ,有:$W_j = \frac{g_j}{\sum\limits_{j=1}^{m} g_j}$,$j = 1, 2, \cdots, m$,则第 i 个城市金融生态环境综合得分 S_i ,为:

$$S_i = \sum\limits_{j=1}^{m} W_j \cdot P_{ij} (i = 1, 2, \cdots, n)$$

S_i 值衡量了河南省城市金融生态环境综合评价得分的高低,值越大,城市金融生态环境越好;反之,得分越低,城市金融生态环境越差。

三 河南省城市金融生态环境综合评价结果

(一)数据来源及数据处理

受到数据可得性约束,以及信用文化普及情况等社会诚信环境缺乏微观数据，而交通事故发生数、银行不良贷款率等指标也缺乏地市级数据，在兼顾河南省社会经济发展省情的基础上，本报告实证所用的指标体系与上文所构建的指标体系（见表1）有所区别。在样本选择上，由于缺乏县市数据，所以在样本选择上主要以18个省辖市的综合数据为主，未经特殊说明，所采取用数据均来自《河南省统计年鉴（2017）》以及郑州等18个省辖市的政府统计公报。

（二）评价结果及分析

1. 河南省城市金融生态环境综合评价排名分析

表2是2016年河南省18个省辖市城市金融生态环境综合评价得分及排名。所评价环境包括金融生态成长环境、金融生态土壤环境和金融生态空气环境三个部分（见表2）。

表2　2016年河南省城市金融生态环境综合评价排名

省辖市	金融生态环境		金融生态成长环境		金融生态土壤环境		金融生态空气环境	
	得分	排序	得分	排序	得分	排序	得分	排序
郑　　州	0.1844	1	0.0794	1	0.0885	1	0.0165	1
洛　　阳	0.0840	2	0.0339	2	0.0408	2	0.0093	15
新　　乡	0.0627	3	0.0272	5	0.0203	5	0.0153	3
焦　　作	0.0625	4	0.0290	3	0.0190	9	0.0144	6
济　　源	0.0586	5	0.0288	4	0.0145	16	0.0153	2
许　　昌	0.0569	6	0.0234	8	0.0195	7	0.0140	7
平顶山	0.0530	7	0.0247	7	0.0177	11	0.0105	14
鹤　　壁	0.0528	8	0.0188	13	0.0195	6	0.0145	5
安　　阳	0.0512	9	0.0191	12	0.0191	8	0.0130	9
南　　阳	0.0510	10	0.0192	11	0.0247	3	0.0070	18
漯　　河	0.0500	11	0.0264	6	0.0101	18	0.0136	8
三门峡	0.0498	12	0.0201	9	0.0152	15	0.0145	4
周　　口	0.0480	13	0.0183	14	0.0171	13	0.0125	11
开　　封	0.0463	14	0.0141	18	0.0215	4	0.0108	13
濮　　阳	0.0440	15	0.0193	10	0.0123	17	0.0124	12
信　　阳	0.0438	16	0.0155	16	0.0155	14	0.0127	10
驻马店	0.0424	17	0.0159	15	0.0176	12	0.0090	16
商　　丘	0.0399	18	0.0142	17	0.0183	10	0.0074	17

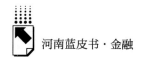

（1）河南省金融生态发展环境综合评价

河南省金融生态发展环境综合评价居前五位的依次是：郑州（得分0.1844，第1位）、洛阳（得分0.0840，第2位）、新乡（得分0.0627，第3位）、焦作（得分0.0625，第4位）、济源（得分0.0586，第5位）。

河南省金融生态发展环境综合评价居后五位的依次是：商丘（得分0.0399，第18位）、驻马店（得分0.0424，第17位）、信阳（得分0.0438，第16位）、濮阳（得分0.0440，第15位）、开封（得分0.0463，第14位）。

（2）河南省金融生态成长环境综合评价

河南省金融生态成长环境综合评价居前五位的依次是：郑州（得分0.0794，第1位）、洛阳（得分0.0339，第2位）、焦作（得分0.0290，第3位）、济源（得分0.0288，第4位）、新乡（得分0.0272，第5位）。

河南省金融生态成长环境综合评价居后五位的依次是：开封（得分0.0141，第18位）、商丘（得分0.0142，第17位）、信阳（得分0.0155，第16位）、驻马店（得分0.0159，第15位）、周口（得分0.0183，第14位）。

（3）河南省金融生态土壤环境综合评价

河南省金融生态土壤环境综合评价居前五位的依次是：郑州（得分0.0885，第1位）、洛阳（得分0.0408，第2位）、南阳（得分0.0247，第3位）、开封（得分0.0215，第4位）、新乡（得分0.0203，第5位）。

河南省金融生态土壤环境综合评价居后五位的依次是：漯河（得分0.0101，第18位）、濮阳（得分0.0123，第17位）、济源（得分0.0145，第16位）、三门峡（得分0.0152，第15位）、信阳（得分0.0155，第14位）。

（4）河南省金融生态空气环境综合评价

河南省金融生态空气环境综合评价居前五位的依次是：郑州（得分0.0165，第1位）、济源（得分0.0153，第2位）、新乡（得分0.0153，第3位）、三门峡（得分0.0145，第4位）、鹤壁（得分0.0145，第5位）。

　　河南省金融生态空气环境综合评价居后五位的依次是：南阳（得分0.0070，第18位）、商丘（得分0.0074，第17位）、驻马店（得分0.0090，第16位）、洛阳（得分0.0093，第15位）、平顶山（得分0.0105，第14位）。

　　2.河南省金融生态成长环境评价排名分析

　　表3是2016年河南省城市金融生态成长环境评价排名。金融生态成长环境包括金融机构、股票债券市场、保险市场、企业、居民5个部分。

表3　2016年河南省城市金融生态成长环境评价排名

地市	金融生态成长环境		金融机构		股票债券市场		保险市场		企业		居民	
	得分	排序	得分	排序	得分	排序	得分	排序	得分	排序	得分	排序
郑　州	0.0794	1	0.0294	1	0.0209	1	0.0050	1	0.0057	7	0.0185	1
洛　阳	0.0339	2	0.0102	2	0.0093	2	0.0022	13	0.0018	14	0.0104	3
焦　作	0.0290	3	0.0033	12	0.0060	3	0.0023	12	0.0072	5	0.0102	4
济　源	0.0288	4	0.0025	15	0.0059	4	0.0014	17	0.0081	3	0.0108	2
新　乡	0.0272	5	0.0088	3	0.0044	6	0.0039	8	0.0039	10	0.0061	8
漯　河	0.0264	6	0.0009	18	0.0033	9	0.0038	9	0.0122	1	0.0061	9
平顶山	0.0247	7	0.0088	4	0.0045	5	0.0040	6	0.0036	11	0.0039	13
许　昌	0.0234	8	0.0032	13	0.0022	13	0.0016	16	0.0087	2	0.0077	5
三门峡	0.0201	9	0.0035	11	0.0035	8	0.0014	14	0.0054	8	0.0057	10
濮　阳	0.0193	10	0.0024	16	0.0044	7	0.0046	2	0.0047	9	0.0032	15
南　阳	0.0192	11	0.0056	7	0.0024	12	0.0040	5	0.0006	18	0.0065	6
安　阳	0.0191	12	0.0059	6	0.0032	10	0.0030	11	0.0022	13	0.0049	12
鹤　壁	0.0188	13	0.0026	14	0.0016	17	0.0020	15	0.0062	6	0.0064	7
周　口	0.0183	14	0.0042	10	0.0014	18	0.0046	3	0.0076	4	0.0006	18
驻马店	0.0159	15	0.0053	8	0.0017	16	0.0039	7	0.0017	15	0.0033	14
信　阳	0.0155	16	0.0060	5	0.0017	15	0.0040	4	0.0010	17	0.0028	16
商　丘	0.0142	17	0.0046	9	0.0028	11	0.0037	10	0.0014	16	0.0017	17
开　封	0.0141	18	0.0018	17	0.0019	14	0.0014	18	0.0035	12	0.0054	11

　　（1）河南省金融机构成长综合评价

　　河南省金融机构成长评价居前五位的依次是：郑州（得分0.0294，第1位）、洛阳（得分0.0102，第2位）、新乡（得分0.0088，第3位）、平顶

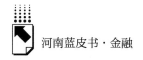

山（得分0.0088，第4位）、信阳（得分0.0060，第5位）。

河南省金融机构成长评价居后五位的依次是：漯河（得分0.0009，第18位）、开封（得分0.0018，第17位）、濮阳（得分0.0024，第16位）、济源（得分0.0025，第15位）、鹤壁（得分0.0026，第14位）。

（2）河南省股票债券市场成长综合评价

河南省股票债券市场成长评价居前五位的依次是：郑州（得分0.0209，第1位）、洛阳（得分0.0093，第2位）、焦作（得分0.0060，第3位）、济源（得分0.0059，第4位）、平顶山（得分0.0044，第5位）。

河南省股票债券市场成长评价居后五位的依次是：周口（得分0.0014，第18位）、鹤壁（得分0.0016，第17位）、驻马店（得分0.0017，第16位）、信阳（得分0.0017，第15位）、开封（得分0.0019，第14位）。

（3）河南省保险市场成长综合评价

河南省保险市场成长评价居前五位的依次是：郑州（得分0.0050，第1位）、濮阳（得分0.0046，第2位）、周口（得分0.0046，第3位）、信阳（得分0.0040，第4位）、南阳（得分0.0040，第5位）。

河南省保险市场成长评价居后五位的依次是：开封（得分0.0014，第18位）、济源（得分0.0014，第17位）、许昌（得分0.0016，第16位）、鹤壁（得分0.0020，第15位）、三门峡（得分0.0020，第14位）。

（4）河南省企业成长综合评价

河南省企业成长评价居前五位的依次是：漯河（得分0.0122，第1位）、许昌（得分0.0087，第2位）、济源（得分0.0081，第3位）、周口（得分0.0076，第4位）、焦作（得分0.0072，第5位）。

河南省企业成长评价居后五位的依次是：南阳（得分0.0006，第18位）、信阳（得分0.0010，第17位）、商丘（得分0.0014，第16位）、驻马店（得分0.0017，第15位）、洛阳（得分0.0018，第14位）。

（5）河南省居民成长综合评价

河南省居民成长评价居前五位的依次是：郑州（得分0.0185，第1位）、济源（得分0.0108，第2位）、洛阳（得分0.0104，第3位）、焦作

（得分0.0102，第4位）、许昌（得分0.0077，第5位）。

河南省居民成长评价居后五位的依次是：周口（得分0.0006，第18位）、商丘（得分0.0017，第17位）、信阳（得分0.0028，第16位）、濮阳（得分0.0032，第15位）、驻马店（得分0.0033，第14位）。

3.河南省金融生态土壤环境评价排名分析

表4是2016年河南省城市金融生态土壤环境评价排名。金融生态成长环境包括经济环境、政策环境、社会治安环境3个部分。

表4　2016年河南省城市金融生态土壤环境综合环境评价排名

地市	金融生态土壤环境		经济环境		政策环境		社会治安环境	
	得分	排序	得分	排序	得分	排序	得分	排序
郑　州	0.0885	1	0.0395	1	0.0467	1	0.0023	17
洛　阳	0.0408	2	0.0182	2	0.0190	2	0.0036	9
南　阳	0.0247	3	0.0142	3	0.0067	12	0.0039	3
开　封	0.0215	4	0.0087	9	0.0100	5	0.0028	13
新　乡	0.0203	5	0.0089	7	0.0077	8	0.0037	6
鹤　壁	0.0195	6	0.0007	17	0.0152	3	0.0036	8
许　昌	0.0195	7	0.0079	11	0.0073	11	0.0042	2
安　阳	0.0191	8	0.0086	10	0.0086	7	0.0019	18
焦　作	0.0190	9	0.0068	13	0.0097	6	0.0025	15
商　丘	0.0183	10	0.0089	6	0.0064	13	0.0030	11
平顶山	0.0177	11	0.0078	12	0.0075	9	0.0024	16
驻马店	0.0176	12	0.0091	5	0.0043	17	0.0043	1
周　口	0.0171	13	0.0088	8	0.0047	16	0.0036	7
信　阳	0.0155	14	0.0093	4	0.0025	18	0.0038	4
三门峡	0.0152	15	0.0040	15	0.0075	10	0.0037	5
济　源	0.0145	16	0.0003	18	0.0113	4	0.0030	12
濮　阳	0.0123	17	0.0046	14	0.0046	15	0.0030	10
漯　河	0.0101	18	0.0022	16	0.0052	14	0.0026	14

（1）河南省经济环境评价

河南省经济环境评价居前五位的依次是：郑州（得分0.0395，第1位）、洛阳（得分0.0182，第2位）、南阳（得分0.0142，第3位）、信阳

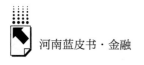

（得分0.0093，第4位）、驻马店（得分0.0091，第5位）。

河南省经济环境评价居后五位的依次是：济源（得分0.0003，第18位）、鹤壁（得分0.0007，第17位）、漯河（得分0.0022，第16位）、三门峡（得分0.0040，第15位）、濮阳（得分0.0046，第14位）。

（2）河南省政策环境评价

河南省政策环境评价居前五位的依次是：郑州（得分0.0467，第1位）、洛阳（得分0.0190，第2位）、鹤壁（得分0.0152，第3位）、济源（得分0.0113，第4位）、开封（得分0.0100，第5位）。

河南省政策环境评价居后五位的依次是：信阳（得分0.0025，第18位）、驻马店（得分0.0043，第17位）、周口（得分0.0047，第16位）、濮阳（得分0.0046，第15位）、漯河（得分0.0052，第14位）。

（3）河南省社会治安环境评价

河南省社会治安环境评价居前五位的依次是：驻马店（得分0.0043，第1位）、许昌（得分0.0042，第2位）、南阳（得分0.0039，第3位）、信阳（得分0.0038，第4位）、三门峡（得分0.0037，第5位）。

河南省社会治安环境评价居后五位的依次是：安阳（得分0.0019，第18位）、郑州（得分0.0023，第17位）、平顶山（得分0.0024，第16位）、焦作（得分0.0025，第15位）、漯河（得分0.0026，第14位）。

4. 河南省金融生态空气环境评价排名分析

表5是2016年河南省城市金融生态空气环境评价排名。金融生态空气环境包括安居环境、教育人才环境两个部分。

（1）河南省安居环境评价

河南省安居环境评价居前五位的依次是：周口（得分0.0123，第1位）、许昌（得分0.0120，第2位）、鹤壁（得分0.0118，第3位）、漯河（得分0.0117，第4位）、新乡（得分0.0116，第5位）。

河南省安居环境评价居后五位的依次是：郑州（得分0.0050，第18位）、洛阳（得分0.0057，第17位）、南阳（得分0.0059，第16位）、商丘（得分0.0061，第15位）、开封（得分0.0079，第14位）。

表5　2016年河南省城市金融生态空气环境综合环境评价排名

地市	金融生态空气环境		安居环境		教育人才环境	
	得分	排序	得分	排序	得分	排序
郑　州	0.0165	1	0.0050	18	0.0114	1
济　源	0.0153	2	0.0089	11	0.0064	2
新　乡	0.0153	3	0.0116	5	0.0036	5
三门峡	0.0145	4	0.0099	10	0.0047	3
鹤　壁	0.0145	5	0.0118	3	0.0027	8
焦　作	0.0144	6	0.0101	9	0.0043	4
许　昌	0.0140	7	0.0120	2	0.0020	11
漯　河	0.0136	8	0.0117	4	0.0019	12
安　阳	0.0130	9	0.0104	8	0.0026	10
信　阳	0.0127	10	0.0111	6	0.0016	13
周　口	0.0125	11	0.0123	1	0.0002	18
濮　阳	0.0124	12	0.0110	7	0.0014	14
开　封	0.0108	13	0.0079	14	0.0029	7
平顶山	0.0105	14	0.0079	13	0.0026	9
洛　阳	0.0093	15	0.0057	17	0.0036	6
驻马店	0.0090	16	0.0087	12	0.0003	17
商　丘	0.0074	17	0.0061	15	0.0013	15
南　阳	0.0070	18	0.0059	16	0.0012	16

（2）河南省教育人才资源环境评价

河南省教育人才资源环境评价居前五位的依次是：郑州（得分0.0114，第1位）、济源（得分0.0064，第2位）、三门峡（得分0.0047，第3位）、焦作（得分0.0043，第4位）、新乡（得分0.0036，第5位）。

河南省教育人才资源环境评价居后五位的依次是：周口（得分0.0002，第18位）、驻马店（得分0.0003，第17位）、南阳（得分0.0012，第16位）、商丘（得分0.0013，第15位）、濮阳（得分0.0014，第14位）。

四　评价结果分析与对策建议

（一）2016年河南省城市金融生态环境综合评价结果分析

基于2016年河南省郑州等18个省辖市的社会经济金融发展数据，综合评价了全省18个地市城市金融生态环境。研究结果表明,郑州、洛阳、新乡、焦作、济源等市金融生态环境综合实力居全省前五位,而商丘、驻马店、信阳、濮阳、开封等市金融生态环境综合实力居全省后五位,较以往略有变化。从综合评价结果来看,逐步形成了以郑州、洛阳等为核心,引领全省金融产业发展的基本战略框架,河南金融生态环境持续优化。目前,全省城市金融生态环境虽然在持续改善,但是金融服务实体经济等问题依旧突出。

1. 金融生态成长环境持续改善,金融服务实体问题突出

从河南省金融生态成长环境评价结果来看,金融生态成长环境持续改善,金融服务实体问题突出。郑州、洛阳、焦作、济源、新乡等综合评分前五位的省辖市金融生态成长环境指标与综合评价指标匹配度高,其他地区各项指标匹配度不一,突出表现在以下几点。一是金融生态成长环境排名靠前的地区(如平顶山、许昌等),金融机构、股票债权市场、保险市场等指标较为靠前,但是企业、居民指标偏低。二是金融生态成长环境排名靠后的地区(如信阳、商丘),金融机构指标相对靠前,但是企业、居民等指标的贡献度较低;其余排名靠后地区大部分是金融机构等指标靠后,企业、居民指标贡献度偏低。

可见,全省大部分地区金融资源要素与实体(企业、居民)的匹配度不高,金融服务实体的问题突出。在新常态下,企业融资成本上升,融资难问题依旧存在。在供给侧结构性改革的大背景下,只有不断地进行金融改革,强化服务创新,增强服务实体经济的能力,扩大服务实体经济的深度,才能有效地改善地区金融生态成长环境。

2. 政策环境、社会治安环境是优化金融生态环境改善的关键要素

从金融生态土壤环境综合评价结果来看,政策环境对金融生态土壤环境的贡献最大,财政、对外贸易政策能够有效地改善金融生态环境。但是,经济环境与社会治安环境、政策环境匹配程度不高的现实导致部分地区金融生态土壤环境评价较低且较为明显的现实并未得到改变。一是金融生态土壤环境得分靠前的地区社会治安环境评分低。郑州、洛阳等金融生态土壤较好地

区，经济环境、政策环境评分均较高，但是社会治安环境较差，成为制约此类地区金融生态环境改善的关键要素。2016年，此类地区人口火灾发生率、火灾造成的经济损失程度普遍偏高，为此需要加强社会治安环境建设，不断优化金融生态环境。二是社会治安环境评分高的地区经济环境评分低。驻马店、信阳等地社会治安环境较好，但是经济环境基础排名较低，本地消费市场开发程度相对偏低，对经济增长的贡献度不高。

3. 金融生态空气环境需持续优化

在全省金融生态环境综合评价中，金融生态空气环境综合的权重最低，且远低于金融生态成长环境指标和金融生态土壤环境指标的权重，金融生态空气环境对金融生态环境评价贡献度偏低。金融生态空气环境较为突出的问题表现在以下几点。一是安居环境错配问题较为严重。郑州、三门峡等地评分较高，但是安居环境指标评分较低，此类地区的生态环境建设水平较低，空气环境较差，与较好的金融成长、土壤环境不相匹配。二是高层次人才资源匮乏。科教环境不足，省内仅有郑州大学一所国内"211"工程大学，河南大学一所重点大学，其他高校多以二本高校为主，科教实力与东部、中部发达地区相比，还存在较大差距，难以为本省经济发展输出较为充足的高端人才。

（二）建议

针对河南省金融生态环境发展的现状，提出如下建议。

1. 深化金融供给侧结构性改革，提高金融服务实体经济的能力

在经济发展新常态下，提高金融服务实体经济的能力，对于全省实体经济转型发展具有十分重要的现实意义。一是调节和优化信贷结构、加大对薄弱领域的信贷配给度。强化对服务业、制造业等省内重点发展产业的金融支持力度，为建设高成长的服务大省、先进制造业大省提供有力的金融支撑。强化对涉农、小微企业信贷的支持，突出精准扶贫、精准扶微、精准扶创等金融模式的创新，降低中小企业创新创业的成本，为全省脱贫攻坚提供有力的金融保障。二是深化金融服务创新、建设"更懂你"的金融。深化金融服务体系创新，突出针对河南当前社会经济发展的现状，建立主动型、个性

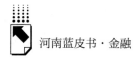

化与多样化并存的金融服务体系，主动适应河南经济转型发展的现实需要。三是持续拓展河南金融消费市场。金融机构需要不断进行产品创新，增加金融消费的营销力度，激活本地的金融消费市场。

2. 深化财税、外贸供给侧改革，提高培育金融生态环境的支撑能力

把握建设中国（河南）自由贸易区、郑州航空港经济综合实验区、郑洛新国家自主创新示范区、中国（郑州）跨境电子商务综合试验区等七大国家战略的历史机遇，深化财税体制改革，扩大对外贸易程度，向政策、机制要红利，提高培育金融发展的支撑能力。一是不断深化对外贸易程度。提高全方位、全领域高层次的对外开放意识，加快省内边远地区开放的节奏，扩大教育、医疗、服务等产业对外开放的层次，建立和完善河南开放型经济新体制。二是深化财税体制改革。以建设中国（河南）自由贸易区为契机，精简财税服务流程、降低企业税费、全面推行营改增，统筹推进财税体制改革和金融改革，不断激活自贸区内企业创新创业的活力，逐步培育和形成引领全省经济发展的企业集群。

3. 打造碧水蓝天、治安有序的社会环境，有力保障金融生态环境的发展

社会环境已经成为衡量社会经济发展质量的关键要素，构建和谐、有序的社会环境是建设金融生态环境的有力保障。一是打造碧水蓝天。继续深化以空气环境质量为核心的宜居环境综合治理政策，尤其是提高经济发达地区的环境治理水平，打造良好的宜居生态环境，不断吸引、留住金融人才。二是继续加大法治河南建设，提高社会治安管理水平，构建平安河南和信用河南。三是争取高层次教育资源。通过吸引清华、北大等国内高层次大学和美国加州伯克利等世界知名学校来豫建立分校，同时利用好郑州大学、河南大学入选国家"双一流"大学建设的历史契机，不断提高河南高等教育水平，为河南高层次金融产业发展提供有力的智力支持。四是继续加大金融基础设施建设力度。一方面河南省要提高金融基础设施的人口覆盖率，不断满足人们的金融需求，尤其是加大县级地区金融基础设施乡（镇）级全覆盖；另一方面不断提高金融发展的硬件设施水平，尤其是互联网金融平台建设，包括通信、网络等基础设施的建设水平，提高金融服务的效率和能力。

参考文献

周小川：《在首届"中国金融论坛"上的演讲》，《金融时报》2005 年 11 月 4 日。

杨子强：《商业银行要重视对金融生态环境的研究利用》，《金融时报》2005 年 1 月 11 日。

李扬：《中国城市金融生态研究——初步分析》，《福建金融》2005 年第 7 期。

吴昊旻、靳亭亭：《金融生态环境与企业创新效率》，《金融论坛》2017 年第 12 期。

黄茂海、吴文丽、谢志忠：《基于主成分分析法的福建省金融生态环境测度评价研究》，《福建论坛》（人文社会科学版）2016 年第 5 期。

徐丹丹、刘凯元、曾章备、谭慧颖：《我国区域农村金融生态环境评价研究——基于突变级数法的分析》，《农业经济问题》2016 年第 4 期。

刘林：《基于突变理论的地方金融生态环境评价研究》，《西部金融》2015 年第 7 期。

杨昌辉、邱立伟、丁帅：《基于加权 GRA-TOPSIS 的皖江城市带金融生态环境评价》，《合肥工业大学学报》（自然科学版）2014 年第 11 期。

何颖媛：《农村金融生态环境与新型农村金融机构脆弱性》，《系统工程》2013 年第 1 期。

邓淇中、李鑫、陈瑞：《区域金融生态环境指标体系构建及竞争力评价研究》，《湖南科技大学学报》（社会科学版）2012 年第 6 期。

中国人民银行洛阳市中心支行课题组：《区域金融生态环境评价指标体系研究》，《金融研究》2006 年第 1 期。

金融豫军篇

Finance Henan Financial Army

B.3

做大做强"金融豫军"发展报告

河南省人民政府发展研究中心课题组*

摘　要：　近年来"金融豫军"群体性崛起,有力地支撑了中原崛起,但是长期以来金融业是制约河南省发展的重要短板依然滞后于经济发展,存贷差偏大,资本市场发育迟缓,机构实力弱,结构层次低,创新能力低,专业人才匮乏,发展环境有待优化。做大做强金融豫军要强化特色,重点突破,培育龙头,集群发展,持续提升郑东新区金融集聚区的影响力,为河南建设经济强省、加快中原崛起提供有力支撑。

关键词：　中原经济　金融豫军　金融风险

---

* 课题组组长：刘战国；课题组成员：张齐、张凯、王命禹、汪来喜。

一 做大做强"金融豫军"的战略意义

（一）支撑"经济强省"建设的迫切需要

2016 年 11 月，河南省十次党代会提出了建设"经济强省"的战略目标，强调"建设先进制造业强省、现代服务业强省、现代农业强省、网络经济强省'四个强省'"，要求"经济总量保持全国前列，生产总值年均增速高于全国平均水平 1 个百分点以上"。金融是经济的血液，是现代经济的核心和中枢，建设经济强省就必须注重建设金融强省，发挥金融的支撑和驱动作用，充分发挥金融在资本优化配置中的特殊功能。"金融豫军"是河南省金融的基础组成部分和新增长极，做大做强"金融豫军"是建设经济强省的迫切需要。

为了适应经济新常态、建设经济强省、加快中原崛起，习近平总书记对河南省提出了打好"产业结构优化升级、创新驱动发展、基础能力建设、新型城镇化""四张牌"的要求。打好"四张牌"必须解决资本短缺的问题，为此必须推进金融创新，加大改革力度，完善金融体系，拓宽融资渠道，做大做强本土金融机构，满足融资需求，支撑跨越式发展。

（二）推动经济转型升级的迫切需要

实现全面建成小康社会和建设经济强省的目标，其关键是推动经济转型升级，即加快产业结构升级和科技创新发展动能转换，加快供给侧结构性改革，而经济转型升级的基础是大规模创新型资本投入，为此必须做大做强本土金融机构，构建融资功能完善的金融体系。要推动主导产业高端化、绿色化、智能化、融合化、集群化的转型发展，必须加快传统产业的改造升级和战略新兴产业的跨越发展，战略新兴产业的发展要求建立"科技 + 金融"的科技金融体系，传统产业的改造升级要求建立"产业 + 金融"产业金融体系。大力发展普惠金融、绿色金融、科技金融、双创金融、产业金融、互

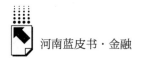

联网金融、消费金融等新兴业态，构建功能完善、市场多层次、产品多样化的金融市场体系，做大做强"金融豫军"是推动经济转型升级的强大支撑和重要驱动力。把金融资源优势转化为产业发展优势，通过支持产业转型发展做大、做强、做优金融业。

（三）建设郑州国际金融中心的迫切需要

实现中原崛起必须构建国家级的中原城市群和建设郑州国家中心城市，而建设郑州国家中心城市必须全力推进国际化的经济中心、贸易中心、金融中心、交通物流中心和科创中心建设，其中国际化金融中心在郑州国家中心城市"五大中心"中处于核心和中枢地位。只有加大"引金入豫"力度，加快"金融豫军"做大做强，积极引导金融机构、金融人才、金融要素的集聚、集中、集群化发展，构建融资服务功能完善的金融市场体系，才能建成国内国际一流的郑州金融中心，辐射带动中原城市群、中原经济区的跨越式发展。

（四）助力"三区一群"等国家战略规划的迫切需要

"三区一群"战略规划，即郑州航空港经济综合实验区、中国（河南）自由贸易试验区、郑洛新国家自主创新示范区和中原城市群，是引领和支撑河南省未来改革、开放、创新、发展的重要支柱，是带动中原崛起和全国发展的新增长极。实施"三区一群"国家战略规划，就是要建设"三区一群"完善的基础设施，建设国际国内一流的先进产业集群，这就会产生大规模的资金需求，只有做大做强金融豫军，才能满足基础设施建设和产业发展融资需求。只有加快金融改革和创新先行先试，试点资本市场开放和人民币可兑换，积极发展离岸金融、全贸易链金融、物流与供应链金融、航空金融的创新探索，拓展飞机租赁、航空融资租赁等融资渠道，以金融创新带动科技创新，为高成长性的新经济、新产业、新业态、新模式提供金融支持，促进本土金融机构做大做强，才能支撑和引领自由贸易区、自主创新示范区和郑州航空港区等国家战略。

（五）弥补金融业发展"短板"的迫切需要

当前河南省金融业增加值占 GDP 比重比全国平均水平低 2 个百分点以上，"金融豫军"发育程度低、规模小、体系不健全、结构不优化，金融业明显滞后于经济发展，是制约经济转型升级和社会发展的"短板"。弥补金融业发展"短板"，必须实施"引金入豫"工程和做大做强"金融豫军"双轮驱动，推进金融业供给侧结构性改革，加快银行、证券、保险、期货、信托、租赁等各类金融业发展，推动金融组织创新、产品和服务模式创新，改善金融供给，降低融资成本，解决金融与实体经济深层次失衡问题，实现金融业跨越式发展，支撑区域经济跨越式发展，实现金融和实体经济的良性循环、健康发展。

二　"金融豫军" 群体崛起的 "河南现象"

20 世纪八九十年代，河南省本土金融业处在"探索发展阶段"。农村信用社等合作金融组织稳定发展，成为农村金融的支柱，但是由于产权不清晰、体制机制不活、风控能力弱化，导致积累潜伏的金融风险较大；城市信用社蓬勃发展，遍地开花，但是潜伏的金融风险巨大；资本市场处于起步阶段，证券、信托、期货公司成立，郑州商品交易所率先成立，成为全国三大期货交易所之一。

进入 21 世纪后，河南省本土金融业进入"积累力量阶段"。加快改革重组步伐，城市信用社重组为城市合作银行，后又改制为城市商业银行。2010 年之后，河南省本土金融机构进入"群体性崛起阶段"，2014 年以来进入加速崛起阶段，各类金融机构群雄并起，资本市场快速发展，金融豫军快速发展壮大。组建了中原银行并在香港上市，中原证券实现了 A + H 上市，郑州银行实现 H 股上市。2015 年，中原航空港产业投资基金公司、中原农业保险公司、中原股权交易中心、中原资产管理公司成立，河南省农信社改制为农商行基本完成，填补了省内金融领域的多项空白，金融体系不断

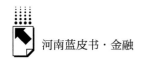

完善，金融生态逐步优化，"金融豫军"在全国崭露头角，出现了"井喷式"群体性崛起现象。

（一）集群发展雏形初显

河南省本土金融体系不断完善，初步形成包括银行、保险、证券、信托、担保、基金、资管、股权交易、金融租赁、金控公司、小贷公司等金融机构在内的金融体系（见表1）；科技金融、消费金融、金融租赁、融资租赁等新金融业态发展驶入快车道，产品层次不断升级，结构不断优化，创新能力不断提高，集群化发展态势基本形成。

表1　河南省本土法人金融机构（总部）数量分布（2017年6月）

单位	数量	单位	数量
城市商业银行	5	期货	2
农村信用联社	76	资产管理	3
农村商业银行	64	信托公司	2
村镇银行	77	财务公司	6
消费金融公司	1	金融租赁公司	2
证券	1	担保（省级）	2
保险	1		

（二）骨干金融机构纷纷上市

众多金融机构陆续上市是金融豫军崛起的重要标志。"上市"是企业综合实力和竞争力的重要标志，是利用高层次资本市场做大做强"金融豫军"的有力推手。中原证券是河南省首家实现 H + A 上市的金融机构，已是股市的重要风向标之一；郑州银行于2015年底实现 H 股上市，A 股上市已经进入反馈阶段；中原银行于2017年7月实现 H 股上市，洛阳银行等众多本土金融机构也在上市的快速推进阶段，"金融豫军"正在资本市场刮起"中原风"。

（三）骨干金融机构走向全国同类前列

骨干金融机构在全国位次快速提高，市场占有率、影响力、竞争力大幅提升。根据《银行家》杂志披露，2016 年中原银行位列全球千家大银行第 210 位，在国内上榜的全部 119 家银行和 73 家城商行中分别居第 31 位和第 9 位；2016 年，郑州银行实现净利润 40.5 亿元（见表 2），在全国城商行居第 15 位，位列资产规模 3000 亿元以上城商行竞争力第 2 名。中原资产管理资产突破 580 亿元，获得 AAA 信用评级；省担保集团注册资本 62 亿元，综合实力居全国省级政策性融资担保机构第 5 位；中原农险为全国五家专业农险机构之一，2017 年上半年的保费收入已经超过 2016 年全年，呈现加速发展态势。

表 2　2016 年省内主要城商行增长数据情况

单位：亿元，%

银行名称	存款总额	同比增长	贷款总额	同比增长	营业总额	同比增长	资产总额	同比增长	净利润总额	同比增长
中原银行	2453	19.4	1648	20.3	116.30	10.3	4326	43.9	33.6	12.8
郑州银行	2454	45.4	1220	29.3	98.72	25.9	3661	37.8	40.5	20.7
洛阳银行	1100	19.2	673	14.8	62.81	18.3	2028	21.6	26.1	22.2

（四）对地方经济社会发展的支撑作用凸显

本土金融机构生于本土、服务本土，是本土经济发展的重要支柱。截至 2016 年末，全年贷款增量达 5300 多亿元，增速 17%，5 家城商行的贷款增速均在 15% 以上。郑州银行累计为道路修建、棚户区改造等基础设施建设投放 6000 多亿元；洛阳银行针对装备制造、机器人、新材料等高端制造业，新增贷款 39 亿元，绿色信贷 30.3 亿元，"一带一路"贷款 18.22 亿元。截至 2017 年 6 月，省担保集团累计融资担保额达到 1962 亿元；百瑞信托对实体经济支持的信托项目规模达 1328.55 亿元，投向河南省内基础设施建设类项目规模 205.5 亿元；中原资产累计收购各类不良资产 282.7 亿元；中原股权交易中心挂牌企业数量超过 1500 家，累计融资 11.7 亿元，股权融资占比为 71%，一大批中小微企业有望从"小苗圃"成长为"大森林"。目前，郑商所上市 17 个期货品种，覆盖农业、能源、化工、建材和冶金等国民经济重要领域，居全球衍生品交易所第 11 位，吸引全国各地 500 多亿元期货交易保证金，70 余家期货公司在郑州设立总部或营业部，为河南经济发展提供了重要的金融支持。

（五）开放型、全国化和国际化布局逐步展开

近年来，河南省金融业"引进来"和"走出去"开放步伐加快。中原证券、郑州银行、中原银行在香港上市融资，2015 年中原证券香港子公司中州证券正式揭牌营业，填补了河南省在境外设立金融机构的空白；中原证券等机构展开全国布局；洛阳银行成立了深圳宝生村镇银行；"中原丝路基金""一带一路发展基金"成立，助力空中丝绸之路建设，支持国际综合交通枢纽、贸易投资、国际物流、产业园区等，为河南省企业参与"一带一路"建设提供坚实的金融服务保障。河南省充分利用河南自贸区优势，在金融领域推进先行先试，扩大金融开放，加快"引金入豫"步伐，创建新型金融机构、新型金融业态和新型金融模式，服务于开放型经济实现跨越式发展，形成金融业集群化发展态势。

普惠金融是支持中小微企业、城乡个人发展的重要金融业态，河南省设立兰考普惠金融改革试验区和农村金融改革试验区，"金融豫军"是普惠金融的主力军，扎根本土，深耕本土市场，下沉服务，在服务中小微企业实体经济的同时实现自身的发展壮大，形成了良性循环。河南省担保集团充分发挥省级再担保机构传递政策导向、引导行业规范经营、化解行业风险的"稳定器"作用，积极创新"政银担"合作，为中小微企业和"三农"提供低成本、高效率融资担保服务；中原农险探索出保险扶贫的"兰考模式"，中原银行推进"上网下乡"战略，形成"县域支行＋乡（镇）支行＋助农取款点"的县乡村渠道体系，2017 年上半年为小微企业贷款余额

达 1004.03 亿元。截至 2016 年末,全省小微企业贷款达 1.02 万亿元,同比增长 16.5%,全省金融精准扶贫贷款余额 632.6 亿元,同比增长 89.3%,累计带动服务贫困人口 131.8 万人,占全省贫困人口的 30.1%,农村金融服务覆盖率、可得性和满意度稳步提高。

三 未来金融业发展趋势及对河南省的影响

中国经济进入高质量发展阶段以后,金融业高速增长所依赖的宏观经济环境不复存在,伴随利率市场化和金融脱媒趋势加剧,市场竞争环境日益复杂,不断挤占传统金融企业的市场份额,对金融业转型升级提出新的要求。

(一)金融业发展步入转型升级的新阶段

1. 金融业增速趋缓

新常态下,金融业增速将理性回落,步入"中速增长"。2006 年全国金融业增加值增速为 23.7%,2010 年回落至 8.9%,2016 年回落至 5.7%,2017 年上半年下滑至 3.2%。截至 2017 年第二季度,金融业增加值占 GDP 比重的 8.13%,较第一季度下降 1.39 个百分点,金融业增加值较上年同期增长 3.2%,增速创 2004 年以来新低,金融业发展从前期规模扩张向提升质量效益转变。

2. 金融结构升级加快

随着经济增速换挡、动能转换、结构调整的推进,金融业要坚持"脱虚向实",加快完善金融市场、金融机构、金融产品体系,与经济转型升级无缝对接,促进金融各行业均衡发展,同经济社会发展相协调,提升金融服务实体经济的能力。

3. 金融风险去杠杆释放金融风险

伴随经济下行压力,信用风险持续积累,不良资产进入集中暴露期,去杠杆压力巨大,各类风险隐患较多,"金融豫军"的舒适区越来越小,扩大规模、盈利、创新同风控的矛盾日益凸显。

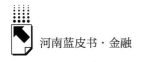

4. 区域金融资源竞争加剧

随着区域经济竞争的白热化，对金融稀缺资源争抢更加激烈，各省会城市都在争先建设区域金融中心，河南省本土金融机构面对区域性、全国性的金融机构竞争的多重压力，如不加快发展做大做强，就可能会丧失之前取得的良好局面。

5. 金融合规监管日趋严格

近年来，我国金融机构综合化经营趋势加剧，金融创新加速，交叉性金融风险产生的可能性加大，金融风险逐步显现，金融业进入严监管、控风险时期。

（二）金融业以改革促转型持续深化

第五次全国金融工作会议提出必须紧紧围绕服务实体经济、防控金融风险、深化金融改革三项任务，强调通过深化金融改革增强金融服务实体经济的能力。预计会在以下几个方面深化金融改革。

1. 金融机构市场化

完善国有金融资本市场化管理运营体系，推进混合所有制改革，引入战略投资者，优化股权结构，建立现代企业制度。金融机构要审慎创新、稳健发展，落实经营自主权和风险责任，建立激励和约束机制，避免短期化行为，真实披露信息，及时处理风险资产，完善风险管理框架，强化风险内控机制建设。

2. 金融市场多层次

着力丰富金融市场层次，满足多元化经济主体多层次融资需求；大力发展资本金融及多层次的资本市场，拓宽直接融资；特别是股权融资和创业投资。改善间接融资结构，打破期限错配，满足准公益性产业和基础设施融资需求，提供中长期融资。

3. 金融组织体系多元化

优化金融机构体系，实现传统银行业战略转型，发展中小银行和民营金融机构。以促进非银行类金融服务组织发展为突破，着力健全大中小多层次金融服务体系，覆盖不同业务领域，满足多层次金融需求，促进金融结构优化。

4. 普惠金融体系趋向完善

加大对重点领域和薄弱环节的支持，以惠民为导向，支持小微企业、"三农"和扶贫事业，开发更多满足群众医疗、养老、教育培训等方面需求的金融产品。追求经济价值和社会价值统一，统筹商业性、政策性、开发性、合作性金融联动互补，金融政策和财政政策的协调配合。

（三）金融业综合化、集群化、差异化、国际化、智慧化发展趋势明显

我国金融混业经营、混合经营趋势明显，银、证、保等金融机构加速融合发展，资产管理和财富管理进入发展黄金期，本土金融机构要适应新趋势，实现金融业发展转型。

1. 经营综合化

我国金融业在专业化基础上的多元化、综合化经营和集团化的发展趋势明显。以城商行为例，国内一流的城商行基本上实现多元化经营（见表3），加快申领新业务牌照，不断开发新业务、新领域、新空间。

表3　国内领先城商行的经营牌照多元化情况

城商行	多元化经营
北京银行	北银金租、中加基金、北银消费金融、中荷人寿、村镇银行
南京银行	江苏金租、苏宁消费金融、鑫元基金、村镇银行
上海银行	上银基金、上银（香港）、尚诚消费金融、村镇银行
哈尔滨银行	哈银金租、哈银消费金融、村镇银行
江苏银行	苏银金租、苏银凯基消费金融、村镇银行
宁波银行	永赢金租、永赢基金、村镇银行

2. 发展集群化

金融机构之间的多元化合作、协同效应不断提升，信息、技术、人才、基础设施等要素加快共享，金融机构"抱团取暖"、行业联盟态势明显。

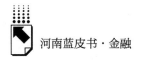

3. 竞争差异化

坚持差异化、特色化竞争，从满足大批量、规模化需求，转向更重视满足个性化、定制化金融需求。坚持错位发展，积极推进差异化产品和服务体系落地，重视对客户细分，提供专属金融服务解决方案。

4. 布局区域化、全国化和国际化

本土金融机构要下沉金融服务，精耕细作，开发适应创新型产业和中小微企业特点等适应性强的金融产品。突出业务本地化，分支机构布局多层次化，加强营业机构和网点建设，推进经营业务向县域延伸。

5. 服务智慧化

信息科技将从支撑业务发展转变为全面引领业务发展。本土金融机构加强基于互联网、物联网、大数据的智慧型产品、服务和模式创新。

（四）科技与金融深度融合，金融创新加快

科技和金融的深度融合对传统金融生态、金融业运行模式产生了颠覆性的作用。金融创新加快，金融行业是运用高新科技最典型的领域，科技和金融的深度融合带来了金融产品、服务模式和专业市场的金融创新，产生了区块链金融、消费金融、直销银行等新的金融业态。

（五）互联网金融强势崛起，金融互联网化快速普及

随着金融脱媒趋势加速，发展互联网金融是适应发展环境的必然选择。近年来，互联网金融借助其不受地域限制，易获得、边际成本低、客户体验好的优点，不断改变支付方式、客户信息获取、征信评级等传统行业模式。龙头互联网金控集团通过组合边缘性牌照，形成新的业务能力，打造的"互联网＋"金控生态圈，极大地提升了服务效率，对传统金融业的冲击巨大。

2017年6月末，全国第三方移动支付金额增至58.8万亿元，余额宝规模已达到了1.43万亿元；个人消费金融产品微粒贷，自2015年5月上线以来，截至2017年7月末，累计发放贷款超3600亿元，贷款余额超过1000

亿元,接近郑州银行;支付宝支付、微信支付等互联网支付产品,以及众筹、互联网保队、证券等业务快速发展,在与传统金融机构争夺客户和业务的同时,深刻改变了人们对金融服务的需求。同时,不断扩展服务客群的广度,更好地推进普惠金融,服务小微企业等长尾客户。

大数据深度开发运用,使大数据、人工智能、云技术、区块链等金融科技的运用会更加深入广泛,对改善客户体验、拓展客户渠道、创新产品模式、提升金融效率、防止金融风险的作用会更加明显。

(六)去杠杆使金融风险逐步暴露,金融监管趋严

党的十九大明确提出,要打好防范化解重大风险的攻坚战。金融风险的防范与化解成为当前经济工作的重点之一。随着河南省地方金融规模越来越大,金融创新越来越活跃,急需理顺金融监管协调机制,分离发展和监管职能,按照权责一致原则,强化地方监管责任。构建统一的地方金融监管体系,健全风险监测预警和早期干预机制,加强对金融机构和金融活动的全流程、全链条动态监测预警,及时有效识别重大风险隐患,完善金融风险应急处置和问题机构退出机制。平衡金融创新和金融监管,实现本土金融机构依法依规经营,加强金融生态建设,保障区域金融稳定和金融业健康持续发展。

四 做大做强"金融豫军"的对策建议

做大做强"金融豫军"要以服务经济强省建设目标为统揽,弥补短板,完善体系,强化特色,重点突破,培育龙头,集群发展,持续提升郑东新区金融集聚区的影响力,为河南建设经济强省、实现中原崛起提供有力支撑。

(一)实施集群化发展战略,打造"金融豫军"十大集群

顺应专业化、综合化、网络化、国际化发展趋势,坚持补短板,实施集群化发展战略,打造"金融豫军"城商行、农商行、证券、期货、保险、

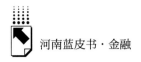

信托、资管、投资与基金、融资担保和新兴金融等十大集群。

1. 打造全国一流的证券集群

资本市场是河南省金融业发展的最大短板。想要做大金融业、做强金融豫军、服务实体经济等，都需要加快本土资本市场跨越式发展。重点支持中原证券进入全国第一方阵。发挥"A＋H"上市优势，引进国内外一流的战略投资者，加快关联行业的兼并重组，加快申领新业务牌照，加快全国化和国际化布局，推进综合化发展，力争五年内进入全国券商第一方阵。支持中原股权交易中心成为中西部地区最大的区域资本市场。区域股权市场是资本市场的基础，应实施一揽子配套扶持政策，建立地方政府、股权市场、企业三方联动机制，建立省市县三级股权市场网络体系，在省辖市或重点县（市）设立分中心。建立奖补激励机制，完善税费减免制度，鼓励企业股权挂牌融资和交易融资。加快业务创新，扩展平台投融资等系列功能，完善股权托管功能，为中小微企业股权质押贷款融资提供支撑；加快提升投资中心功能，集聚 1000 家基金等投资机构，拓宽高新技术企业和中小微企业多元化融资渠道。力争五年内有 10000 家企业挂牌展示，5000 家企业挂牌交易，居中西部地区乃至全国前列，挂牌企业数和交易额进入全国同业前 5 位。积极申请券商牌照，加快形成本土券商集群。充分利用河南自由贸易试验区改革开放先行先试政策，支持本土金融机构或龙头企业申领证券牌照，积极引进国际知名投行设立中外合资的证券经营机构，力争再创立或并购 3 ~ 5 家本土券商。

2. 打造全国一流的城商行集群

城商行是"金融豫军"的优势之一。目前，河南已经拥有 5 张银行牌照，其中两家已经上市，另外三家具备上市潜力，本土网点优势明显。应进一步提升本土优势，深耕本土区域市场，立足中原，走向全国，走向"一带一路"，推进"上网下乡"，向全国化和国际化发展；提升主业特色优势，推进专业化和综合化发展，不断拓展发展新领域新空间。重点打造中原银行、郑州银行等两大龙头。推进兼并重组，引进战略投资者，加快 A 股上市，实现赶超发展，力争五年内进入全国前列；倾力打造洛阳银行、焦作银行、平顶山银行三大特色精品银行。加大战略重组力度，引入战略投资者，扩充资本实力；鼓励攀大附强，借船出海，敢于与国内国际一流金融机构或互联网巨头进行股权合作或业务合作，优势互补，共同发展。力争3~5年进入全国一流城商行之列。鼓励创办民营银行。支持首家民营银行"河南华贸银行"挂牌营业，带动本土民营金融机构快速崛起。鼓励本土银行展开横向联合与合作。建议成立河南省本土银行业协会，建立信息、技术、人才、基础设施等共享机制，避免低水平重复建设和低效率同质化竞争，实现协同发展。支持本土银行综合发展。加快申领证券、保险、期货、信托、消费金融、小贷公司、资产管理、直投、基金、互联网金融等新业务牌照，加快金融创新，不断开发新业务、新领域、新模式、新空间。

3. 打造全国一流的农商行集群

农商行是"金融豫军"最大优势，是农村金融的支柱，规模庞大，市场占有率高，网点全覆盖，但是历史包袱沉重、机制不活、系统网络功能缺失、效率效益较低、留不住人才。河南农村金融竞争日趋激烈，面临生存危机和发展困境。应进一步加快农信社改制和农商行改革开放步伐，优化顶层设计，强化系统功能，建立现代商业银行制度和体制机制。倾力打造"中原农商银行"。尽快完成县联社改制为县级法人农商行，完成市辖区农信社改制为市区法人农商行，明年完成"省农信联社"改制为具有全部银行牌照功能的"中原农商银行"，五年内进入全国农商行系统前列。试点组建郑州农商银行。借鉴城商行经验和成都农商银行、广州农商银行等发展经验，由中原证券、中原资产等骨干机构控股参股组建郑州农商银行，为农商银行多元化改制发展探路。鼓励发展村镇银行、小贷公司等，完善服务"三农"的普惠金融体系。

4. 打造国内国际一流的期货集群

期货市场是资本市场的重要支柱之一，是金融豫军的最大优势领域，郑州商品交易所是金融豫军最亮的一张名片，应进一步加强战略规划，实施一揽子配套扶持政策，强化优势、扩张优势、龙头带动、集群发展。重点支持郑州期货交易所进入世界前列。深度开发大宗农产品期货品种，不断将优势向矿产资源、能源、冶金、有色、化工、建材等工业品、服务产品及金融衍生品等领域扩展，突出特色，系列开发，推进综合化、国际化、集团化发展，适时构建期货交易集团，力争成交量达到全国商品期货市场的1/3，居全球期货及衍生品交易所前10位，把郑商所打造成"领先行业的风险管理平台、享誉世界的商品定价中心"。积极打造本土期货公司集群。大力扶持本土期货公司做大做强，利用自贸区优势，积极吸引国际国内期货经营机构设立总部，力争集聚100～200家期货公司及10000家机构客户。构建期货产业链生态体系。鼓励期货交易机构、仓储、物流、供应链金融、生产者集群化发展，带动区域实体经济发展。鼓励万达等龙头期货公司综合性发展，积极拓展银行、保险、证券、理财、资管、租赁等创新业务，构建若干期货金控集团。

5. 打造全国一流的保险集群

保险是金融业和资本市场的重要支柱，是重要的金融增长点，同时也是"金融豫军"的最大短板之一，加快补短板、构建本土保险机构体系、实现跨越式发展势在必行。重点支持中原农业保险做大做强，加快省内全覆盖网点布局，适时走向全国，实行农业保险与商业保险双轮驱动，坚持业务多元化、经营专业化、发展综合化，加快产品创新，支持拓展寿险牌照业务，加快上市步伐，力争三年内进入全国同行前5位。支持创立"中原寿险"。寿险中的"万能险"具有保险和投资理财双重功能，其"杠杆功能"可以撬动千万亿元的社会财富，对区域经济发展具有显著拉动作用。积极引进国内外一流的战略投资者，以本土龙头金融机构和龙头企业为主导，加快组建"中原人寿"，尽快进入全国同行第一梯队。加快形成"保险豫军"集群化发展格局。积极申请保险牌照，支持众德人寿、中州财险、中原财险等保险机构的组建，发挥自贸区先行先试政策优势，鼓励设立中外合资的保险公司，力争再创立5～10家本土保险企业。

6. 打造全国一流的信托集群

信托是金融业的重要支柱之一，是"金融豫军"的新增长点。应顺应资产管理和财富管理快速发展的大趋势，大力推进专业化创新发展，形成核心竞争力;大力推进综合化发展,增强综合实力;大力推进全国化和国际化发展,拓宽发展新空间。制定促进信托业发展的一揽子扶持政策,培育新的增长点,不断实现新跨越。重点支持百瑞信托和中原信托两大龙头。支持百瑞信托加快上市步伐,引进战略投资者,增强资本实力,展开多元化综合经营,积极发展基础设施、房地产、私募股权、证券、并购、资产证券化、养老、家族等信托投资产品。构建"1+N"(专业子公司)集团化经营组织架构,通过控股、参股、业务合作等方式与银行、财务公司、证券、保险、基金、租赁、期货等金融机构建立战略合作关系,成为具有国际化综合金融解决方案供应商。加快中原信托改革、改制、重组步伐,引入战略投资者,构建现代企业制度和先进的发展模式,步入良性、健康、快速发展轨道,尽快实现做大做强。加快构建信托或资管产业集群。支持实力强的金融机构或龙头企业申领信托或资管业务牌照,争取再创办5~10家信托资管公司,发挥自贸区优势,鼓励创办中外合资信托资管机构。

7. 打造全国一流的资产管理集群

随着我国经济进入转型升级的新常态,资产管理和财富管理进入发展黄金期,正在快速成为金融业的支柱和"金融豫军"的新增长点。重点支持中原资产管理公司进入全国前列。完善独具特色的多元金融业务体系,构建"总部战略管控+功能性子公司协同运营"的"1+N"发展架构,加快创建中原股权投资管理公司、中原商业保理、中原航空融资租赁、中原金融资产交易中心、中原大禹资本控股等功能性系列子公司,积极谋划与省辖市政府合作设立合资公司,构建省市县三级不良资产处置网络和金融服务网络体系;推进强强联合和"招大引强"战略,围绕河南省重大项目招商和承接沿海优势产业转移,在参与上汽集团、中国国航、中铁工业、中国电建、顺风控股等大型企业集团和央企定向增发的基础上,以资本为纽带引进国际国内一流企业集团,同时注重深化多维度深入合作,通过合作设立产业投资基金等多种方式,引导已建立合作的国际国内一流企业集团的重大项目和优质资源向河南倾斜,积极推动河南省先进制造、高端装备、现代服务、航空物流等战略新兴产业的发展。创新发展模式,积极参与信用社改制、地方投融资平台改造、基础设施 PPP 项目和国企改革，在服务经济强省建设中不断拓展发展新领域和新空间。加快构建资产管理和财富管理产业集群。鼓励有实力的本土金融机构和龙头企业申领资产管理牌照，鼓励创办中外合资机构，力争再创办 10 家资产管理公司。

8. 打造全国一流的融资担保集群

融资担保是一个新兴行业，但是由于无序发展导致区域性和系统性金融风险多发频发，成为最大的金融风险源。融资担保作为政府发展普惠金融的重要手段，沟通资金供需双方，提供准公共产品，是"金融豫军"的重要组成部分。应坚持规范、重组、优化、创新、综合发展，促进投资担保行业转型升级；对政策性普惠性融资担保机构加大财政奖补支持力度，促进行业健康发展；加强顶层设计，研究制定行业发展规划。重点支持省担保集团龙头做强做优做大，整合市、县级财政出资的融资担保机构资源，增强资本实力，实施集团化经营，聚焦政策支持，支撑中小微企业和实体经济发展。支持省农业信贷担保公司发展，争取中央财政支持，扶持农业大县，支撑"三农"和精准脱贫。引导行业优化重组，健全行业制度和监管体系，加强行业监管，规范发展商业性融资担保机构，按照"减量增质，做强做精"的要求，推动融资担保行业兼并重组，组建若干竞争实力强的融资担保集团。完善再担保机制，按照政府主导、专业管理、市场运作的原则组建中原再担保集团，充分发挥其传递政策导向、引导行业规范经营、化解行业风险的"稳定器"作用，积极构建完善以股权和再担保业务为纽带，覆盖全省的融资担保体系。鼓励投资担保公司综合化发展，鼓励行业金融创新，申领新的金融业务牌照，开展多元化金融业务，不断拓展金融发展的新领域、新空间。完善财税支持政策，研究设立政府性担保基金，建立和完善融资担保机构资本金补充、风险补偿和风险共担等机制，引导融资担保机构依法合规经营，聚焦主业，服务小微企业和"三农"发展。

9. 打造全国一流的专业投资和基金管理集群

投融资平台公司、基金管理公司和投资基金机构是资本市场最活跃的投资主体，是"金融豫军"的重要支柱。重点打造建投、航投、交投、水投、城投、土投、文投、创投等省级投融资平台公司。加快政府投融资公司市场化改革改制，建立现代企业制度，吸引社会资本和战略投资者，优化股权结构，完善法人治理结构，逐步改制为股权多元的控股投资公司。试点国有资本和股权择优委托管理运营，积极开展市场化资本运营。扶持发展私募基金和公募基金管理行业，力争 3~5 年使私募基金管理公司达到 1000 家，公募基金管理公司达到 5 家。扶持发展一批本土产业投资基金、创业投资基金、战略投资基金。鼓励私募基金和公募基金发展，做大做强区域股权投资市场，力争三年发展 500 家投资基金公司。建立若干政府投资引导基金，带动基金业蓬勃发展，助力产业转型升级，支持经济强省建设。

10. 打造全国一流的互联网金融等新金融集群

互联网金融代表未来金融发展趋势，应鼓励发展互联网金融、供应链金融和产业链金融等新兴金融行业。培育一批本土互联网金融机构。鼓励互联网公司创办互联网金融机构，鼓励中外合资创办互联网金融机构，鼓励各大金融机构创办互联网金融机构，开展互联网金融业务。支持鲜易网、世界工厂网等互联网平台公司开展互联网金融业务。支持金融机构或骨干企业创办一批金融租赁公司，争取再创办 5~10 家金融租赁公司；支持骨干企业集团创办一批财务公司等金融机构，开展综合金融业务，拓展增值服务；支持金融机构创办消费金融公司，充分利用互联网和大数据，抢占规模巨大的消费金融市场，鼓励消费金融创新，规范发展各类小贷公司等新兴金融服务，满足实体经济发展需要。

（二）实施龙头带动战略，打造"中原系"八大航母金控集团

当前，金融业进入转型升级的阶段，行业龙头快速崛起，业务网络影响范围日益全国化乃至全球化。行业兼并重组步伐加快，行业集中度越来越高，规模效应更加突显，竞争水平不断提高。做大做强龙头金融机构是"金融豫军"发展的第一要务，应实施龙头带动战略，坚持一企一策，集中力量打造"金融豫军"的"航空母舰"，倾力打造中原资产、中原银行、郑州银行、中原农商银行、中原证券、中原保险、中原再担保集团和百瑞信托

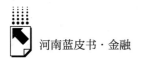

八大全牌照全能型大型金控集团。适应全球金融业综合化竞争发展大趋势，积极申请证券、保险、信托、租赁、消费金融、互联网金融等新牌照，加快推进八大龙头专业化、综合化、集团化、国际化跨越式发展。

1. 中原证券

支持中原证券混业经营和综合发展，推进市场化兼并重组，积极创建或控股银行、保险、信托、租赁、投资担保、消费金融、小贷公司、互联网金融等金融机构，实现综合实力的快速提升，实现跨越式发展。鼓励其参与中原农商银行改制，参与投资担保行业兼并重组，快速进入保险、租赁、信托、互联网金融等高成长领域。深耕河南市场，快速辐射全国，抓住自贸区金融改革开放的机遇，形成立足中原，覆盖全国的网点布局。实施国际化战略，向海外进军，以香港子公司为立足点，加快构建"一带一路"境外平台和业务网络。充分利用资本市场谋求新跨越，加快推进子公司上市步伐，构建"1＋N"上市格局。大力推进中原股权交易中心、中原期货、中鼎开源、中州蓝海、中州汇联等系列子公司挂牌上市。确立做大做强证券主业、积极发展混业经营的模式，加快打造现代化、国际化大型金融控股集团战略。力争五年内综合实力进入全国同行业前10位，进入全国同行业第一方阵。

2. 中原银行

支持中原银行实施"传统业务做特色、创新业务找突破、未来银行求领先""上网下乡"等战略，坚持"贴近市民、贴近'三农'、无缝对接大中小微、服务区域实体经济、支撑河南省重大战略和经济强省建设"的市场定位，积极发展市民银行、农民银行、社区银行、普惠银行、智慧银行、O2O银行。支持中原银行综合化转型升级，积极拓展保险、证券、信托、租赁、投资、资产管理、消费金融等全牌照、多元化、综合化业务领域，鼓励金融租赁、债转股、投贷联动等创新试点。借鉴上海经验，将中原信托并入中原银行，鼓励中原银行对中小金融机构进行兼并重组，支持其向全国化和国际化发展。力争三年内，中原银行综合实力进入全国城商行系统前5位，五年内进入前3位，发展成全国知名的大型金控集团。

3. 中原资产管理公司

支持中原资产管理公司作为省政府资本运作的主平台,支撑河南省重大国家战略和经济强省建设。借鉴信达、华融、东方、长城四大资产管理公司的发展经验,在主营不良资产业务之外,支持其申请银行、保险、证券、信托等多元化金融牌照,形成不良资产经营、投资与资产管理、综合金融服务三大核心业务板块。积极拓展银行、保险、证券、信托、租赁、基金等全牌照、多元化、综合化业务领域,大力推进不良资产经营与股权投资"双轮驱动"战略,加快构建"一体两翼"(以不良资产经营为主体,以股权投资与综合金融服务为两翼)的多元化金融控股集团。支持中原资产尽快扩充资本实力,争取2017年将资本金由30亿元扩充到50亿元,两年内扩充到100亿元,五年内扩充到300亿元。力争三年内综合实力进入全国同业前8位,五年内进入全国同业前5位,十年内发展成世界知名的大型金控集团。

4. 郑州银行

支持郑州银行充分发挥全国城商行"领头羊"的示范带动作用,加快A股上市步伐,尽早实现"A+H"上市;支持郑州银行围绕"三大特色定位"做文章,在商贸物流金融方面,2018年出形象、2019年树全国标杆,在小微金融方面,创河南典范,在市民金融方面,塑造郑州品牌,带动"金融豫军"发展。支持郑州银行争取消费金融、投贷联动等资格,打造拥有多个金融牌照、多家控股公司的金融控股集团,综合竞争力保持在全国城商行第一梯队,为中原崛起提供动力。

5. 中原农商银行

借鉴北京、上海、重庆等地经验,加快组建全牌照的中原农商银行,建立由中原农商银行控股市县农商银行,最终过渡到中原农商银行一级法人。建议设立100亿元农信社改革发展基金,省财政出资20亿元,其余80亿元采取市场化融资渠道解决,基金由中原资产管理公司代管,基金全部注入中原农商银行,由中原农商银行控股县(市)农商银行,力争五年内过渡为一级法人的农商银行,形成具有信贷、证券、保险、信托、投资、理财、租

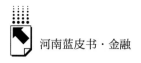

赁、消费金融、小贷公司、互联网金融等全功能的服务"三农"为主体的金融超市,加快进入全国农信社系统综合实力前列。力争3~5年中原农商银行进入全国农信社系统综合实力前5位。

6. 中原保险

目前我国保险密度与深度尚不及保险发达国家的一半,美国的保费收入是中国的5~7倍,未来保险业仍有巨大的增长空间。支持中原农险加快创新发展步伐,申请寿险牌照,拓展发展新领域、新空间。坚持高起点、全国顶端、国际一流,应将中原农险与中原寿险重组为中原保险集团,使之成为大型保险集团、金控集团和资本运作平台,力争五年内综合实力进入全国同行业前10位。

7. 中原再担保集团

进一步明确省级再担保机构的政策性定位,按照政府主导、专业管理、市场运作的原则,将"河南省中小企业担保集团股份有限公司"更名为"中原再担保集团股份有限公司"(以下简称"中原再担保"),发展壮大"中原豫军"体系。充分发挥中原再担保在全省融资担保行业中的龙头带动作用,突出再担保增信、分险和规范引导功能,提高融资担保机构的信用水平、服务能力和风险防控水平,不断提升全省融资担保体系整体效能。支持中原再担保做强做优做大,力争三年内中原再担保实现对全省政府性融资担保机构再担保全覆盖,公司注册资本金达到100亿元以上,主体信用等级为AAA,融资担保服务能力达到1000亿元以上。

8. 百瑞信托

信托是财富管理和投资的重要方式,是建设"经济强省"的重要支撑之一。在信托业增资扩股、攻城拔寨的大潮下,支持百瑞信托引入战略投资者、增强资本实力,推进国际化综合经营。支持百瑞信托向纵深发展,参股或控股银行、保险、证券、资管、基金等金融机构,升级公司金融业务结构,形成协同效应。支持百瑞信托转型升级,积极拓展家族(慈善)信托等财富管理类业务,大力发展实业投行,实现金融和实业的有机结合,更好地服务于河南实体经济。力争五年内,百瑞信托在资本实力、业务多样性、财富管理能力和综合竞争力等方面进入全国前5位,为信托支持区域经济发展树立新标杆。

(三)实施集聚化战略,打造郑东新区国际金融中心

坚持服务、服从、支撑"三区一群"国家战略,抢抓郑州国家中心城市建设和河南自贸区建设机遇,大力推进郑东新区金融集聚核心功能区建设,打造中部地区国际金融中心,提升具有国际影响力的金融机构集聚中心、商品期货交易定价中心、金融要素市场集聚和交易中心、金融开放创新中心、金融综合配套服务中心五大功能。

1. 着力加强集聚载体建设

优化"两圆、一带、一方块、一半岛"及金融智谷创新创业区综合体的空间布局。强化郑东新区如意湖CBD金融集聚核心功能,加快龙湖金融岛CBD国际财富管理和资本运营中心建设,力争内环、外环楼宇群项目明年全部入驻。提升中原金融产业园财富管理和资本集聚功能;提升"一带"企业总部集聚功能,提升"一方块"金融后台服务集聚功能;完善龙子湖智慧岛基金业集聚核心功能,强化金融智谷创新创业综合体的孵化功能。

2. 着力推动自贸区金融开放改革发展

以覆盖中原、辐射中西部、服务全国、对接国际为目标指引,有效提升郑东新区金融业发展的国际化水平。充分利用自贸区开放窗口和改革试验田的机遇,深化金融领域的对外开放和改革创新,先行先试,借鉴上海自贸区陆家嘴片区金融业开放创新发展经验,加大自贸区招商力度,加快集聚各类金融资源,推进开放创新跨越式发展。优化整体金融生态环境,加快金融机构总部和区域总部聚集、跨境与离岸金融服务功能聚集、综合金融服务功能聚集,建设国际金融服务功能聚集区。建设人民币国际结算中心,积极开展资本市场开放试点。积极探索普惠、消费、互联网金融创新发展,推进科技金融、供应链金融等领域试验先行,推进贸易便利化和投资自由化,建设面向中西部的金融改革创新区,建设总部经济、会展经济聚集区,商贸物流、跨境电商与投资中心。

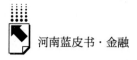

3. 着力健全金融机构体系

大力培育和引进内外资银行、证券、保险等各类金融机构，大力培育和引进消费金融、金融租赁、保理、财务公司等新兴金融机构，加强孵化和扶持，形成以创新金融业态为引领的多样化金融服务体系。

参考文献

河南省统计局：《河南省统计年鉴（2017）》，河南省统计局网站：http：//www. ha. stats. gov. cn/hntj/lib/tjnj/2017/zk/indexch. htm。

河南省统计局：《2017 年河南省国民经济和社会发展统计公报》，河南省统计局网站：http：//www. ha. stats. gov. cn/sitesources/hntj/page ＿ pc/zfxxgkpd/zwdt/tzgg/articlee 7912c194e7b404393dfb6acd72599f5. html，2018 年 2 月 28 日。

周小川：《"十三五"金融体制改革热点难点》，《中国经贸导刊》2016 年第 10 期。

潘卫红：《河南金融发展水平比较分析》，《当代经济》2016 年第 2 期。

石涛：《破解河南小微型科技企业创业融资难困境的区域实践与启示》，《决策探索》2017 年第 6 期。

河南省农信联社：《构建中原农商银行、做大做强农信社的战略的对策研究》，2017。

B.4

2017~2018年中原银行发展分析与展望

王　炯*

摘　要： 中原银行成立于2014年12月26日，是河南省唯一一家省级法人银行。经过两年的努力，中原银行实现了稳健快速发展。本文从经营情况、金融服务能力、风险管理水平、战略布局、社会责任五个方面，对中原银行2017年的发展情况进行了全面、客观、系统的总结和分析。在此基础上，结合当前国内、国外，省内经济金融形势，对推动中原银行跨越发展提出了相应的对策建议。

关键词： 河南　商业银行　中原银行

中原银行是由开封、安阳、鹤壁、新乡、濮阳、许昌、漯河、三门峡、南阳、商丘、信阳、周口和驻马店的13家城市商业银行，于2014年12月26日以新设合并方式组建而成的河南省唯一一家省级法人银行。自成立以来，中原银行始终秉承建设"特色鲜明、服务致胜，以创新领跑中原的一流现代商业银行"的发展愿景，坚持"传统业务做特色，创新业务找突破，未来业务求领先"三大发展战略，践行"上网下乡"的战略布局，坚守本源服务实体经济，坚持科技创新引领，坚决防控金融风险，实现了稳健快速发展。

---

* 王炯，经济学博士，中原银行股份有限公司行长，高级会计师。

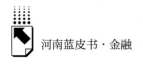
一 2017年中原银行发展分析

（一）各项业务稳健快速发展

1. 业务规模快速增长

截至 2017 年末，全行资产总额 5219.90 亿元，较年初增加 889.18 亿元，增长 20.5%，成功进入中型银行序列；自营存款余额 3067.08 亿元，较年初增加 613.55 亿元，增长 25.0%；各项贷款余额 1989.03 亿元，较年初增加 340.14 亿元，增长 20.6%；其中，个人贷款 739.31 亿元，较年初增加 292.71 亿元；对公贷款 1128.50 亿元，较年初增加 22.17 亿元；债券市场交割量、交易量的全市场排名逐步上升，稳居省内第一。

2. 经营效益有效提升

截至 2017 年末，中原银行营业收入 128.50 亿元，较年初增加 10.12 亿元，增长 8.5%；税前利润 50.28 亿元，较年初增加 6.07 亿元，增长 13.7%；净利润 39.06 亿元，较年初增加 5.46 亿元，增长 16.3%，保持了成立以来两位数的增幅，整体经营效益呈现良好上升势头。

3. 资产质量保持稳定

截至 2017 年末，中原银行资本充足率为 13.15%，较上年提升 0.78 个百分点；一级资本充足率为 12.16%，较上年提升 0.91 个百分点；核心一级资本充足率为 12.15%，较上年提升 0.91 个百分点；不良贷款率为 1.83%；拨备覆盖率为 197.50%；各项指标全部符合监管要求，连续 3 年获得银监会 2C 级监管评级。在 2017 年英国《银行家》公布的"世界 1000 家银行排名"中，中原银行一级资本总额列全球第 227 位，在 126 家上榜的中资银行中排名第 35 位。

4. 品牌影响力不断增强

伴随着经营管理不断升级，中原银行于 2017 年 7 月 19 日实现在港上市，品牌价值得到提升，市场竞争力和社会影响力不断增强。同时中原银行荣获了"最佳服务地方经济奖""最佳服务实体经济银行奖""最具贡献金融豫军""最具投资潜力上市公司""年度卓越城商行"等荣誉，并连续三年被《金融时报》评为"年度十佳城市商业银行"。此外，中原银行多家网点被评为中银协"千佳网点"和各地市"十佳支行""星级网点"称号。这些荣誉和认可提高了中原银行的品牌影响力。

（二）金融服务能力不断增强

1. 业务资质不断完善

2017年，业务资格取得突破，获批债券市场尝试做市商、国债承销团、绿色金融债承销、2018～2020年中央国库现金管理商业银行定期存款参与银行团等重要业务资格。尝试做市商资格的获得使债券交易与销售业务上升到一个新的台阶，而国债承销团资格的获得则实现了债券业务全覆盖，为中原银行金融市场业务持续、高水平发展奠定了基础。

2. 产品体系日益丰富

中原银行依托强大的产品部门，推出了一批有市场影响力的专业产品品牌。"鼎惠存"大额存单等多款负债产品、"秒息宝"开放式理财等财富类产品、"中原钱包"、"原e付"、社区App等支付类产品相继推出，满足多样化的客户需求。特色线上抵押产品"永续贷"、网络信用消费贷款"秒贷"在全省加大推广，致力于追求良好的客户体验。净值型理财、结构化理财等产品稳步推行，使中原银行产品体系日益丰富、功能日益完善，有力支撑了各项业务的快速发展。

3. 金融创新能力持续提升

中原银行坚持"科技立行、科技兴行"的理念。自成立以来，中原银行大力投资于先进金融技术的开发与应用，特别是对业务经营至关重要的技术，以确立及保持持久的竞争力。凭借先进的技术能力，依托"智慧网点、移动银行、大数据、云平台"，中原银行加强产品和服务创新，及时推出了"手机银行V4.0""永续贷""秒贷""e通天下信用卡""中原财富管理"

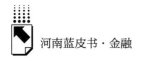
等一批科技含量高的创新产品，提升了中原银行的产品服务能力，提高了中原银行的对外服务形象。

（三）风险管理水平全面提升

1. 风控体系日趋完善

中原银行始终强调业务规模、盈利水平与风险承担相匹配。通过健全风险管理机构，制定风险偏好指引和信贷政策指引，动态调整差异化授权，实施分层审批，建立重大项目和战略客户项目绿色审批通道，开展风险压力测试、业务连续性演练、信贷和会计业务大检查，推进新资本协议规划实施等一系列措施，初步搭建起全面、垂直、独立的风险管理体系，实现了从控制风险到经营风险的转变。

2. "降旧控新"持续开展

中原银行通过实行分片包干、实地走访、进度督导、问责质询等多种措施，创新采取清收、转让、重组、核销等多种手段，大力实施"降旧控新"奖惩机制，建立起多层次、多渠道、多维度的清收体系，"降旧控新"工作取得了明显进展。

3. 风控模式不断创新

中原银行持续关注复杂经营环境下的风险隐患，探索开展互联网风控研究。利用大数据的技术和理念，推动客户授信评级模型和内部风险计量模型的研究开发，提升风险识别能力，对行业、客户的风险状况以及未来趋势的把握进一步增强，风险管理的主动性和精确性进一步提升。

（四）战略布局成果显著

1. "上网"战略持续推进

中原银行持续推进"上网"战略。一是线上化工作全面推进。零售线上产品、场景、营销、运营初步形成体系，手机银行、直销银行 App 不断迭代更新，截至 2017 年末，手机银行用户累计 254 万户。对公推出"云账户"，实现公司客户云端开户，大大提高开户效率。此外，风险预警系统实现上线，大数据零售风险模型付诸开发，一系列线上化核心项目落地投产。二是运用互联网思维降低客户触达成本。运用大数据、云监控等科技方式防控金融风险，在河南省内设立县域支行、乡（镇）支行、惠农服务点，服务301.2万户惠农客户。中原银行与蚂蚁金服、中原农险等合作，通过大数贷、平台贷等完善惠农业务服务体系，为农民提供及时的、有尊严的、方便的、高质量金融服务的同时，开辟了新的盈利增长点。

2. "下乡"战略大力推行

中原银行大力推动"下乡"战略。一是"三位一体"服务体系加快建立。截至2017年末，中原银行有县域支行151家，覆盖82个县域，乡（镇）支行和惠农服务点分别达到36家和1982个，形成了县、乡、村"三位一体"的立体化渠道体系。二是产品和服务不断创新。推出家庭幸福卡、乡镇公务员贷款、县域专属理财产品，为营销外出务工客群、农村客户存款提供了丰富的产品。推出"中原泛支付"业务，为建立农村金融服务生态圈夯实基础。三是扶贫惠农成绩得到广泛认可。履行社会责任，格莱珉国际合作扶贫项目效果初显，推广"幸福顶"光伏贷款、村级扶贫电站授信、兰考普惠授信等扶贫模式，目前产业精准扶贫的贷款余额25.01亿元，建档立卡贫困户贷款余额2.73亿元，得到各界好评。

（五）积极履行社会责任

1. 坚持服务实体经济

中原银行作为河南省内唯一的省级法人银行，始终以服务经济社会发展为己任，积极把握全省投资工作重点和实体经济的有效需求，不断加大信贷投放，优化信贷结构。截至2017年末，中原银行持续深化银证合作，实现全省18个省辖市战略合作全覆盖，支持新型城镇化、综合交通、现代产业、支柱产业等重点领域的建设项目。2017年，全行落地百城建设提质工程重点项目51个，合计提供资金支持127.3亿元；服务小微企业56798户，贷款余额1196.99亿元。

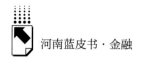

2. 坚持践行普惠金融

中原银行勇于承担社会责任，大力发展普惠金融，积极参与兰考县普惠金融改革试验区建设。结合兰考实践探索总结经验，推出了"政府＋银行＋保险＋企业"的金融扶贫模式，保障了贫困人口能够享受到贷款金融服务。同时，中原银行积极与格莱珉银行合作探索精准扶贫新路径和新模式。此外，中原银行坚持"扎根中原，服务'三农'"的市场定位，推进"网点下沉、服务下沉、渠道下沉"，构造县域支行、乡镇支行、惠农服务点"三位一体"的惠农发展服务体系。

3. 坚持保障消费者权益

中原银行持续推动金融知识普及和金融消费者教育工作，先后开展了"3·15金融消费者权益日""金融知识万里行""防范非法集资""反洗钱"等多种主体宣传活动，金融宣传工作取得良好社会效果。同时，邀请相关领域专家开展了2017年中原银行消费者权益保护工作专题培训，进一步强化了员工保护消费者合法权益的意识。中原银行消费者保护工作水平受到了监管部门的广泛认可。在监管部门组织的金融消费权益保护工作评估中，中原银行被评为A级行。

二 2018年中原银行展望

展望2018，当前商业银行面临着严峻的内外部环境，一是监管趋严对银行的经营能力提出了更高的要求，银行需要主动适应强监管新常态，视防控金融风险为己任，从经营角度树立高质量、可持续发展理念。二是科技金融的蓬勃发展给传统金融业带来了巨大的冲击，倒逼着银行变革转型，银行需要以满足客户日益增长的美好生活需要为目标，打造敏捷组织，提升迭代能力，主动创新转型。

就河南省而言，河南省经济发展已经到了提高发展质量的重要阶段。河南经济发展将围绕打好"四张牌"，围绕"三区一群""一带一路"等国家重大战略，以及新型城镇化、乡村振兴两个重点，打造"三个高地"（奋力建设中西部地区科技创新高地，基本形成内陆开放高地，加快构筑全国重要的文化高地），实现"三大提升"（人民群众获得感幸福感显著提升，治理体系和治理能力现代化水平显著提升，管党治党水平显著提升），打好"三大攻坚战"（防范化解重大风险攻坚战，精准脱贫攻坚战，污染防治攻坚战），提高质量效益已经成为河南经济社会建设的中心。特别是郑州加快建设国家中心城市，将大大增加河南省经济发展的活力，发展的质量和速度将迈上一个新台阶。

2018年，中原银行将以"合规经营，提质增效"为指导思想，继续贯彻"上网下乡"战略，稳步推进全行数字化战略转型，逐步向科技银行、数据银行方向迈进。继续探索和完善现代公司治理机制；坚持对客户需求的精准把握和对客户服务的极致追求，不断深化改革创新，用创新引领发展，用科技赢得未来，以更加饱满的热情拥抱机遇，迎接挑战，用坚定的步伐实现由跟跑者向领跑者的转变。

三 促进中原银行跨越式发展的对策建议

2018年是中原银行至关重要的一年，为了推动中原银行跨越式发展，中原银行要围绕以下几个方面着力。

（一）以战略指引发展

1. 传统业务做特色

中原银行要重点围绕做市民银行、中小企业的首选银行和地方政府的合作银行三个目标定位，通过"四个结合"，走差异化战略转型之路。一是结合区域特色，区分农村和城区的不同，地域产业和发展水平的不同，制定差异化的策略。二是结合客群特色，通过对客群特色的挖掘，分析客户需求，找准市场定位。三是结合自身能力，通过对自身能力进行准确判断，要做到有能力、有基础和有人员队伍来保障战略的实行。四是结合资源状况，在找准特色方向的基础上，加大资本、人力、费用、科技等资源投入。在日益激

烈的行业竞争环境中，必须根据自身的发展基础和区域经济特点，因地制宜，扬长避短，方能将中原银行各自业务领域做深做强，逐步建立不同的竞争优势。

2. 创新业务找突破

中原银行要在有效管理风险的前提下，打破传统思路和业务模式，主动抢抓金融链条的高收益环节，占领制高点，积极构建金融生态圈。一是充分发挥投行业务作用。围绕直接融资业务，做名单制营销；围绕资本市场，打造股权融资生态圈，积极参与新型城镇化建设，跟进新技术、新材料、新行业等项目；加强信用中介、代理销售、金融顾问、资本市场等业务创新，完善资本市场业务产品体系。二是完善资产管理业务体系。积极参与大资管模式下产品体系建设，进一步拓展销售渠道，提升线上、县域、高端客户等领域资管服务能力，扩大资产管理覆盖面。三是提升金融市场板块交易能力。努力构建完整的金融市场交易体系，主动加强市场对接，加强与券商、基金、融资租赁公司合作，创新交易模式。培养多币种、多市场、多产品的交易能力，丰富对冲风险手段。

3. 未来银行求领先

中原银行要以数字化思维改造传统业务，积极构建商业应用场景，搭建互联网金融生态圈，加速向科技银行、数据银行转型。一是布局未来银行基础板块。优化完善大数据基础平台架构与功能，不断丰富金融大数据应用场景。推进云管理平台建设，逐步实现云服务资源的弹性供给与灵活调度，提高服务效率和获客能力。积极跟进区块链技术与应用的前沿发展趋势，通过与专业机构合作，适时探索、研发适用于银行的区块链创新产品。二是建立线上营销体系。找准线上获客的切入点，有步骤推进渠道和平台建设，全面加强与金融科技公司合作，不断丰富业务场景。三是加快推动战略转型。快速适应互联网时代的竞争要求，围绕数字化转型，打造与高速迭代的数字化信息时代相匹配的学习理解能力和变革创新能力。

（二）以风控保障发展

1. 建立前瞻的主动风险管理体系

中原银行要强化信贷政策前瞻指引，动态调整授权，构建全面风险评估监测预警体系，通过授信重检等手段，有效堵截问题授信。要积极推进零售信贷大数据风控系统建设，继续深入研究宏观经济，扩大行业研究范围，加强趋势预判，做好风险限额管理，顺应经济热点与监管形势调整信贷政策，主动防御未来风险。

2. 构建线上化、智能化风控体系

中原银行要在继续发挥专家信用审查的基础上，实现客户分层，针对长尾客户、零售客户、中小企业客户，建立贯穿信贷业务全流程、全周期的线上智能风险管理体系，实现智能识别、智能计量、智能控制。要提高风险数据积累意识，扩展数据来源。要积极探索研究大数据、人工智能、区块链技术与风险管理的结合点及应用模式。要继续完善市场风险管理体系，建立起评价标准和管理流程，实现系统、政策、制度全面落地。

3. 创新科学的信用评级机制

中原银行要在继续做好风险体系建设的基础上，加强同业交流合作，借鉴成熟经验，研究新政策、新产品，创新风险管理工作方法与模式。开展客户信用评级体系建设，针对信用风险、行业风险和区域风险建立数据评价模型，逐步收集完善数据。继续推进互联网风控模式研究，利用大数据的技术和理念，推动客户授信评级模型和内部风险计量模型的研究开发。

（三）以人才赢得发展

1. 贯彻"以人为本，业绩导向"的用人机制

中原银行要加大考核和退出力度，推动岗位竞聘常态化，提高工作积极性。要加强人力资源优化整合，建立正向流动机制，努力盘活人员指标，促进中后台人员向市场一线流动。进一步完善平等竞争、合理流动的岗位管理机制，充分调动员工的积极性和创造性，实现人力资源的高效管理与科学

配置。

2. 加大人才培养力度

中原银行要继续做好"领航、远航、起航"及"特种部队"等人才梯次培养工作,打造一支未来实现跨越式发展的中坚力量。同时,将持续加大与专业科技机构、国内外知名大学、金融科技公司等的合作力度,为人才提供干事创业的平台,提高人才培养的针对性与实用性,为中原银行积聚未来发展的强大后劲。

3. 做好人才引进工作

中原银行要根据新形势,结合自身发展状况,坚持按需引进、以用为本的原则,研究制订切实可行的人才引进计划。在当前金融科技浪潮下,中原银行不仅要坚持面向知名院校开展校园招聘专业的金融人才,更要为适应银行的转型选聘复合型金融科技人才。

参考文献

张占仓、完世杰、王玲杰:《河南经济发展报告(2016)》,社会科学文献出版社,2016。

广州市金融工作局:《广州金融发展形势与展望》,广州出版社,2016。

金碚:《全球化新时代的中国区域经济发展新趋势》,《区域经济评论》2017年第1期。

北京市社会科学院课题组:《我国区域经济发展趋势与展望》,《区域经济评论》2016年第4期。

万军伟:《中原银行发展迎新局》,《河南日报》2016年4月6日。

万军伟:《深耕河南 发力"三大战略"》,《河南日报》2017年7月20日。

B.5

2017~2018年中原证券
发展分析与展望

李世顶*

摘　要： 2017年以来，在河南省委、省政府的正确领导和省政府金融办的大力支持下，中原证券面对不利的宏观经济和证券市场形势，攻坚克难、抢抓机遇，紧紧围绕既定的工作思路，圆满完成A股发行，实现了"三年三大步"的重大跨越，成功抢占了H股和A股两个具有战略意义的制高点，赢得了发展的战略机遇期。作为河南省内唯一的法人证券公司和"金融豫军"的重要代表，中原证券将充分发挥两地上市的优势，以加快发展为中心，一手抓各项能力的全面提升，一手抓战略布局的持续推进，持续提升服务实体经济水平，助力区域金融发展和经济结构快速转型升级。

关键词： 河南　中原证券　证券市场

中原证券成立于2002年11月8日，是在河南财政证券公司、安阳市信托投资公司证券营业部合并重组的基础上，收购原河南证券公司的证券类资产组建而成的，是河南省内注册的唯一一家证券公司。公司成立以来稳健发展，特别是过去的"三年迈出了三大步"，先后实现了香港上市、在港增发

---

* 李世顶，中原证券发展战略部。

融资和在上海发行 A 股上市，成为全国第八家"H + A"即在香港和内地两地上市券商，也是河南省首家实现两地上市的金融企业，综合实力显著增强，得到了河南省委、省政府和中国证监会及各方面的充分肯定，2014 年和 2015 年连续两年受到省委、省政府通报嘉奖，2015～2017 年连续三年被中国证监会评为 A 类券商，稳居全国证券行业第一方阵。

目前，中原证券注册资本近 40 亿元，管理资产规模 2000 多亿元，资金调度能力超过 600 亿元，现有员工 2000 多人。在香港、北京、上海等全国大部分省会以上城市，河南省内各省辖市和发达县（市）设有证券经营机构 100 多家，控股中原股权交易中心、中原期货、中州国际香港子公司以及三家投资公司和中原小额贷款公司，正牵头组建中原人寿，发展框架不断拉大，呈现良好发展态势。

一 2017～2018年中原证券的发展态势

2017 年以来，在河南省委、省政府的正确领导和省政府金融办的大力支持下，面对不利的宏观经济和证券市场形势，中原证券攻坚克难、抢抓机遇，紧紧围绕既定的工作思路，圆满完成 A 股发行，实现了"三年三大步"的重大跨越，并充分发挥两地上市的优势，以加快发展为中心，一手抓各项能力的全面提升，一手抓战略布局的持续推进，取得了明显成效。

（一）圆满完成"三年三大步"，公司资本实力显著增强

中原证券于 2017 年 1 月 3 日成功登陆 A 股市场在上海证券交易所挂牌上市（股票代码：601375），募集资金 28 亿元，成为全国 129 家证券公司中第 8 家"H + A"即在香港和内地两地上市的证券公司，也是河南实现两地上市的首家金融企业。这是继在香港上市、在港增发融资之后，中原证券圆满收官"三年三大步"的发展战略，实现了公司面貌的根本性转变，资产规模和资金实力显著增强。目前，公司资金调度能力超过 600 亿元，是在香港上市前（30 多亿元）的 20 多倍。

（二）现代化、国际化大型金控集团建设迈出实质性步伐

根据国际惯例，金控集团至少要拥有银行、证券、保险三大牌照中的两个，而组建屡获重要突破的中原寿险公司，正提速中原证券迈向现代化、国际化大型金控集团建设的步伐。

1.河南法人寿险公司组建迈出重要一步

2015年10月28日，中原证券获河南省政府同意，牵头发起河南省法人人寿保险公司。一年多来，中原证券作为主发起人，在河南省政府和监管部门支持下，寿险公司筹备工作进展顺利，先后确定河南投资集团、宇通客车、建业集团、森源集团、双汇集团等为联合发起股东，初步暂定寿险公司的注册资本为30亿元。2016年底正式向中国保监会上报了申请材料并获受理，2017年3月30日，中原证券参股中原人寿获得河南证监局的无异议函，申报材料也在中国保监会网站进行了预先披露。目前，公司正继续保持与省政府金融办和保险监管部门等的密切沟通，批筹工作高效推进。

2.香港子公司顺利完成拟上市平台搭建

2017年，中州国际狠抓各项业务发展，成功拥有香港证券期货市场全部业务牌照，在成立后的第二个完整会计年度实现营业收入3.08亿港元，净利润0.9亿港元。同时，中原证券为加快中州国际发展，加快其上市步伐，夯实公司国际化业务发展的根基，决定对其实施增资扩股、引入战略投资者，成立注册资本10亿港元的中州国际金融集团，完成了拟上市平台架构的搭建，发展实力得到显著增强。

3.中原股权交易中心挂牌企业数量、融资规模实现双突破

中原股权交易中心作为河南唯一一家区域性股权市场运营机构，在培育全省上市及新三板挂牌后备资源、扩大省内中小微企业融资、保障市场规范运行等方面具有积极作用，已成为促进河南资本市场和中小微企业发展的重要抓手。中原证券作为控股股东和主要参与机构，积极配合省政府金融办、河南证监局，进一步促进股权中心发展，通过加大业务协同等途径，在

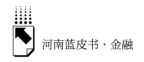

2017年实现累计挂牌企业突破2000家，在全国40家区域股权市场中居第12位，累计帮助企业融资突破20亿元，超额完成省政府确定的目标，区域股权市场平台作用日益显现。

4. 中原小额贷款公司完成设立并开业

2017年6月28日，由中州汇联变更而来的中原小额贷款公司，取得营业执照，注册资本10亿元、业务范围覆盖全省。同年7月11日取得省金融办开业批复正式开业，使中原证券业务范围扩展至信贷领域。

（三）高度重视合规风控工作，连续三年被中国证监会评为A级券商

近年来，中原证券高度重视合规风控工作，顺应"依法、全面、从严"的监管政策环境，指导公司合规、风控和稽核部门，协同投行业务条线做好专项检查整改，并举一反三，对公司主要业务和子公司检查整改全覆盖，切实提高了公司的风险管理能力，相关专项工作也取得明显成效。2017年8月，证监会公布了2017年证券公司分类结果，中原证券连续第三年被评为A类券商，稳居行业第一方阵。

（四）经营模式转型加快推进，公司转型发展的新格局基本形成

为加快转型步伐，中原证券明确了以"强投行、优化投资、巩固经纪等基础业务、力求创新业务发展"的转型方向和发展战略，重中之重是"投行+投资"联动发展。为此，公司成立专门业务协同总部，投行2017年完成1单首次公开募股（IPO）申报、1单再融资项目过会，实现13.3亿元长葛市专项债券、8.5亿元濮阳专项债券发行，新增新三板挂牌企业25家，中原股权交易中心挂牌企业累计突破2000家、帮助企业融资额突破20亿元。同时，公司下属另类投资子公司中州蓝海资本金增至30亿元，私募基金管理子公司中鼎开源注册资本增至20亿元，投资板块实力大增，累计投资中小企业超过150家，在母公司总收入中的占比明显提升，转型效果初步显现。

（五）积极履行社会责任，持续高比例现金分红，成效显著

中原证券积极响应中央和河南省委、省政府关于加强扶贫攻坚的号召和要求，持续助力脱贫攻坚，先后与兰考、固始、上蔡和桐柏等国家级贫困县签署了帮扶协议，充分发挥公司资本市场专业优势，帮助贫困地区企业通过资本市场加快发展，已取得初步成效。特别是由其参与发起并担任理事长单位的河南省扶贫基金会，成立仅一年多时间募资额即达4.7亿元，在助力精准脱贫方面发挥了重要作用。正是得益于近年来持续加大的扶贫攻坚力度，中原证券受到了中国证监会有关部门的通报表扬，也获得了广泛认可。2017年3月，在国内知名财经媒体集团财新传媒举办的"2017年度财新资本市场成就奖"颁奖典礼上，中原证券荣膺2017中国上市公司社会责任10强（扶贫攻坚特别奖）单位。

同时，在香港上市以来，高分红已成为中原证券的一大特色，有力地提升了公司在境内外资本市场的形象。中原证券自2014年在香港上市以来已完成6次现金分红，其中2014～2016年的现金分红比例分别为56%、96.33%和111%。再加上2018年3月份公布的2017年下半年利润分配方案，拟向全体股东每10股派发现金红利0.35元（约合0.437港元），中原证券累计分红总额将超过29亿元（约合36.21亿港元），以港股发行价计算的股息回报率达40%左右。

二　中原证券当前面临的发展机遇和市场挑战

2017年以来，中原证券作为河南省内唯一的证券公司，在证券行业业绩普遍下滑的大背景下，仍实现了好于行业平均的发展水平。但受国际经济形势多变、行业监管日益从严，行业竞争日益激烈等不利因素影响，中原证券要继续延续良好态势，面临以下的机遇和挑战。

（一）面临的宏观经济形势

1. 宏观经济外部趋好、内部趋稳

2017年美欧日等世界主要经济体表现将继续向好，以美联储加息为代

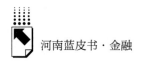

表，全球利率政策将集体转向，但地缘冲突、政治矛盾等短期风险事件仍难以避免。在国内方面，随着党的十九大开启新时代中国特色社会主义建设新征程，经济由高速增长转向高质量增长成为发展主基调，在此背景下，防范风险、结构升级和防治污染等领域将成为经济热点，经济总体上仍将继续处于 L 形底部区间运行，经济增速预计将小幅回落，通胀率小幅上行，汇率稳中有贬，利率继续阶段性抬升。

2. 从严监管持续加码

党的十九大及全国金融工作会议均对金融工作提出三大任务，即防控金融风险、服务实体经济和加强金融监管。这将深刻影响未来相当长一段时间金融业的走向，促进包括券商在内的金融机构更加注重风控合规、规范运营。

3. 资本市场仍将呈现结构性行情

2017 年以来，国内的金融监管密集落地，十分有利于市场规范化发展。随着经济内生增长动能积蓄和供给侧结构性改革推进，预计上市公司整体盈利继续改善，市场将在严监管的环境中寻找业绩稳健和前期估值洼地的板块和机会。此外，A 股将正式纳入明晟新兴市场指数（MSCI），利率敏感性资产的持续调整也将提高权益类资产的吸引力。但美联储持续加息引发的全球股市大幅震荡，或将使避险情绪上升、A 股承压。预计 2018 年 A 股中枢有望小幅抬升，市场将呈现弱周期逻辑主导下的行业高频轮动局面。预计央行货币政策中性偏紧，债券市场可能继续维持熊市。

4. 证券行业分化将加剧

随着资本市场的稳健运行，券商业务结构趋于多元化，2018 年的证券行业业绩总体将边际改善，但宏观经济层面持续去杠杆及监管政策变化将进一步影响行业格局。加之 2018 年是改革开放 40 周年，国家极有可能推出超预期的开放政策，而金融业将是重点开放领域之一。这对当前正遭遇互联网等跨界资本非对称性竞争的证券业将带来进一步冲击。

（二）公司在沪港两地上市后形成的宝贵战略机遇期

目前，全国共有 13 家在香港上市和 32 家在 A 股上市的证券公司，其中既包括行业排名前十位的大型券商，也包括不少民营控股公司，很多地处发达地区，上市早、实力雄厚、市场化程度高，中原证券与其差距不小。但中原证券三年之内成功抢占了 H 股和 A 股两个具有战略意义的制高点，赢得了 2～3 年的战略机遇期，不仅从根本上解决了公司的生存问题，还为其带来了四大优势，获得了发展的战略主动权。

1. 沪港两地上市平台优势

2017 年 1 月 3 日，公司在上交所挂牌上市，成为全国 131 家证券公司中第 8 家"A+H"两地上市券商，拥有了顺畅的两地直接融资及资本运作的平台，大大拓展了净资本和运营资金补充渠道。沪港两地上市公司的品牌优势有利于各项业务发展特别是以长三角为代表的省外市场拓展。

2. 河南的"根据地"优势

公司大力支持河南实体经济发展，积极履行社会责任，赢得河南省委、省政府和社会各界的长期信赖和支持，有利于公司根植中原、走向全国、面向世界。

3. 企业文化优势

公司在长期发展过程中形成的独特企业文化，特别不怕困难、敢打敢拼，全力以赴去争取胜利的精神，必将克服一切困难，实现新的跨越。

三 中原证券在"金融豫军"加快崛起背景下的发展策略

2017 年底召开的党的十九大具有划时代的重大意义，不仅将新时代中国特色社会主义思想写入党章，更明确地提出了分阶段落实的奋斗目标，即从现在到 2020 年建党一百年时全面建成小康社会，实现第一个百年奋斗目标；到 2035 年基本实现社会主义现代化；到 21 世纪中叶新中国成立一百年时，全面建成社会主义现代化强国。为实现以上目标，报告从 13 个方面进行了全方位部署，其中明确要求"深化金融体制改革，深化利率和汇率市场化改革，守住不发生系统性金融风险的底线"。

这为金融工作指明了方向，也为"金融豫军"新时期的快速发展提供了根本遵循。中原证券要进一步强化市场意识，充分发挥公司在沪港两地上市的优势，以加快发展为中心，一手抓各项能力的全面提升，一手抓战略布局的持续推进，持续提升服务实体经济水平，助力区域金融发展和经济结构快速转型升级。2018年初，中原证券提出：在过去三年多时间内先后实现在香港上市、在港增发和A股上市的基础上，争取再用3～5年的时间，达成三大目标，实现公司"二次腾飞"：一是公司合规风控水平显著提高；二是干部员工的专业能力显著提升，特别是风险管理、财富管理、资源配置和IT创新能力及各项业务能力等，真正具备进入第一方阵的专业能力；三是公司资本实力、赢利能力及部分重要业务排名大幅提升，能够与在沪港两地上市公司的地位相适应。

为此，结合公司加快转型发展和提升各项能力的实际，中原证券明确了2018年的工作思路，可概括为：坚持"一个战略"、落实"四大布局"、强化"三大保障"。坚持一个战略，即必须牢牢坚持"做强投行、优化投资、巩固经纪等基础业务、力求创新业务发展"的转型方向和发展战略不动摇。落实四大布局，即在发展和盈利的空间布局上，要牢牢抓住"河南总基地和上海、香港、北京四大利润中心"4个着力点。强化"三大保障"，即强化党建和党风廉政建设、合规风控和干部队伍建设保障，确保公司持续健康发展。实现以上目标，重点做好以下三个方面的工作。

（一）进一步明确核心定位，有效促进战略落地

重点是推动公司加快向"投行＋投资"业务发展的战略转型；在盈利空间布局上落实好"四大布局"，即以经纪和四板业务为核心加强河南总基地建设，以自营和资管业务为核心加快打造上海中心，以投行和创新业务为核心加快打造北京中心，以国际业务为核心加快打造香港中心，同时加快各子公司发展，进一步丰富四大布局内涵。强化干部队伍、合规风控、党建和党风廉政建设三大保障，确保公司持续健康发展。

（二）加快打造业务专业能力和总部支撑能力，全力追赶行业发展步伐

为更好地贯彻"一四三"的工作思路，中原证券将结合行业发展态势和自身实际，今后 3～5 年，重点加强相对薄弱的各业务专业能力和总部支撑能力建设，以逐步打造核心竞争力。

1. 提升具体业务发展层面的专业能力

打造和提升公司各业务领域的专业能力。例如，经纪条线重点提升财富管理能力、机构服务能力，投行条线提高项目承揽能力和高水平承做能力，自营投资和资管条线增强主动投资管理能力，投资类子公司提高项目筛选和项目风险管理能力等。同时，公司将大力提升干部员工的专业素养，加强职业精神培育，进一步树立公司在行业的专业形象。

2. 打造公司总部层面的支撑能力

在信息技术（IT）引发券商商业模式的颠覆性变革渐成行业共识的背景下，加快打造 IT 支撑能力，全面实现公司的信息化，为公司转型发展和各项工作开展提供强有力的 IT 支撑。在完善流动性管理基础上，深化融资管理，统筹资本市场直接融资、银行间接融资等各种工具降本增效，强化资金配置管理，提高资金统筹管理能力，为各项业务发展提供强大支撑和保障。明确研究所卖方研究的定位，加大资源倾斜力度，大幅提升投研能力，打造研究品牌。稳步提升运营、托管等基础保障水平，持续提升集团化财务管理水平，做好投资者关系管理、信息披露等工作，进一步提升综合保障能力。

（三）借鉴先进券商经验，加强公司战略规划

顶层设计、规划先行，已成证券行业中小券商发挥后发优势、实现弯道超车的共识。为此，中原证券已将研究室更名为战略发展部，增加了战略规划职能，并与研究所密切协同，以顺应沪港两地上市后公司加快发展对战略规划的迫切需求。下一步，中原证券要针对公司目前存在的问题进行专题调研，并积极"走出去"，深入研究借鉴行业先进券商经验，抓好对标，在适当时候考虑引入专业第三方管理咨询机构进行"诊断"，做好公司战略及业务规划等方面工作。

B.6

2017～2018年中原资产发展分析与展望

郭鸿勋*

摘　要： 面对经济转型对金融创新的迫切需求以及不良资产市场竞争日趋激烈等机遇挑战，中原资产按照河南省委、省政府关于实施"金融豫军"战略的要求，切实发挥省属骨干金融企业的功能作用，以差异化的发展思维找准在金融豫军和全省金融体系中的定位，通过不断创新金融服务手段，构建起以不良资产收购处置和股权投资为核心主业、综合金融协同发展的多元金融业务体系，走在了全国地方资产管理公司和金融豫军的前列。2017年，中原资产通过科学谋划确定了打造"一体两翼"多元金融资产管理公司的战略目标，2018年将围绕发展战略，加快业务板块布局，强化关键能力建设，努力将公司发展成一家符合河南经济社会发展需要的现代化金融企业。

关键词： 不良资产　股权投资　一体两翼　多元协同

金融是经济的血液，是现代经济的核心。作为河南省委、省政府实施"金融豫军"战略的重要部署，中原资产管理有限公司（以下简称"中原资

* 郭鸿勋，博士，中原资产管理有限公司党委书记、董事长。

产")成立以来,以打造凝聚力、创新力、影响力、竞争力一流的资产管理公司为目标,围绕维护区域金融稳定、服务实体经济转型和助推省委、省政府重大战略实施等功能定位,在探索构建金融服务体系和加快业务模式创新方面进行了卓有成效的尝试,以差异化发展思维精准谋划业务布局,实现了经济效益和社会效益的有机统一,走在了"金融豫军"和全国地方资产管理公司的前列。

一　发展成效分析

作为金融豫军和省属功能类国有企业的重要成员,中原资产深刻理解资产管理对河南经济社会发展的重要意义,公司成立以来,在省委、省政府的正确领导和省财政厅、省金融办的科学指导下,在金融豫军各兄弟单位的合作支持下,中原资产按照贯彻落实省委、省政府关于"做大、做强金融豫军"的部署要求,提升管理水平和核心能力,实现三年三大步。2015年,实现当年设立、当年盈利;2016年,营业收入6.8亿元,税后净利润1.35亿元;2017年公司实现营业收入30.8亿元,净利润4.38亿元,净资产收益率达到8.47%。公司资产规模从开业之初的10亿元增加到2017年底的770亿元,被中诚信和新世纪资信公司分别给予AAA级稳定的信用评级,并成功获批成为全省博士后创新实践基地。短短三年时间,中原资产在深化全省金融创新实践和服务经济社会发展中留下了浓墨重彩的一笔,形成了独具特色的发展模式,发展质量和速度走在了全国地方资产管理公司前列。

(一)以支持农信社改制为切入点,化解区域金融风险

针对县级农信社不良贷款率高,在改制农商行过程中四大资产管理公司参与积极性不高的问题,中原资产切实增强担当意识,多措并举支持全省农信社改制为农商行。累计投放89.55亿元支持27家农信社置入资产变现和对不良资产的处置。在支持化解县级农信社不良资产的同时,积极稳妥拓展商业银行不良资产收购能力,完成现场尽职调查千余次,累计收购16家银

行金融不良资产112.37亿元；并以"时间换空间"的方式，推动非金融机构债券收购处置工作，先后帮助神火煤业、豫联能源等省内大型骨干企业化解债务风险，转换动能。作为功能类企业，按照省政府有关指示，筹资20亿元成功化解河南能源化工集团债务风险和省农信社合规经营风险，助推中原银行及时释放质押股权，成功实现在香港上市。目前，中原资产已累计收购各类不良资产328.64亿元，规模和专业化程度列全国地方资产管理公司（AMC）第一梯队。

（二）以资本为纽带，创新股权投资模式服务重大招商战略

在扎实做好不良资产收购处置主业的基础上，中原资产依托全资子公司中原股权投资管理有限公司，着力探索符合河南发展需要的股权投资模式，服务全省经济结构调整和产业升级。按照"大比例入股—产业落地河南—产业基金合作—金融合作"的链条化战略合作思路，中原资产和中原股权抽调专业团队，对上汽集团进行长期跟踪和洽谈，以一级半市场定向增发为契机，成功成为上汽集团第六大股东，也是上汽集团除上海国资委及"国家队"之外最大的外部股东，助推上汽集团60万辆整车重大招商引资项目落户河南。同时，中原资产积极发挥作为上汽集团重要股东的影响作用，推动与上汽集团实施全面合作，包括合作设立60亿元上汽中原股权投资母基金和20亿元汽车产业子基金，借助上汽投资在汽车行业丰富的投资经验和项目储备，专注服务河南汽车产业发展，推动上汽集团优质项目落地河南，助推河南省在新一轮智能、新能源、互联网汽车产业发展中实现弯道超车。中原资产探索形成"以资本为纽带"的股权投资业务模式，既推动了省内重大招商引资战略，也为公司带来了经济收益。更为重要的是，通过投资与国内大型上市公司建立起互信、互融、互促的关系，引导其产业向河南转移，业务资源布局向河南倾斜，对提升河南省经济结构调整和产业升级具有积极的意义，得到了省政府主要领导的高度肯定。目前，中原资产参与中国国航、中铁工业、顺丰控股等大型上市公司定增项目的资本招商作用正逐渐凸显。截至2017年底，中原资产及中原股权累计参与一级半定向增发市场

规模达到 163.28 亿元，投资二级市场 67.68 亿元，主动投资规模已超过中信证券、国泰君安、海通证券等证券类公司主动管理自营规模的总和，成为国内资本市场上一支生力军。

（三）以金融回归实体经济为导向，发挥综合金融协同优势

1. 拓展航空融资租赁手段支持郑州航空港国家战略

为助推郑州航空港经济综合实验区国家战略落地，中原资产与省机场集团等企业合作设立了注册资本 15 亿元的中原航空融资租赁股份有限公司，打造支持航空经济的金融支点。该公司按照省政府《郑州—卢森堡"空中丝绸之路"建设专项规划（2017～2025 年）》要求，把握政策机遇，积极协调航空公司、飞机制造商、金融机构及各有关单位，于 2017 年 12 月 28 日成功从空客引进的首架 A330－300 飞机落地郑州机场，顺利完成报税入关等相关手续后交付祥鹏航空公司，成为中西部地区首单以 SPV 结构完成的经营性飞机租赁业务。在服务河南省民用航空、通用航空事业发展的基础上，该公司灵活运用融资租赁服务手段，累计投资 104.85 亿元，支持河南省基础设施、公共交通、新能源汽车、医疗、教育、环保、高端装备制造等领域发展。

2. 牵头设立专项基金支持产业发展

按照中原资产发展战略，为有效整合一级股权市场投资资源，公司依托中原股权公司牵头设立了河南中原赛伯乐"双创"投资基金、河南赛琪高技术服务创业投资基金、首中教育产业基金等，并完成投资 0.91 亿元，支持 6 个项目发展。其中与邓亚萍团队合作设立的河南邓亚萍体育产业投资基金已完成基金管理人登记和首批 1.5 亿元财政资金到位工作。为进一步强化基金运作对产业发展的支持作用，中原资产于 2017 年 11 月专门成立中原金象投资管理有限公司，专注股权投资业务，下一步将重点通过发起设立产业基金和承担基金管理人职责，进一步支持河南省产业发展。

3. 推动千亿元资本助力制造强省建设行动

按照金融服务实体经济发展的政策部署，中原资产联合省工信委于 2016 年 12 月谋划"产业对接资本"重点工程，并于 2017 年 3 月正式启动了"千

亿元资本助力制造业强省建设"行动,为全省先进制造业重点集群、重点企业、重点项目量身定制包括债转股、融资租赁、商业保理、基金投资等在内的一站式综合金融服务,积极探索"产业+资本"发展模式。该计划实施以来,中原资产已组织多场宣讲会和调研,对接259家企业近三百多个项目,累计向全省重点龙头企业投放资金155.53亿元,引领银行、私募基金共同投资,带动社会资本投资315.22亿元,取得了良好的经济效益和社会效益。

4. 积极推动省政府百城建设提质工程战略实施

提升县级政府融资能力,县级投融资平台改造提升,是百城建设提质工程的两个突出重点。2016年,中原资产先后投资9.6亿元,对项城、鄢陵两家地方投融资平台进行了重组改造,突出培育其投资、融资及与各类社会资本的合作能力。与国家开发银行河南分行密切协作,提供全方位、多领域的金融服务,引领金融资源下沉服务全省百城建设提质工程建设。

5. 下沉金融服务重心,支持市县经济社会发展

中原资产先后与鹤壁、新乡、郑州等省辖市人民政府和巩义、孟州、鄢陵等县级人民政府签订战略合作协议,并按照省财政厅"构建'五位一体'支农工作机制"的要求,作为"政银担保投联动支农联席会议"的成员单位之一,先后与孟津等15个县(市)政府签订合作协议,成为支持地方经济发展的"金融之手"和"金融之源"。积极谋划与新乡、鹤壁、焦作等省辖市政府合资设立公司,发挥双方优势开展不良资产处置和股权投资业务。同时发挥公司股东在产业、运营、团队等方面的优势,与重庆康达成立中原康达环保产业投资公司、与华强集团成立中原华强投资发展公司,支持各市县流域治理、城市黑臭水体治理等工程建设以及文化旅游等产业发展。

二　发展环境分析

(一)发展机遇

在经济发展步入新常态和转型升级的新阶段,中原资产依托不良资产收

购处置的业务优势，充分发挥"逆周期"金融救助和金融稳定器功能，在支持供给侧结构性改革和服务实体经济方面拓展新的发展机遇。

1. 做大做强不良资产经营主业迎来新机遇

当前，我国实体经济累积了巨大的偿债压力，在压力传导之下传统金融机构持有的不良资产规模持续增加，预计2020年将达到约4.8万亿元。在2017年7月召开的全国金融工作会议上，习近平总书记提出了防控金融风险等三大要求。作为服务金融稳定的重要力量，中原资产将在持续化解区域风险和推进市场化降杠杆改革中发挥不可替代的作用，公司的金融不良资产收购处置、债转股等业务将迎来更大的发展空间。

2. 国企改革等持续推进催生新一轮特殊投资机遇

2013年11月，党的十八届三中全会通过了《中共中央关于全面深化改革若干重大问题的决定》，掀起了新一轮以积极发展混合所有制经济为核心的国资、国企改革。在改制、主辅分离、清产核资等过程中催生了新一轮特殊投资机遇，中原资产充分发挥专业优势和地缘优势，深入挖掘省内国有企业改革过程中的特殊投资机遇，凭借优秀的资本运作和项目落地能力，不断挖掘发展机遇，提升核心竞争力。

3. 经济转型为实施综合金融服务创造有利条件

全省经济转型和产业升级过程释放了大量的金融服务需求，这为中原资产实施综合金融服务创造了有利条件，可以通过打业务"组合拳"的方式，以"存量＋增量""金融＋产业""债权＋股权""自主资金＋结构化融资"等全产业链金融服务模式，为企业提供全生命周期、全产业链金融服务，支持其转型升级，切实解决实体企业融资难、融资贵问题。

（二）面临挑战

1. 行业竞争日趋激烈

随着金融改革深入和金融风险聚集，银监会等对地方资产管理公司牌照管制有所放松。2016年10月，中国银监会下发通知允许设立第二家资产管理公司。为推动债转股工作开展，2017年上半年，中国银监会批准建设银行、中国农业银行和中国工商银行成立专司债转股的资产管理公司。目前，地方资产管理公司已经扩容至 50 余家，市场格局也由原来的信达、华融、东方、长城四大资产管理公司分化为"4 + 2 + N + 银行系"多元化局面。与其他竞争对象相比，地方资产管理公司成立时间较短，团队经验和业务落地能力仍在培育之中，发展面临较大压力。

2. 传统不良资产业务难度加大

不良资产收购处置是地方资产管理公司的主业，但在新的发展阶段下，传统不良资产业务难度加大，表现为资产质量下降，但收购价格受竞争因素影响不断抬高，增加了回本创收的难度。同时，银行出售的资产包所涉及的企业债权债务关系十分复杂，往往多重交织，甚至牵扯到民间借贷，导致资产处置回收难度增大，仅靠传统的行政诉讼等单一清收手段很难达到预期效果。

3. 监管趋紧、利率走高等新变化带来更大挑战

近期，在金融监管不断加强，房地产等行业政策的持续收紧的影响下，多数资产管理公司的创新型业务发展空间大大压缩，对企业短期内的经营情况带来了一定的冲击，同时也对规范业务类型和提升核心竞争力提出了更高的要求。此外，由于地方资产管理公司成立时间普遍较短，发展初期资金来源主要依赖银行授信，导致业务发展规模受制于企业获得的银行授信额度，同时存在资金周期与项目周期不匹配、资金成本不断增加等问题，使发展面临更大挑战。

三 发展趋势判断

面对当前机遇与挑战并存的复杂形势，地方资产管理公司要实现快速发展壮大离不开创新，而创新的关键是要把握金融发展的整体趋势，改变以往被动式资产管理方式，加快构建具有核心竞争力的创新业务体系，提升发展竞争力。

（一）加强同业合作延伸服务，提升不良资产经营主业的竞争力

近年来，面对不良资产包处置难度加大，华融等资产管理公司加大与投

资机构合作，通过打包、资产证券化等整体处置方式，将部分不良资产包处置给包括国外投资者在内的其他投资主体，降低了资金压力并有效地转移了投资风险。同时，通过合资设立资产管理公司，加快由投资型向服务型转型，构建起拥有评级、尽职调查、投资顾问、后期处置等不良资产全产业链服务的金融公司，挖掘不良资产经营主业潜力。

（二）把握经济转型的潜在机遇，及时开拓投资银行业务

被动接收银行不良资产出包是地方资产管理公司的传统业务模式，在现实发展中往往耗时耗力且回报率较低。为此，结合当前经济转型大背景下的发展机遇，一些公司转变发展思路，变被动接收为主动管理，不断加强投行业务能力创新不良资产业务模式。例如，华融为了提升资产质量，挖掘资产的潜在价值，全方位开拓以证券承销、企业重组、辅导上市、管理咨询和财务顾问等业务为重点的投资银行业务板块，完成了一批上市公司的债务重组工作，为经营陷入困境的上市公司实质性改善运行质量创造了有利条件。

（三）适度开展多元化经营，延长"资产管理"价值链

目前，信达等四大资产管理公司已实现多元化经营，除不良资产收购处置业务资质外，同时持有银行、保险、证券、信托等金融牌照（见表1），形成了以不良资产经营、投资与资产管理、金融服务三大块业务体系。为了进一步延伸"资产管理"价值链，加强业务协同，部分地方资产管理公司正在探索参股银行、第三方支付等金融牌照，提升业务体系的竞争力。

表1　中国四大资产管理公司多元化经营布局

公司	银行	保险	证券	基金	期货	信托	金融租赁	投资	参股地方资产产管理
信达	√	√	√	√	√	√	√	√	√
华融	√	—	√	—	√	√	√	√	√
东方	√	√	√	—	—	√	√	√	√
长城	√	√	√	√	—	√	√	√	√

注：√为持有牌造。

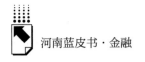

（四）紧贴国家发展战略搭建新兴金融服务平台

以华融为例，在发展中坚持紧跟"一带一路"建设、自贸区建设、京津冀一体化发展战略等，充分发挥资产管理公司独特作用和辐射全国的网络优势，搭建了华融消费金融、华融福建自贸区投资、华融创新投资、华融新兴产业投资等多个新型金融服务平台，深化与地方政府、国有企业合作推进产融结合，既扩充了公司金融服务手段，完善了金融服务功能，更有力地支持了供给侧结构性改革和实体经济转型升级。

四　"金融豫军"　加快崛起背景下的发展思路与对策

面对复杂多变的内外部环境所带来的机遇与挑战，中原资产围绕维护区域金融稳定、支持实体经济发展和服务省委、省政府重大战略实施的功能定位，在科学研究和多方论证的基础上，进一步明确公司的战略方向，即以"一体两翼"的多元金融控股集团为目标，积极培育金融服务能力，提升公司治理水平、强化自身建设，认真贯彻和服务省委、省政府决策部署，充分发挥功能职责，实现国有资本增值。

（一）按照"一体两翼"发展战略培育业务核心竞争力

为积极把握发展机遇，不断加强核心能力建设以应对市场竞争加剧等新挑战，中原资产按照"做精主业、做强专业"的要求，形成了以不良资产收购处置业务为基础，以股权投资和综合金融服务协同的"一体两翼"多元化发展战略。下一步将以战略目标为引领，不断强化和提升业务竞争力。

1. 探索不良资产经营新思路

按照《河南省推进供给侧结构性改革总体方案（2016～2018年）》提出的"做大做强中原资产管理有限公司，加快不良资产处置"要求，把握国企混改、"三去一降一补"供给侧改革以及金融风险催生的债转股、并购重组、破产清算等业务机会，不断探索以新型不良资产业务服务金融业和实体经济发展的路径。推动与中金公司等国内领先投行联合设立产业优化基金。尽快申请取得破产清算管理人等业务资质。

2. 推动股权投资新模式

以入股上汽集团、中国电建、中国国航、中铁工业、顺丰控股等大型企业集团并成为重要股东为契机，探索以资本运作为纽带，打造"省级主权投资基金"，增强对重大招商引资和产业结构调整的支撑作用。

3. 积极谋划参股控股金融机构

按照中央和省委、省政府政策导向，积极在河南自由贸易区发起设立证券、银行等相关金融机构，提高中原资产综合金融服务能力和不良资产多元化的处置体系建设。

（二）持续推进改革提升公司治理水平

按照《河南省省属国有非工业企业改革推进方案》（豫发〔2017〕5号）的有关要求，持续推进公司组织结构、治理结构等改革任务，充分调动现代金融企业的活力，提升公司可持续发展的能力。重点研究聘请外部非股东董事，加强母子公司董事会专业委员会建设，提升董事会决策水平；建立健全监事会对董事会、经营层的综合评议制度，加强对公司风险控制体系、业务合规性等监督检查力度，确保公司良性合规发展。按照章程和公司制度，明确经营层职责权限，激发经营层活力。分类研究并逐步完善现有管理及业务制度，出台《全面预算管理办法》《投资决策制度》等17个核心制度，夯实公司治理制度基础。全面升级公司信息化办公软件系统，持续推动公司财务、业务信息化系统建设及优化，提升公司治理的信息化水平和管理效率。

（三）深度参与省内国企深化改革工作

目前，全省国企深化改革工作正朝纵深领域推进，中原资产作为河南省第一家地方资产管理公司，有先发的牌照优势、制度优势和业务优势，与国企混合所有制改革、"三去一降一补"、企业降杠杆业务等工作具有高度的契合性和相关性。因此建议省政府支持由中原资产牵头，发起设立河南省产业优化基金，服务省内国企改革和企业降杠杆工作。

B.7
2017~2018年郑州商品交易所
发展分析与展望

汪琛德　芦发喜*

摘　要： 2017年，在中国证监会的正确领导下，郑州商品交易所始终坚持服务实体经济发展的根本宗旨，强党建、优管理、保稳定、谋发展，各项工作有序开展并取得明显成效。2018年是贯彻党的十九大精神的开局之年，郑州商品交易所将以习近平新时代中国特色社会主义思想为指导，坚持新发展理念，按照高质量发展的要求，围绕服务实体经济、防控风险和深化改革三大任务，进一步强化党委的领导核心作用、完善交易所内部治理、改进一线监管、推动产品业务创新、优化技术系统、探索对外开放、完善"保险＋期货"等服务的路径和方式，努力为实体经济发展和供给侧结构性改革做出新的贡献。

关键词： 郑州　大宗商品　商品交易所

郑州商品交易所（以下简称"郑商所"）是全国四家期货交易所之一，也是中西部地区唯一的期货交易所。成立近30年来，郑商所紧紧围绕服务实体经济这一中心目标开展工作，不断丰富上市品种、完善制度规则、提升

---

* 汪琛德，郑州商品交易所期货及衍生品研究所有限公司总经理；芦发喜，郑州商品交易所期货及衍生品研究所有限公司研究部主管。

技术水平，市场运行整体平稳，市场功能日益显现，交易规模逐步扩大。截至 2017 年底，上市有强麦、普麦、早籼稻、晚籼稻、粳稻、棉花、棉纱、菜籽油、油菜籽、菜籽粕、白糖、苹果、精对苯二甲酸（PTA）、甲醇、玻璃、动力煤、硅铁合金、锰硅合金共 18 个期货品种，并上市了白糖期权，农产品涵盖粮、棉、油、糖、果等关键门类，工业品涉及化工、能源、建材、冶金等重要领域，在促进经济社会发展中发挥了重要作用。

一　2017年发展情况

2017 年，郑商所深入学习领会党的十九大和全国金融工作会议精神，认真贯彻习近平总书记关于金融工作和资本市场的重要指示，全面落实全国证券期货监管工作会议各项部署，牢牢把握"六稳六进"总体要求，强党建、优管理、保稳定、谋发展，管党治党明显加强，治理水平得到提升，市场运行平稳有序，改革创新迈出新步伐，持续向前发展的基础更加牢固。

（一）深入推进从严治党，全面实施从严治所

从严加强政治建设，推进"两学一做"学习教育常态化、制度化，教育引导党员干部坚定"四个自信"，牢固树立"四个意识"，在政治立场、政治方向、政治原则、政治道路上同以习近平同志为核心的党中央保持高度一致。从严加强思想建设，党委带头、层层推进、全面覆盖，用习近平新时代中国特色社会主义思想武装头脑、推动工作，筑牢思想之魂。从严加强组织建设，以部门为单位设立党支部，促进党建和业务更好结合，推动基层组织工作进一步规范。从严加强作风建设，制定《党委会议规则》，推动民主集中制运行制度化、规范化，认真落实民主生活会、民主评议党员、谈话谈心等制度，工作作风进一步改善。从严加强党委班子建设，召开党委中心组学习会议 16 次，学习党的创新理论，开展业务知识、防控风险等方面的专题研讨，不断提高党委班子的领导本领。从严加强反腐倡廉建设，制定《党委履行全面从严治党主体责任清单》，抓实党风廉政建设工作责任考核，

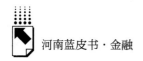

督促交易所各级领导干部履行"一岗双责"，夯实党员干部拒腐防变的思想根基。

（二）稳推内部治理改革，管理效率不断提升

完善内部治理结构，时隔14年后，于2017年顺利召开郑商所第六次会员大会，审议并通过《章程（修改草案）》和《交易规则（修改草案）》，选举产生新一届理事会和监事会，完善理事会、监事会工作制度，充实和优化理事会下设机构的组成人员，充分发挥理事会、监事会和会员作用，推动内部治理机制进一步完善。优化人力资源管理，推动人力资源优化项目平稳落地实施，完善内设机构设置，推进干部梯队建设，招聘引进专业人才，改进加强员工教育培训，使员工素质和专业能力得到进一步提升。改进加强内部控制，加强财务管理、资产管理和内审制度建设，研究理顺对下属公司的管理机制、改进对下属公司的管理方式，内部控制水平进一步提高。

（三）持续强化一线监管，市场运行稳定有序

依规加强一线监管，认真开展监测监控，深入排查市场交易异动线索8500多起，确认386起，严厉打击各类违规行为，办理违规案件66件，对涉案的100名当事人分别给予纪律处分，保障了市场总体平稳运行。强化市场风险防控，完善市场统计制度，建立市场分析工作机制，持续跟踪重点合约、重点客户，上线交割仓库风险评估系统，实施国内第一单标准仓单统一保险，加强技术平台建设，有效降低各个环节风险。完善风险处置措施，修订风险控制管理办法、结算细则，实施交易限额制度、浮动涨跌停板制度和差异化手续费制度，制定突发事件应急预案，开展多场景、多环境应急演练，不断丰富市场发生极端情况下的监管手段，提高交易结算连续性保障能力。

（四）做深做细上市品种，功能作用持续增强

改进优化现有品种，出台PTA、动力煤合约连续活跃方案，综合采取降

低交易成本、引入做市商等多种措施，使相关合约初步呈现活跃态势，已有部分 PTA、动力煤企业利用 803 合约进行套保。针对市场变化，及时修订套保、限仓等业务规则，完善动力煤、白糖、玻璃、PTA 等品种交割结算制度，优化交割仓库布局，为降低企业管理风险创造良好条件。扎实搞好市场培育，始终把引导企业参与市场作为重中之重，与地方政府、行业协会、金融机构、期货公司开展形式多样的合作，构建市场各方共同参与的服务体系。持续开展"点基地""面基地"基地建设，新建"点基地"18 家，示范引导更多的企业利用期货管理风险。举办产业大会 8 场。与新疆生产建设兵团签署合作备忘录，在新疆召开服务实体经济座谈会，支持市场各方开展期货应用技能培训，做好服务棉花目标价格改革工作。在上海、新疆设立驻外机构，健全北京研发中心职能，完善郑商所市场服务体系。

（五）持续创新品种工具，服务领域不断拓展

大力推进产品创新，围绕服务实体经济、服务"三农"和国家发展战略，积极响应会员和实体企业需求，努力争取各方支持，于 2017 年 4 月 19 日推出白糖期权试点，8 月 18 日上市棉纱期货，12 月 22 日上市全球首个鲜果期货——苹果期货，服务实体经济的领域和范围进一步拓展。红枣期货立项申请已获证监会批准，尿素品种立项材料已上报证监会，咖啡、苯乙烯、电力期货研究正在深入推进。努力建好综合平台，适应实体企业多样化、个性化的风险管理需求，建设综合业务平台，制定相关业务规则制度，开展仿真交易，认真做好上线准备工作。

（六）推进技术系统建设，保障能力持续提升

根据市场发展需要，优化五期交易系统，进一步提高交易系统的高效性、安全性、稳定性。着眼于适应国内外金融市场与金融科技发展趋势、引领业务创新发展，启动六期交易系统建设，开展六期交易系统关键技术验证。开发新一代结算平台，升级市场监察系统，进一步提高对结算和监管的技术支撑能力。

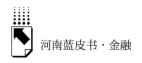

（七）深化对外交流合作，对外开放稳步推进

扩大保税交割范围，在中国（广东）自由贸易试验区南沙片区开展甲醇保税交割，与张家港海关就开展 PTA 保税交割达成一致。制定 PTA 期货引入境外交易者方案，做好 PTA 引入境外交易者的各项准备工作，目前已向证监会申请 PTA 作为特定品种立项。邀请及接待境外机构的相关人士 65 人，组织外事出访 73 人次，并在伦敦、芝加哥国际期货及衍生品博览会上设置专门展位。研究在新加坡设立境外办事处。联合郑州市人民政府、芝加哥商业交易所集团成功举办第二届中国（郑州）国际期货论坛。在着力做好上述基础性工作的前提下，积极推进对外开放的条件更加成熟。

（八）发挥期货市场功能，助力地方经济发展

吸引资金、机构集聚并缴纳税收，支持地方经济建设。郑州期货市场常年吸引各地 400 亿～500 亿元期货交易保证金聚集郑州，70 多家期货公司在郑州设置总部或营业部。2017 年，郑商所累计实缴各项税收 8.5 亿元，有力推动了郑州区域性金融中心建设，为地方经济发展做出了积极贡献。积极投身公益事业，针对因病致贫问题，2017 年实际投入 495.85 万元资助桐柏县 7 个乡（镇）卫生院标准化工程建设，助力健全县、乡、村分级诊疗体系，解决农民看病难、看病贵问题；投入助学金 204.8 万元，资助兰考、新县、桐柏 3 个县 1266 名学生完成学业。围绕服务农业供给侧结构性改革、助力打好脱贫攻坚战，稳步扩大"保险＋期货"试点，建设 24 个棉花、白糖试点项目，惠及 14 个国家级贫困县（市），支持保费额度约 1800 万元，覆盖广西、新疆等贫困和边疆地区的 1.9 万农户，全年共产生约 600 万元赔付；创新扶贫方式，在河南、陕西、湖北、内蒙古贫困地区设立 10 家交割仓库及车船板交割服务机构，支持当地发展优势产业带动贫困农户脱贫。

（九）投资者结构不断优化，市场运行态势良好

交易规模稳步增长。2017 年，郑商所累计成交 5.86 亿手，在全球主要

期货及衍生品交易所中稳居前 13 位，棉花、白糖、动力煤等品种成交量稳居全球前 2 位。累计成交额 21.37 万亿元。日均持仓 331.9 万手，同比增长 14.3%。市场主体参与交易的积极性不断提高。市场结构进一步改善。2017 年，参与郑州期货交易的法人客户 11095 家，同比增长 8.4%；法人客户日均持仓 173 万手，同比增长 25.4%；月套保持仓量 66 万手，同比增长 34.7%，利用期货市场管理市场风险的实体企业明显增加。市场运行质量明显提升。2017 年，市场换手率从 2016 年的 1.27 下降至 0.72；PTA、菜籽油等品种期现相关系数在 0.9 以上，菜籽粕、甲醇、硅铁合金等品种期现相关系数在 0.8 以上，价格发现功能得到有效发挥；白糖、棉花、菜籽粕、PTA、甲醇等行业的企业普遍利用期货价格进行基差交易；有 90% 的 PTA 生产和贸易企业、80% 以上的白糖生产和贸易企业参与期货交易，利用期货管理风险，并取得了较好的避险效果。

二 发展形势分析

（一）发展机遇

1. 政策环境持续向好

国家持续完善期货市场法规体系，明确金融服务实体经济的宗旨，深入推进"一带一路"建设，加快实施创新驱动、自贸区、脱贫攻坚、乡村振兴和区域协调发展等战略，为郑商所提供了政策保障和发展机遇。地方政府深入推进粮食生产核心区、中原经济区、河南自贸区等国家战略，加大支持郑商所力度，为郑商所提供更大发展空间。相关品种产业政策不断完善，为促进期货市场功能发挥、提升郑商所地位和影响力创造了更好的市场条件。期货市场对外开放持续推进，为引入境外投资者，拓展国际业务提供了有利条件。

2. 市场需求日益扩大

我国经济保持平稳增长态势，经济结构持续优化，为市场持续健康发展

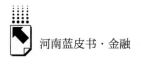

奠定坚实基础。市场在资源配置中决定性作用的体制机制确立，重点领域价格改革稳步推进，为郑商所上市及活跃相关品种提供有利条件。对外开放深入推进，经贸往来日益频繁，相关企业的定价与风险管理需求增加。市场参与群体不断扩大，投资者结构日趋优化，有利于郑商所扩大市场规模。

3. 技术创新持续加速

互联网、大数据、云计算快速发展，物联网、区块链、人工智能日新月异，并与实体经济日益融合，有助于在市场监管、技术开发、舆论引导等方面提升工作效率。境内外交易所大力研发全球性、定制化技术系统，通过技术创新引领业务发展，为郑商所技术系统创新指明了方向。

4. 舆论环境不断改善

近年来，我国政府加大支持期货市场发展力度，社会各界对期货市场功能和运行机制的认识日趋理性。信息传播工具不断推陈出新，微博、微信等自媒体工具相继涌现，在宣传模式创新等方面为郑商所提供了新载体。

（二）面临挑战

1. 市场不确定性增加

世界经济增长动能不足，金融危机深层影响依然存在，"黑天鹅""灰犀牛"事件屡有发生，大宗商品走势错综复杂，对郑商所的稳定健康发展构成挑战。

2. 市场复杂程度提高

随着市场结构深刻变动、市场主体更趋多元、创新产品业务不断推出、境内外联动日益增强、新型违法违规行为滋生蔓延，期货市场发展环境日趋复杂，对郑商所加强监管、发展市场提出了更高要求。

3. 市场竞争日趋激烈

芝加哥商业交易所集团（CME Group）、美国洲际交易所（ICE）、欧洲期货交易所（Eurex）等欧美国际交易所巨头大力推行集团化、全球化发展战略，印度、新加坡、中国香港等新兴市场的交易所创新发展成效显著，国内期货交易所在新品种、市场资金、投资者、创新等方面的竞争日趋激烈，部分商品现货市场、金融机构纷纷推出类期货交易业务、清算服务，对郑商所形成较大的竞争压力。

4. 技术系统压力增大

期权、互换等新工具持续研发推出，仓单交易、组合保证金等创新业务不断涌现，程序化交易、高频交易等新型交易模式层出不穷，对技术系统健壮性、安全性、稳定性提出了更高要求。

三　2018年发展展望

2018年是贯彻党的十九大精神的开局之年，是改革开放40周年，是决胜全面建成小康社会、实施"十三五"规划承上启下的关键一年。郑商所将以习近平新时代中国特色社会主义思想为指导，全面贯彻党的十九大精神和中央经济工作会议、全国金融工作会议精神，坚决落实证监会系统工作会议部署，坚持党对交易所工作的全面领导，坚持稳中求进工作总基调，坚持新发展理念，按照高质量发展的要求，落实好服务实体经济、防控风险和深化改革三大任务，促进市场功能更好发挥，进一步提高服务实体经济、服务国家战略的能力。

（一）突出抓好内部治理

一是有效发挥理监事会作用。按照依法治所要求，以服务全所大局、中心工作为目标，完善工作机制，进一步规范工作流程，发挥理监事会职能作用。召开年度理事会和监事会会议，结合工作需要组织理事会、监事会、咨询顾问委员会和专门委员会会议，为郑商所市场发展服务。二是加强人力资源管理。在完成内设机构调整和职级、薪酬、绩效管理制度改革的基础上，继续完善人力资源制度，强化考核结果运用，建立健全人岗匹配、激励有力、约束有效的人力资源管理体系。开展内设部门总监选拔，加强干部梯队建设，制定人才发展规划，做好中高层次专业人才引进和社会招聘，改进人员培训培养，为交易所的长远发展储备好人才。三是深化体制机制建设。梳

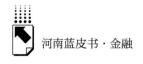

理、优化内设部门工作流程，进一步提高工作质量和效率。完善下属公司管理方式，改革行政后勤管理体制，打造统一的行政后勤服务平台，提高下属公司对交易所核心业务的服务能力。四是加强内部审计工作。按计划开展系列专项审计；落实审计发现问题台账和销号制度，持续督促整改；进一步细化内部审计规范化、科学化的工作流程及工作标准，保证审计工作质量。

（二）着力改进一线监管

一是完善一线监管制度。评估改进现有监管规则，使规则更加合理、清晰和有效。按照证监会统一部署，积极落实期货市场穿透式监管的系统建设、制度完善等工作。二是强化行为与功能监管。加强对新型违法违规行为的跟踪研究，强化资管产品穿透式监管和实控组认定与管理，防止利用业务创新规避监管。在对以往发生的市场违规行为和风险问题处置案例进行深入分析的基础上，研究改进市场监管方法，进一步提高市场监管的科学性和精准度。三是加强风险监测防范。加强对重点品种、重点合约的风险研判，及时采取应对措施。密切关注新产品、新业务上市后运行情况，防范和化解市场潜在风险。完善交割仓库布局，加强交割仓库管理，防范交割风险。保持对热点舆情或风险事件的高度敏感，及时采取措施消除其对市场的不利影响。四是加强市场监管协作。加强对会员合规运作情况的监督管理，强化会员对客户异常交易行为的约束。五是提升监管科技水平。探索利用大数据等新技术、新工具，加强对市场运行情况的监测与分析，做到市场风险早发现、早预警、早处置。

发布交易所五年发展规划，描绘交易所未来五年发展蓝图，制定PTA、甲醇期货成为国际定价中心的时间表和路线图，为交易所创新发展提供战略指引。

（三）扎实推动市场发展

一是加快品种工具创新。推动红枣期货尽早上市。做好尿素、氧化铝、液化气、苯乙烯、白条鸡、大蒜、咖啡、马铃薯、牛肉、普洱茶、沿海运力和易盛农期指数等期货品种的研发，争取再立项、上市 1～2 个期货品种。在做好白糖期权市场培育的基础上，积极推动 PTA、棉花等期权新品种研发上市工作。完善新品种研发机制，优化研究资源配置，提升产品研发质量和效率。二是做精做细现有品种。完善期货合约连续活跃方案，并在条件成熟时推广到其他品种，进一步提高功能发挥较好品种的市场运行质量。完善强麦、棉纱等品种合约规则，强化市场培育和推广，激活功能发挥一般的品种；密切关注普麦、稻谷价格的国家政策，加强与主产区政府、相关部委的沟通，提出改革思路和建议，推动功能受限品种的行业政策变化。三是深化市场客户培育。完善产业企业、机构投资者服务平台，持续加强"三业"活动和"点基地""面基地"建设，推动市场结构持续改善。充实驻外机构工作人员，发挥驻外机构作用，提高市场服务水平。丰富市场宣传与推广渠道，完善市场宣传与推广工作机制，整合内外部投资者教育资源，扎实做好市场宣传与投资者教育工作。四是推动场外业务落地。尽快推出仓单交易、基差贸易等延伸服务，并根据市场运行情况不断完善综合业务平台功能，优化业务流程。

（四）持续优化技术系统

一是持续优化技术系统。持续优化五期交易系统，加快推进六期交易系统开发工作，积极推进上海集中接入点建设，满足市场创新发展需要，提升技术系统核心竞争力。上线结算系统 V6.0，完成交割系统、电子仓单管理系统的开发建设，升级市场监察系统，不断提高技术支撑能力。研究利用大数据、区块链、人工智能等科技手段，改造传统业务模式，智能识别趋同交易及违法违规行为，提升业务运行和监管的智能化、科技化水平。二是提升运维管理水平。强化信息技术系统运维管理，优化完善技术管理工具平台，做好网络通信和机房环境维护管理，规范和加强信息安全管理，确保信息技术系统安全稳定运行。在完成主中心切换方案评估和全市场测试、演练后，将交易主中心切换至技术中心，同时完成异地灾备中心迁移方案调研，持续提高交易结算连续保障能力。三是加强技术系统规划。制定交易所五年信息技术系统建设规划，增强技术系统建设的前瞻性、预见性。

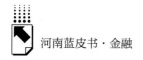

（五）稳步推进对外开放

一是夯实对外开放基础。制定交易所对外开放总体方案，建立健全对外合作机制，拓展对外开放路径。推动 PTA 期货保税交割免征增值税工作。办好第三届中国（郑州）国际期货论坛，打造期货论坛品牌。二是积极"引进来"。以引入境外交易者作为对外开放重点，持续做好 PTA 期货引进境外交易者准备工作，推动 PTA 成为特定品种。三是探索"走出去"。围绕服务"一带一路"建设，研究在"一带一路"沿线设立、收购或参股期货交易所的可行性。抓紧进行境外办事处筹备工作。

（六）完善"保险+期货"等服务

一是完善"保险+期货"试点工作。稳步扩大现有品种"保险+期货"试点，并在具备相关条件的基础上开展苹果等其他品种"保险+期货"试点。根据品种产业政策差异，鼓励试行"订单农业+保险+期货（期权）"模式，探索"双向承保"，推动"保险+期货"试点精细化开展。二是强化服务实体经济能力。加强对中小企业、民族地区和贫困地区的期货服务，支持相关产业企业利用场外期权管理风险、稳定生产经营。

参考文献

高亚瑞：《"一带一路"建设背景下郑州商品交易所发展研究》，《对外财贸》2016年第 8 期。

张秀丽、陈伟、郭恺：《郑州商品交易所期货保证金设置研究》，《金融理论与实践》2017 年第 1 期。

金丽明：《郑州商品交易所期货市场基本功能实证研究》，河南师范大学硕士学位论文，2015。

郭戈：《郑商所在 8 省开展"保险+期货"试点》，《河南日报》2016 年 10 月 11日。

B.8

2017～2018年河南省农村信用社
联合社发展分析与展望

石婧雯*

摘　要： 2017年，河南省农村信用社通过不断深化改革、有效防控风险、增强支农实力，在服务实体经济、发展普惠金融、优化金融服务、促进民生改善等方面做出了突出的贡献。2018年，河南省农村信用社将继续保持"支农、支小"战略定力，认真履行责任，为加快中原崛起、河南振兴、富民强省做出新的更大的贡献。

关键词： 河南省　农村信用社联合社　农村金融

农村信用社是农村金融的主力军和联系农民最好的金融纽带，是我国金融体系的重要组成部分。河南省农村信用社成立于1951年，是河南最大的地方性金融机构，是农村金融主力军和"金融豫军"的重要组成部分。2003年，在深化农村信用社改革试点中，国家把农村信用社交由省级政府负责管理。2005年2月河南省成立了河南省农村信用社联合社（以下简称省农信联社），履行对全省农村信用社的管理、指导、协调、服务职能。全省农村信用社成为一个垂直管理系统，进入了联合发展壮大的新时期。经过十多年的改革发展，河南省农信社已成为全省机构网点最多、服务区域最

---

* 石婧雯，经济学硕士，河南省农村信用社联合社办公室。

广、存贷款规模最大的地方性银行业金融机构。截至2017年末，省农信联社下设12个派出机构，共有139家法人机构，其中农商银行98家，县级联社41家；机构网点5277个、员工6万多人。近年来，全省农信社通过不断深化改革、有效防控风险、增强支农实力、发展普惠金融等措施，逐渐成为推动建设现代农业强省，加快中原崛起、河南振兴的重要力量。本文认真回顾并总结了全省农信社2017年总体发展情况，分析了工作中存在的问题和不足，对2018年未来发展趋势进行了展望并提出相关对策建议。

一　2017年发展回顾

2017年，河南省农信社紧紧围绕省委、省政府重大决策部署，统一思想，凝心聚力，突出主业，发挥优势，在服务"三农"、脱贫攻坚等方面充分发挥了农村金融主力军作用，有力推动了地方经济社会发展。

（一）各项业务快速发展

2017年，省农信联社统筹把握规模、质量、速度、效益之间的关系，组织引导全省农信社强化市场意识，抓好市场营销，存贷款业务明显加速，经营利润稳步提升，"金融豫军"主力军地位进一步巩固。截至2017年末，全省农信社资产总额15110.9亿元；各项存款余额11895.6亿元，较年初增加1344亿元，增幅12.7%，完成省政府下达目标任务（1300亿元）的103%；各项贷款余额6758.4亿元，较年初增加贷款924.2亿元，完成省政府下达目标任务（650亿元）的142.2%；存贷款余额、新增额及市场份额稳居全省银行业金融机构首位（见图1、图2）。2017年，全省农信社实现经营利润322.2亿元，同比增加53.2亿元，增幅19.8%；全年缴纳各项税金98.8亿元。

（二）深化改革工作扎实推进

2017年，省农信联社增强对改制工作重要性、紧迫性的认识，自觉把思想和行动统一到省委、省政府的决策部署上来，集中力量抓好改革，全力

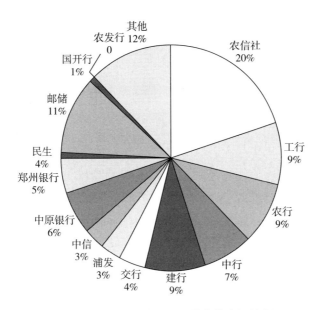

图1 2017年河南省金融机构存款市场份额

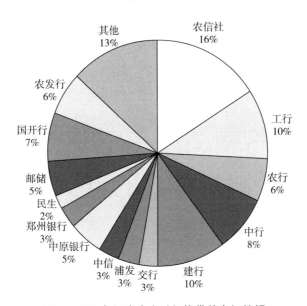

图2 2017年河南省金融机构贷款市场份额

以赴推进改革。一是县（市）农信社改制任务总体完成。截至2017年末，在全省农信社139家法人机构中，有98家已挂牌开业和获批筹建，31家正履行筹建程序，10家已达到组建标准，总体完成了组建农商银行的目标任务。二是市级农商银行组建工作实现新突破。按照撤销市农信办、组建区域审计中心、将市农信办与城区农信社合并组建省辖市农商银行的工作思路，强力推进改革工作。截至2017年末，洛阳、安阳、濮阳、许昌、周口、驻马店、济源7家省辖市农商银行已挂牌开业和获批筹建，其他11个省辖市农商银行组建工作正在扎实推进。三是省农信联社改革的顶层设计基本完成。按照省政府关于省农信联社改革与县级联社改革"两步并作一步走"的要求，按照"淡出行政管理，强化服务职能"的要求，对省农信联社组织架构、内设机构、薪酬制度改革等重大事项重新进行了研究，设计了党的建设、行业审计、风险管理、科学管理（包括目标管理、层级管理、差异化管理、绩效考核）等管理体系，规划了科技支撑（IT系统）、电子银行、运营服务、产品研发、市场拓展、电商、资金运营、资产管理、人才培训和员工服务十大服务平台（见图3），明确了"小法人＋大平台＋大服务"的改革发展模式，逐步撤销市农信办，组建9个审计室，将市农信办与城区农信社合并组建省辖市农商银行的工作思路，努力做到寓管理于服务之中，加快了省农信联社职能转变。

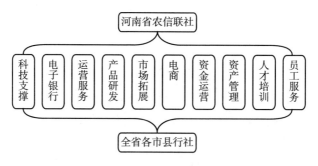

图3 "小法人＋大平台＋大服务"发展模式

（三）风险防控能力不断增强

2017年，省农信联社坚持把强管理、防风险作为补齐短板、规范从业的重要抓手，规范经营行为，强化监督检查，风险防范能力显著增强。一是规章制度体系不断完善。全面梳理、修订各类管理制度和操作流程，堵塞管理漏洞，狠抓制度落实，确保制度刚性。二是信贷管理水平进一步提高。深入推进"信贷资产质量提升工程"，狠抓信贷制度落实，强化信贷纪律约束，着力打造审慎、规范、高效、清廉的信贷文化。科学设置贷款期限，进一步优化信贷结构，逐步提高抵质押贷款占比，贷款抗风险能力持续增强。三是财务管理能力进一步增强。积极推进涵盖存款、贷款，成本收入比，资本充足率三大类11项指标的目标管理新体系建设，全省农信社系统重核算、控成本、增效益的氛围日益浓厚。增值税管理系统上线运行，营改增工作全面完成。四是审计监督力度进一步加大。充分发挥审计监督在查错纠弊、规范经营中的保障作用，积极推进非现场审计系统建设，持续加大审计监督力度，积极督促问题整改。五是各类风险防控有效。加强不良贷款监测，有效防止不良贷款反弹。按月监测各县级行社存贷比、流动性比例、流动性缺口率、核心负债依存度等指标。定期开展压力测试，流动性风险防范能力不断增强。深入开展员工行为排查、"两个加强、两个遏制"回头看、存量同业及票据业务风险排查等活动，一些违规问题得到有效整改。严格落实安全保卫工作责任制，深入开展安全大检查，实现安全运营无事故。

（四）对实体经济的支持力度不断加大

2017年，省农信联社紧跟农业供给侧结构性改革进程，围绕中央、省委关于"三去一降一补"、精准扶贫、普惠金融等重大决策部署，主动对接广大群众日益增长的现代金融需求，下沉服务重心，加快产品创新，增加信贷投放，提升服务质效，较好地满足了不同行业、产业的金融需求，有力地服务了全省经济社会发展。一是支农支小力度不断加大。按照金融服务实体经济的本质要求，大力支持"三农"、中小微企业、全省180个产业集聚区和国有企业转型升级。截至2017年末，全省农信社涉农贷款余额6000.1亿元，较年初增加637.3亿元；小微企业贷款余额4375.2亿元，较年初增加624.9亿元（见图4）；小微企业贷款增速高出贷款平均增速4.48个百分点，小微企业贷款户数、申贷获得率分别较上年增加1.08万余户和0.44个百分点，圆满实现银监部门要求的"三个不低于"目标。二是精准扶贫成效明显。紧紧围绕"五个一批"工程和省委确定的"转、扶、搬、保、救"精准扶贫路子，聚焦全省53个贫困县，深入掌握贫困情况，积极发放扶贫贷款。2017年，全省农信社共投放扶贫贷款226.17亿元支持贫困村3543个，支持建档立卡贫困户4.2万户，促进了贫困群众尽快脱贫致富。三是大力实施普惠金融。持续开展金融服务进村入社区、阳光信贷、富民惠农金融创新"三大工程"建设，积极优化网点布局，增强资金清算功能，完善农村基础金融服务，不断扩大金融服务覆盖面，着力打通农村金融服务"最后一公里"。截至2017年末，全省农信社所有乡（镇）级营业网点实现柜面跨行支付实时化，金燕卡存量6730.1万张，农民金融自助服务点14189个（见图5），惠农支付服务点11357个，ATM机、POS终端分别达到9124台、108845台，网上银行和手机银行客户数达845.8万户，电子银行业务替代率达到76.3%。

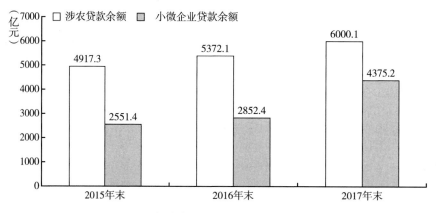

图4 2015～2017年全省农信社涉农贷款及小微企业贷款余额

（五）队伍建设工作不断加强

2017年，省农信联社大力实施"人才兴社"战略，匡正选人用人风气，优化队伍结构，加强队伍建设，为全省农信社系统改革发展注入了活力。全年共选配交流处级干部37名，选配交流引进市县行社高管176名，为市县

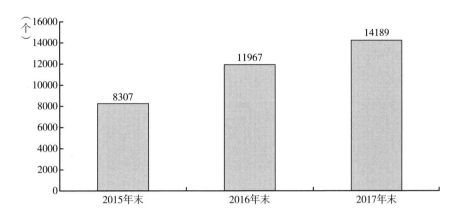

（个）

图5　2015～2017年全省农信社农民金融自助服务点布放量

行社招录新员工2428多人。着力拓宽教育培训平台，提高教育针对性，省农信联社全年共举办各类业务培训班35期（次），参训人员84600余人次。同时，省农信联社认真落实省委"全面从严治党主体责任深化年"要求，探索全省农信社系统全面从严治党的有效举措。扎实推进"两学一做"学习教育，全系统党性观念、党性意识有新的提升。将反腐败斗争作为正风肃纪的"利器"，坚持有案必查、有腐必惩，坚持纪挺法前，严格监督执纪问责，为干事创业营造了良好的氛围。

二　存在的问题及不足

（一）体制机制改革的任务还相当艰巨

按照河南省政府组建农商银行三年规划，2017年底，全省农信社要全面完成县级联社改制工作，但截至2017年末仍有23家县级联社处于申报阶段，18家虽已达标但未申报，后续任务较重。此外，经营机制转换工作差距较大。有些已组建的农商银行仍旧沿用老观念、老方法，没有实现经营管理上的根本转变。

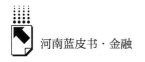

（二）服务实体经济能力需进一步提升

受自然条件，政策调整、市场环境等诸多因素影响，河南省农信社在长期支持"三农"发展中产生了大量不良贷款，历史包袱沉重。加之，近年来经济持续下行，部分涉农企业、农村各类经济组织资金周转困难，小微企业社会担保体系及风险补偿机制尚不健全，担保链、担保圈风险传染加速暴露，扶贫小额信贷风险补偿金及贴息资金未能有效落实，不良贷款反弹问题在部分市县行社逐步凸显，削弱了支农能力。

（三）风险防控形势依然严峻

全省农信社机构人员多，管理基础薄弱，管理链条长，长期以来，部分地方风险防控的制度、技术、物理准备、应急措施等储备不足，对风险的评估、计量、控制、处置做得不够，审计监督作用发挥不够，积极主动解决问题的力度不够，机构风险、案件风险及重点业务领域风险隐患较大。

三 2018年发展展望及相关建议

面对日益激烈的金融竞争形势，全省农信社要紧紧围绕服务实体经济、防控金融风险、深化金融改革三大任务，按照"稳、严、实、细"和"转观念、强管理、练内功、树形象"的工作总要求，全力支持"三农"发展，全力推进体制改革，全力提升信贷质量，全力抓好风险防控，全力强化基础支撑，全力加强队伍建设，争取用2~3年时间使全省农商银行监管评级全部达到三级以上水平，培养一批在全国有竞争力和影响力的标杆农商银行，实现全省农信社系统的健康、可持续、快速发展，使其成为全省"金融豫军"的主力军、排头兵。

（一）加大信贷投放力度，支持实体经济发展

要坚持服务"三农"市场定位不动摇，立足全省经济社会发展大局，聚焦粮食生产核心区、中原经济区、郑州航空港综合经济实验区、郑洛新国

家自主创新示范区、中国（河南）自贸区和中国（郑州）跨境电子商务综合试验区六大国家战略，围绕"三去一降一补"、金融精准扶贫等重点任务，壮大资金实力，增加信贷投放，改善金融服务，全面提升服务实体经济的质效，充分发挥支农主力军作用，实现自身效益和社会效益同步增长。

（二）坚定不移推进改革，加快建立现代银行制度

在省农信联社层面，要按照中央和省委、省政府对省农信联社改革的基本原则和要求，坚持"保持县域独立法人地位不变，服务'三农'的宗旨不变，维护农信社系统完整性不变，防范系统性风险的责任不变""四不变"原则，坚持法制化、企业化、市场化改革方向，积极组建非全牌照银行业新型金融机构——河南农商联合银行，理顺和构建省、市、县以资本为纽带，以股权为联结的新型治理关系。在市级层面，撤销市农信办，设立区域审计室，推动省辖市农信社改制组建市农商银行，并发挥区域牵头行作用。在县级行社层面，加快农信社改制步伐，力争到2018年下半年省内所有县级联社全部完成改制或达到农商银行组建标准；要按照"农信社→农商银行→标杆银行→上市银行"的发展路径，巩固扩大改革成果，加快经营机制转换，提高县域法人机构价值创造能力、可持续发展能力，繁荣壮大"金融豫军"。

（三）坚持以新理念引领发展，大力实施创新驱动战略

要坚持把发展作为第一要务，牢固树立五大发展理念，优化调整业务结构，走速度、质量、效益和安全全面协调可持续发展的路子。以客户为中心、以市场为导向，优化组织架构和业务流程，推动创新模式从产品导向转向需求导向，重点围绕扩大抵押担保物范围、金融服务方式、农业产业链金融、信用体系建设等领域，做好金融创新型产品研发。要加强信息科技系统建设，加快科技运用系统的研发，为服务平台建设、业务发展提供强大、有效的科技支撑。

（四）进一步规范系统管理，有效防范化解金融风险

要不断提高合规意识，注重强化风险管理，推动规范稳健发展，坚守不

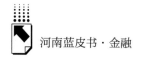

发生系统性、区域性风险的底线。要牢固树立现代行业银行经营理念，深入开展信贷质量提升工程，遵守信贷规律，严守信贷纪律，努力构建信贷管理长效机制，严防不良贷款"前清后增"。深刻剖析各类违规问题产生的原因，完善内控制度，狠抓制度执行，扎实推进流程银行建设，加强流程管控，规范经营管理行为，严控各类案件发生。

（五）着力推进员工素质提升工程，为加快推动改革发展提供坚强保障

继续实施"人才兴社"战略，强化人力资源管理，着力打造一支高素质的优秀团队。完善落实领导干部选拔、考核、评价、监督制度，从严要求，规范履职，真正做到用好、管好干部。要高度重视青年员工、后备干部培养，着力打造复合型特种人才队伍，为改革发展注入活力。加大教育培训力度，成立中原"三农"金融研究院，逐步建立适应现代金融企业的教育培训机制，全面提高干部员工综合素质和专业化程度。

（六）全面从严治党，提高系统党建工作水平

要按照全面从严治党的要求，进一步加强和改善党的领导，继续扎实推进"两学一做"学习教育，狠抓"两个责任"落实，始终保持惩治腐败高压态势。加强和规范党内政治生活，更加注重基层党建，组织召开系统内党代会和党务工作表彰大会，充分发挥各级党组织总揽全局、协调各方的领导核心作用，把方向、管大局、作决策、保落实，更好地肩负起领导业务发展和推进党的建设的责任。

参考文献

吴鹏、柳文超：《改革的力量——河南农信社改革综述》，《中国农村信用合作》2009 年第 12 期。

卢松:《河南农信社——改革任重道远》,《农业·农村·农民》2012年第8期。

许利平:《河南省农村信用社发展面临的问题与对策》,《信阳师范学院学报》(哲学社会科学版) 2015年第5期。

巩从杰:《浅析河南省农村信用社公司治理改革研究》,《经营管理者》2015年第3期。

许利平:《农信社向农商行转型的实证研究——基于河南省农信社的调查》,《中国乡镇企业会计》2017年第4期。

程凌燕:《河南省农村信用社发展SWOT分析》,《当代经济》2015年第3期。

B.9

2017~2018年郑州银行
发展分析与展望

郑州银行金融研究院课题组 *

摘 要: 郑州银行立足"商贸金融、小微金融、市民金融"三大市场定位,确立了特色化、综合化、国际化、品牌化的战略转型方向。2017年郑州银行聚焦特色化发展战略,以能力提升为重点,以风险控制为基础,不断夯实企业发展的人才支撑、科技支撑和制度支撑,保持了稳定健康发展的良好势头。2018年郑州银行将继续深入推进特色化的竞争战略落地,继续提升创新能力和风控能力,更好地支持实体经济发展,服务河南省地方经济的高质量发展,为实现"金融豫军"的发展壮大做出新贡献。

关键词: 股份制银行 郑州银行 金融服务

郑州银行股份有限公司(以下简称郑州银行)地处黄河之南,中原腹地,历经郑州市商业银行等多个发展时期,2009年12月正式更名为郑州银行。2015年底郑州银行在香港联交所主板挂牌上市(股票代码:6196.HK),成为河南省首家、全国第10家上市的城市商业银行,目前正在有序推进国内A股的上市工作。郑州银行一贯坚持"商贸物流银行、中小

---

* 课题组组长:范大路;课题组成员:钟培武、李文亮。

企业融资专家、精品市民银行"的市场定位，秉持"中意你我他"的价值主张和"服务到心"的品牌理念，专注小微领域，服务实体经济，坚持走特色化、差异化发展之路，2017年各项业务不断取得历史性突破，市场竞争力和综合实力显著增强，得到了社会各界的广泛认可。2017年，在英国《银行家》杂志公布的全球1000家大银行榜单中，郑州银行一级资本总额排第322位，较2016年前进16个名次。在中国《银行家》杂志2017年中国商业银行竞争力排名中，居3000亿元以上资产规模城商行竞争力第2位，并荣获"最佳品牌"城商行奖。在麦肯锡公布的"中国TOP 40银行价值创造排行"中，经济利润在全国城商行中位居第2位，在香港《大公报》等机构组织的中国证券金紫荆奖评选活动中，蝉联"最具投资价值上市公司"奖。在中国银行业协会2017"陀螺"体系评价中，居全国城商行综合评价第4位，比2016年提升12个名次。

一 2017年郑州银行运行态势分析

截至2017年末，郑州银行已发起成立了九鼎金融租赁公司，管理中牟、新密、新郑、鄢陵、扶沟、确山、浚县7家村镇银行，其中新郑银村镇银行为收购新郑金谷村镇银行并更名而来，是河南省内银行业并购的第一单。郑州银行综合化经营稳步推进，规模和影响力已进入全国城商行第一梯队。全行在职员工4171人，对外营业机构166家，其中分行12家，支行153家（含总行营业部），专营机构1家。全行在行自助设备网点达到153个，其中在郑州市内78家，在分行11个，在县域64个；离行自助设备网点在河南省已达到161个，在南阳、新乡、洛阳、中牟、登封、新密、新郑等分行县域均设有自助网点。截至2017年末，郑州银行资产规模4358.28亿元，存款余额2554.07亿元，贷款余额1244.56亿元，资本充足率13.53%，不良贷款率1.50%，拨备覆盖率207.75%，各项主要监管指标均达到监管要求。

回顾2017年，郑州银行以特色化发展为方向，以创新发展为引领，积

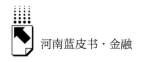

极探索，不断加快资格申报、产品创新和管理提升，为持续快速健康发展注入了强大动力，取得了以下主要成绩。

（一）经营业绩稳步提升

面对经济下行和监管趋严等严峻挑战，郑州银行迎难而上，较好地完成了各项经营目标。2017年，实现净利润43.34亿元，较上年净利润增加2.89亿元，增幅为7.14%；归属股东的净利润42.80亿元，较上年增加2.81亿元，增幅为7.03%。截至2017年末，全行资产规模达到4358.28亿元，较年初增加696.80亿元，增幅为19.03%；存款余额2554.07亿元，较年初增加390.17亿元，增幅为18.03%；贷款余额1244.56亿元，较年初增加168.23亿元，增幅为15.63%，资产规模、存款规模、净利润等经营指标在全国城商行中的排名不断上升，各项监管指标符合要求。在全国城商业银行中，郑州银行资产规模排第19位，较上年提升2位；存款规模排第18位，较上年提升2位；净利润排第12位，较上年提升1位；贷款规模排第24位，与上年持平。存款规模在河南省内金融机构中排第9位，在郑州市的金融机构中稳居第1位。

（二）战略支撑能力不断增强

2017年，郑州银行重点工作稳步推进，重大战略性工作取得新进展，进一步提升了战略支撑能力。一是A股发行进入招股章程预先披露阶段，获准在郑州联合承办2018年全国城商行年会。二是资本补充渠道进一步拓展，成功发行11.91亿美元境外优先股，是河南省内法人银行机构首单、全国城商行第三单，并成功发行二级资本债20亿元，绿色金融债30亿元。三是业务资格不断丰富，成功获得基础类金融衍生产品、银行间市场利率互换交易、银行间外汇市场衍生品会员、中期借贷便利等业务资格，始终保持公开市场一级交易商资格，获批成为2018~2020年记账式国债承销团乙类成员。四是网点布局进一步优化，顺利开业驻马店、开封分行以及确山、浚县两家村镇银行，省内分行达到12家，管理村镇银行7家，覆盖全省、下沉县乡的网点布局稳步推进。

（三）特色化转型加快推进

1. 在商贸金融建设方面

一是完成内部管理架构改革，理顺了管理体制和业务流程。对公司业务条线架构、职责及业务流程进行优化，将贸易融资部更名为交易银行一部，新设交易银行二部，公司业务部下设战略客户中心，并在公司事业部条线内嵌风险评审中心和业务支持中心，构建三部二中心的管理架构，建立了卓有成效的工作机制。二是诊断存量客户，实施差异化营销。将全行逾22万家公司客户重新梳理为四大类，逐步优化了本行存量客户结构。三是开发重点客户，创新客户管理模式，实现业绩速赢，通过制定六大行业营销手册和定制交叉销售方案，建立战略客户差异化定价机制，以战略客户中心为抓手，集中优势资源攻克央企、上市公司等重要客户，优化存款结构。四是聚焦六大行业，提升商贸金融占比，聚焦以商贸物流为核心的交通物流、商贸大消费、食品农业、先进制造、医疗健康和政府事业六大行业，为行业企业上下游、交易对手和合作伙伴设计全方位解决方案。五是建设商贸物流标杆行，选取25家分支机构作为商贸物流标杆行进行重点建设，截至2017年末，25家标杆行日均存款全年新增人民币226亿元，交易银行余额新增人民币160亿元，投行拳头产品累计投放人民币400多亿元，重点客户收入提升人民币近20亿元，实现提升约60%，沙盘客户新增400多户，战略客户新增40多户，基本完成预期目标。六是加强科技支撑，推进系统建设，上线资金存管、P2P资金存管、云融资、银企直联等系统，研发单位结算卡产品，整合企业网银和现金管理功能，积极推进私募投资基金服务业务登记工作，推动核心企业线上供应链业务实施。截至2017年末，商贸物流类贷款余额人民币411.82亿元，占本行贷款余额的33.09%，商贸物流银行特色已成为郑州银行业务发展的重要增长点。

2. 在小微金融建设方面

继续探索和完善小微企业金融服务的新途径和新方式。围绕"打基础、稳发展、控风险、强素质"的工作主线，利用互联网和大数据提升为小微金融服务的便捷性，在产品创新上拓展小微金融服务普惠度，稳步开展小微金融业务工作，取得了重大突破。一是全行个人租车贷业务获评第四届安享国际汽车金融论坛"2017最佳汽车金融创新银行"奖。二是与腾讯公司合作"微乐分"业务，创造了郑州银行互联网小微金融的新模式，打开了与中国最大互联网公司的合作通道。三是完成小微金融集约化管理建设，坚持以产品管理为核心、以数据为驱动，通过构建两大模型、改造四大系统，确保小微金融条线资产管理目标的实现。四是积极开展小微金融产品创新，小微产品管理体系进一步精细化。以小微信贷业务转型发展为导向，以标准化产品设计为目标，按照产品属性和风险偏好，将所有小微信贷产品分为供应链金融、平台金融、房产金融、汽车金融、政策金融五大产品体系，推出微乐分、租车贷、钱包好车、微秒贷和随心贷五款新产品。本年度小企业金融服务中心从小企业金融事业部分离，作为分行级经营机构，负责郑州市区12家小微支行的经营管理工作，实行独立核算，真正实现了封闭运行、单独管理、单独考核的管控模式，建立了高效、独立、灵活的市场化管理机制，使小微金融业务效益得以最大化。截至2017年末，郑州银行小微企业贷款余额为685.29亿元，较年初新增95.05亿元，增幅为16.10%；小微企业贷款户数35000多户，同比增加15000多户，小微申贷获得率为93.68%，同比增加2.08个百分点，顺利完成"三个不低于"监管指标。

3. 在市民金融建设方面

立足本地市民，以个人客户为业务主线，通过不断丰富产品与业务种类，深化零售产品、服务与渠道的协同，提高综合服务质量，提升团队综合服务能力，将消费金融、财富管理与个人客户精细化管理相结合，不断提高与城市居民密切相关的金融服务质量，提升业务发展质量与品质影响力，增强客户的使用体验及便捷度。一是产品工具更加丰富，推出开放式理财，工会会员专属、代发工资专属、新客户专属、"慈善家"等定制性理财产品，开展精准营销。二是深度挖掘零售潜力，启动与咨询公司合作零售项目，加速零售转型；零售考核重点由存款、理财销售调整为个人金融资产；举办工会会员"健排舞大赛"、贵宾客户"新年音乐会"等活动，带动个人金融资产增长 31 亿元。三是提升市民的金融"获得感"，发布"奇妙屋"市民金融品牌，上线手机银行银证通、智能柜台无纸化签名、预填单等功能，推出信用卡"速申"平台、惠生活平台以及通用缴费、聚合支付、自由存、郑银智投等产品。电子银行交易量突破 4000 万笔、交易金额达 6700 亿元、电子业务替代率达 92.86%；发行信用卡 12 万张，累计实现收入 1 亿元；储蓄存款日均较上年增加 90 多亿元、余额较年初新增 60 多亿元。

（四）同业资产负债业务不断优化

2017 年 3 月底以后，中国银监会、中国保监会等金融监管机构连续发文落实金融去杠杆，要求开展"三违反""三套利""四不当"等专项治理工作，同业业务、理财业务、投资业务成为 2017 年监管工作的重点。从中国人民银行、中国银监会到中国保监会，金融监管"去杠杆、防风险、控套利"的思路和政策正在进一步明朗化。同时，受美国联邦储备委员会加息带来的全球流动性趋紧，以及货币政策稳中趋紧、金融监管强化等影响，2017 年我国金融体系流动性总体处于紧平衡状态。郑州银行积极响应并落实监管部门的各项监管措施，在业务合规发展的同时，采取多措并举、新老结合的模式，进一步拓展同业业务客户群体：通过组织同业交流会议、同业战略联盟的模式，以及登门拜访等，不断增强与同业的交流与合作，进一步增强了同业业务黏性和资金融通的稳定性；加强对本行分支机构的业务及营销技能培训，拓宽本行负债融资的渠道；提前完成同业存单的备案，为发行工作做好准备。在保障流动性的基础上，积极把握市场机遇，提升盈利空间。截至 2017 年末，郑州银行存拆放同业及其他金融机构款项以及买入返售金融资产余额为人民币 240 多亿元，占全行资产总额的 5.61%，同业及其他金融机构存拆入款项以及卖出回购金融资产款余额为 650 多亿元，占全行负债总额的 16.24%。

二 发展环境分析

当前，全球经济形势复杂多变，贸易摩擦不断加剧，郑州银行既面临加

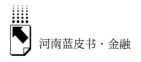

快发展、跨越发展的历史性机遇，也面临经济下行压力加大、竞争加剧的不利因素，需要客观对待。

（一）宏观经济保持快速发展

2017年，我国坚持稳中求进工作总基调，贯彻新发展理念，以供给侧结构性改革为主线，推动结构优化、动力转换和质量提升，国民经济稳中向好、好于预期，经济活力、动力和潜力不断释放，稳定性、协调性和可持续性明显增强，实现了平稳健康发展。从经济总量看，GDP达到人民币82.7万亿元，增长6.9%，为2011年以来首次增速回升，对全球经济增长贡献率超过30%。从经济活跃度看，全年新增就业1351万人，连续5年保持在1300万人以上，新登记企业607万户，增长9.9%。从经济结构看，服务业主导特征更加突出，GDP中第三产业占比为51.6%，比第二产业高11.1个百分点，对经济增长的贡献率为58.8%，比上年提高1.3个百分点；消费继续成为经济增长的主动力，最终消费对经济增长的贡献率为58.8%，比资本形成总额高26.7个百分点。从经济质量看，人民币万元GDP能耗比上年下降3.7%；居民消费升级态势明显，居民恩格尔系数为29.3%，比上年下降0.8个百分点，2017年人均教育文化娱乐支出和医疗保健支出分别为8.9%和11%，明显快于人均消费支出7.1%的平均水平。随着制造业、服务业+互联网的深入推进，线上线下加速融合，带动高端消费向中等收入群体覆盖。

（二）金融监管政策发生较大变化

2017年，中国人民银行坚持稳健中性的货币政策，不断完善宏观审慎政策，截至2017年12月末，我国广义货币（M2）余额人民币167.68万亿元，同比增长8.2%；狭义货币（M1）余额人民币54.38万亿元，同比增长11.8%；流通中货币（M0）余额人民币7.06万亿元，同比增长3.4%。截至2017年末，全年人民币贷款增加13.53万亿元，贷款余额达到人民币120.13万亿元，同比增长12.7%，增速分别比上月末和上年同期低0.6个和0.8个百分点；人民币存款增加13.51万亿元，同比少增人民币1.36万亿元，人民币存款余额达到164.1万亿元，同比增长9%，增速分别比上月末和上年同期低0.6个和2个百分点。2017年12月银行间人民币市场同业拆借月加权平均利率为2.91%，质押式债券回购月加权平均利率为3.11%。

2017年，中国银监会积极推动银行业提高服务实体经济能力，深入整治银行业市场乱象，着力防范化解银行业风险，依法处理不法金融机构和非法金融活动，大力补齐监管制度短板，进一步深化银行业改革，银行业出现了积极变化。一是从高速增长向高质量发展已现端倪，在全年新增贷款12.6%的情况下，银行业总资产只增长了8.7%。二是脱实向虚势头得到初步遏制，商业银行同业资产负债自2010年来首次收缩，同业理财比年初净减少3.4万亿元。银行理财少增5万多亿元，通过"特定目的载体"投资少增约10万亿元。表外业务总规模增速逐月回落。三是风险合规经营意识得到加强，违法违规和监管套利大幅减少，经营行为趋于理性规范，100多家银行主动缩表。四是强监管、严监管的态势基本形成，监管的震慑作用明显提升。

展望2018年，既有机遇也有挑战。从国际上看，全球经济复苏态势仍可能延续，主要发达经济体货币政策将进一步趋向正常化，美国联邦储备委员会进一步加息为各界所关注，全球利率中枢可能会有所上行。在全球经济复苏背景下外需回暖，对我国经济具有一定的支撑作用。但来自外部的不确定变化也可能向国内经济金融领域传导，全球经济复苏和大宗商品价格回暖还可能给国内物价形成一些压力。主要发达经济体货币政策取向变化也会对我国的政策空间形成一定挤压，增大货币政策操作的难度。从国内来看，随着供给侧结构性改革、简政放权和创新驱动战略不断深化实施，中国经济运行的稳定性、协调性进一步增强，质量效益提高，预计2018年中国经济仍有望保持平稳增长。但也要看到，经济中仍存在一些问题和隐患，内生增长动力仍待强化，结构调整任重道远，债务和杠杆水平还处在高位，金融监管还将进一步完善与加强。

（三）区域经济发展态势良好

2017年，郑州银行主要经营活动所在地河南省坚持稳中求进工作总基调，贯彻新发展理念，深入推进供给侧结构性改革，着力发挥优势打好"四张牌"，积极推进"三区一群"四大发展战略，扎实开展"四大攻坚战"，狠抓各项政策落实，全省经济保持总体平稳、稳中向好发展态势，转型升级取得积极进展，新旧动能接续转换，经济发展提质增效。2017年，全省实现生产总值44988.16亿元，比上年增长7.8%，增速高于全国平均水平0.9个百分点。全省规模以上工业增加值增长8.0%，高于全国1.4个百分点；固定资产投资43890.36亿元，增长10.4%，高于全国3.2个百分点；全省居民消费价格同比上涨1.4%，涨幅同比回落0.5个百分点；全年工业生产者出厂价格比上年上涨6.8%。良好的区域经济条件为郑州银行发展壮大提供了极为有利的政策环境、经济条件和发展空间，尤其是为郑州银行实施"商贸物流银行、中小企业融资专家、精品市民银行"的差异化竞争战略创造了"天时、地利、人和"的难得契机。与此同时，省委省政府一直高度重视"金融豫军"的发展，仍将为本土银行的发展创造更为优越的政策环境。

三 2018年郑州银行发展与展望

面对复杂的内外部环境，郑州银行将深入贯彻习近平新时代中国特色社会主义经济思想，坚持走可持续发展道路，正确处理速度与质量的关系，主动将发展重点转到调结构、强管理、提升发展质效上来，既重视增长速度，也重视高质量的内涵式发展。通过不断加强对流动性风险、信用风险、操作风险的控制，不断提升风控能力、营销能力、创新能力，不断增强人才、科技、制度的支撑作用，抓住商贸金融、小微金融、市民金融三大特色业务不放松，努力开创郑州银行发展的新局面。

（一）重点抓好全行战略性工作

一是细致认真准备A股上市工作，全力以赴，争取2018年挂牌上市。二是办好城商行年会，充分利用联合承办全国城商行年会的大好机遇，主动展示自身形象，把会议办成功、办出彩。三是继续跟进消费金融公司、理财直融工具、直销银行等资格牌照的申请工作，争取早日获批。

（二）强化转型发展的支撑能力建设

1. 提升人才支撑能力

郑州银行要明确规划，完善制度，围绕"人事管理向人力资源管理、再到人力资本管理转变"的目标，引入顶尖智库，制定人才三年规划，制定招聘管理、招聘渠道供应商管理、中层干部履职评价办法，健全能上能下、能进能出的选人用人机制。抓好培训工作，促进人才成长，建立覆盖全行各条线的培训体系，配齐教师队伍，完善课程设置与考核机制，全面提升培训质量。加强对管理型、创新型、专业型等急缺人才的引进和培养，尝试特殊人才异地招聘，制定核心人才与近几年新进学生的职业发展规划，畅通成才通道。优化考核，建立基于岗位要求、能力水平和个人价值贡献的薪酬体系，明确各条线、各岗位准入门槛，改变"大锅饭"式的薪酬制度，将资源向全行重点岗位倾斜。

2. 提升科技支撑能力

郑州银行要围绕"科技引领发展"的目标，制定科技三年规划。以更加开放的心态、更高的标准加强与一流金融科技公司的合作，引进先进理念、技术和最新科研成果，开创全行金融科技发展新局面。借鉴先进城商行经验，完善大数据中心工作机制和内部制度，力争达到行业领先水平，发挥好大数据在决策、风控和营销中的作用。在团队到位、搭建持续集成平台的基础上，推广敏捷开发，加快科技开发和创新孵化，争取年内孵化创新性产品 5 个以上。对存量系统进行横向打通、纵向穿透，尽快实现系统间数据共享，适当向业务部门、分支机构下沉，让科技和业务深度融合。

3. 提升风险防控能力

抓好信用风险防控工作，厘清董事会、经营层以及各风险委员会在信用风险管理方面的职责，建立覆盖客户经理、产品经理、风险经理、独立审批人的培训体系，围绕重点行业、重点产品以及重大风险领域制定针对性授信

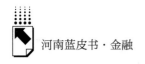

政策，提高政策研究水平。推进实质性的统一授信管理，做好授信后评价，加强贷后管理，进行动态监测。管好操作风险，优化业务管理和审批机制，稳步推进分支行行长重管理、客户经理重营销、独立审批人专职审批的管理模式，进一步明晰"三道防线"的工作职责，构建资源共享、相互监督的内控管理框架，提升对新设机构、重点机构以及新上岗员工的操作风险管控能力。提升流动性风险管控能力，完善流动性管理办法，对相关部门设置流动性考核指标，提升市场研判能力，加强流动性风险的前瞻性管理和应急管理能力。

（三）持续深入推进三大特色战略落地

1. 加快推进商贸物流金融建设

在商贸物流金融方面，继续深化和知名国际咨询公司的合作，力争早日建成全国商贸金融领域的旗帜和标杆。一是全面推进"五朵云"建设，优化"云融资"和"云交易"功能，早日运行"云服务"和"云物流"，明确规划、尽快启动"云商"。二是扩大标杆示范至30家，围绕"商贸金融"和"能力建设"两个主线，进一步细化标杆行考核方案，推进行业标杆客户落地，完善六大行业综合产品解决方案、营销指引、客户手册，与商贸物流知名企业签订"战略合作协议"。全面提升产品创新能力，加快交易银行产品创新，保证产品种类及竞争力达到行业领先水平。加强与金融科技公司合作，加强新技术在产品开发、流程改造、风控强化、客户体验等维度的应用。

2. 扎实推进小微金融和市民金融项目建设

借鉴知名国际咨询公司对公项目的合作经验，坚定信心、瞄准目标，扎实推进零售转型项目。一是针对小微金融突出强管理、控风险的工作主线，坚持"新老划断"策略，加大对"房""车"等标准化产品和平台金融的推进力度，严控新增业务风险。用好账龄分析工具、催收分层模型，落实"红黄绿"客户分层管理、信贷档案集中管理、集约化审批、业务抽检等措施，加强到期贷款管理。组建小微定价分析团队，建立定价模型，逐步实现客户精准定价；制定小微客户经理行为负面清单，严格执行准入和退出机制。组建系统、模型及运维管理团队，实行"全方位、循环式"的常态培训机制。二是针对市民金融打造"一对一"定价模型，开展特定客群营销、非保本类理财产品营销，积极拓展收单类客户，提升低成本存款占比。推进50家零售标杆行建设，建立销售管理机制，组建管理团队，实施常态化检视。推进零售业务的数据化、互联网化，打造线上平台金融，借此覆盖县域和乡（镇）的网点空白。建设承载千万元级客户规模的客服系统，逐步实现母行和附属机构的客户资源共享。

（四）进一步提升发展质效

1. 主动稳增长、调结构

降低指标增速，把工作重点放到调结构、强管理、控风险上，抓好存款组织工作，营销部门都要把低成本存款组织工作抓实、抓细、抓出成效。常态化开展资产转让，新增业务注重可流动、可销售原则，用好信贷ABS、银登中心ABS等工具，做好资产筛选等基础工作。授信政策紧跟国家产业政策，限制"两高一剩"、房地产等行业，营销重点向商贸物流、节能环保、高新技术、食品农业、健康医疗等行业转变，持续加大绿色项目投资。

2. 处理好创新与发展的关系，增强内生动力

创新是引领发展的第一动力，推进中国商贸物流银行联盟筹建工作，加强宏观行业研究和行内课题研究，出版《中国商贸物流银行研究暨行业发展报告》，助力郑州银行打造全国商贸金融标杆银行。推动创新机制落地，推动数字化转型，抓好金融科技实验室工作，完善各项制度及办法，实行"部门创新＋集中创新"的集合创新模式，加快创新项目入库、孵化及成果转化，围绕发展重点抓创新，通过考核引领创新方向，注重创新项目的落地和成果转化。联合金融科技公司进行创新，积极探索人工智能、物联网、云计算、区块链等前沿性科技研究，为银行业创新发展做好技术储备。

3. 加强对薄弱环节的管理

始终坚持审慎经营的原则，合理配置资产负债结构。拓宽负债渠道，提

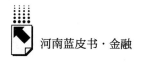

高稳定性存款占比，积极参加同业流动性合作联盟，开展资产证券化等业务，加快资产流转。进一步加强全面风险管理。风险防控是郑州银行"新方位"发展的关键坐标之一，瞄准"成本更低、效率更高、风险可控"的运营目标，持续提升运营管理水平。

参考文献

《"金融豫军"的五大军团》，《河南日报》2016 年 10 月 29 日。

刘磊：《经济下行周期下郑州银行信贷风险管理现状、问题及对策研究》，《时代金融》2016 年第 9 期。

龙雨晴：《郑州银行搭建小微企业金融服务体系》，《财会信报》2016 年 4 月 4 日。

申学清：《打造商贸物流银行 探索城商行特色化发展路径》，《中国银行业》2016 年第 10 期。

李晓娜、赵俊远、杨若谦：《河南省地方银行利率市场化风险分析——以 4 家股份制商业银行为例》，《财贸实践》2016 年第 6 期。

王婧：《利率市场化对地方银行发展影响研究——以河南省地方银行数据为例》，《金融理论与实践》2015 年第 4 期。

杜明月、刘克：《郑州银行个人理财业务现状及对策研究》，《科技创新与生产力》2016 年第 6 期。

服务创新篇

Service Innovation

B.10

邮储银行河南省分行在普惠金融领域的实践与探索

李　斌*

摘　要： 本研究以高质量发展为背景，对邮储银行河南省分行发展普惠金融的现状进行分析，从信息不对称、财务压力、资源约束等角度分析了邮储银行河南省分行推进普惠金融面临的新挑战，从创新能力、信息化能力、风险控制能力等角度分析了邮储银行河南省分行推进普惠金融面临的新要求，进而从服务理念、产品创新、顶层设计、监管政策、信用环境等方面提出促进邮储银行河南省分行普惠金融发展的对策建议，为相关部门制定决策提供科学有效的借鉴和参考。

---

* 李斌，管理学博士，河南省社会科学院经济研究所助理研究员。

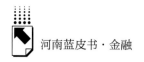

关键词： 邮储银行河南省分行　普惠金融　服务创新

党的十八届三中全会提出"完善金融市场体系，发展普惠金融"，这是党中央为促进社会公平正义、增进人民福祉对金融业提出的新要求，是中国金融体系中亟待加强的环节。党的十八届五中全会提出了"创新、协调、绿色、开放、共享"五大发展理念，为我国加强普惠金融体系建设指明了方向和基本路径。党的十九大更是将发展普惠金融作为深化金融改革的重点任务。邮储银行河南省分行从成立以来就坚持做普惠金融的先行者，积极履行"普之城乡，惠之于民"的社会责任，不断加大对实体经济和民生改善的支持力度。

一　邮储银行河南省分行推进普惠金融的实践成效

（一）服务"三农"，发挥支农金融主力军作用

一直以来，邮储银行河南省分行都高度重视对"三农"的服务和支持。2015 年累计有 27.2 万笔、426.9 亿元信贷资金投向了县及县以下农村地区，占比分别达到 72.8% 和 51.0%。在具体做法上，一是不断丰富农村信贷金融产品。近年来随着农村产业结构的调整，农村经济发展主体日益多元化，邮储银行河南省分行加快在涉农信贷产品上的创新步伐，形成了农户贷款、县域涉农小微企业贷款、涉农商户贷款、农业"龙头"企业贷款和新型农业经营主体贷款 5 条产品线，构建了专业化为农服务体系，有效满足了广大农村用户的信贷需求。特别是针对区域特色农业，深入开展"一县一业"工程，因地制宜地调整抵质押物、期限和利率。截至 2017 年底，已建成小额贷款专业村超过 2400 个，创新金融产品 56 项，发放新产品贷款达 18 亿元。二是持续创新风险防控手段。坚持问题导向，围绕"三农"发展过程中普遍存在有效抵押担保物不足的问题，邮储银行河南省分行构建了"银政、银协、银企、银担、银保"五大合作平台，通过开展多方合作，引入

多方力量共同破解抵押担保难问题。例如，近年来先后与洛阳市人民政府和省财政厅、人社厅、工信委等政府部门开展合作，累计发放银政平台贷款79亿元。三是开展精准扶贫。与省扶贫办联合下发了《关于联合开展金融支持扶贫开发工作的意见》，创新推出了"惠民扶贫贴息小额担保贷款"等金融扶贫专项信贷产品；积极开展扶贫开发"百千万"活动，累计支持农户和小微企业主1615户，发放贷款5.5亿元。

（二）立足省情，不断创新农村普惠金融服务模式

河南作为农业大省，"三农"问题突出，对金融资源的需求也比较大。邮储银行河南省分行在国家以及省相关支持"三农"发展的政策指导下，积极推动金融资源向广大农村地区倾斜，并结合遇到的具体问题不断创新涉农金融服务形式。一是创新"夏粮收购"服务新模式。与有关"涉农"的企业签订相关业务合作框架协议，重点形成了在账户管理、现金、粮食收购资金结算、粮食代购资金代理监管以及银行卡等领域的业务，有效弥补了之前金融服务仅限于中端、末端的短板，整个服务流程形成了一个完整的闭环。2017年累计代发粮食收购资金240多亿元。二是先行先试，积极推进金融扶贫试点工作。以卢氏县支行为例，创新金融扶贫试点，为建档立卡的贫困户细化脱贫方案，制订资金使用具体计划，发放扶贫小额贷款，解决了贫困户资金难题。

（三）加大投入，不断优化农村金融服务环境

邮储银行河南省分行持续加大在涉农普惠金融领域投入力度，不断拓展服务渠道，优化农村金融服务环境。一是发挥传统优势，不断扩展服务覆盖区域范围。截至2017年底，邮储银行河南省分行有超过1900个网点分布在广大的农村地区，并且全部受理跨行业务；与此同时，在县域区域投放的自动存（取）款设备近3500台，占邮储银行河南省分行在全省投放总量的比例近75%。正是通过在广大县域地区、农村地区业务渠道的不断扩展，使邮储银行河南省分行能够突破时间和空间的限制，更快更好地实现了为农村客户提供7×24小时金融服务。在全省开展了以助农取款为切入点的综合金

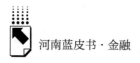

融服务平台建设工作。二是加大推广。开展银行卡助农服务力度。持续开展"金融下乡"活动，推出了"助农通"产品，除新增现金汇款、代理缴费、转账汇款等业务外，还丰富了邮政汇款、定活互转等交易。截至2017年9月底，邮储银行河南省分行在河南共建设银行卡助农取款服务点接近2.5万个，基本形成"政府满意、商户乐意、农户如意"的多赢局面。

（四）深化小微金融服务，助力大众创业

积极响应国家"大众创业、万众创新"的号召，利用自身网络与小微企业数量、布局非常契合的特点，为全省就业创业群体搭建常态化、制度化、规范化的多元融资服务平台。一是改进"小微企业"金融服务方式。突破"一对一"传统开发模式，有效整合技术、渠道、产品、营销资源，逐步实现从产品单一开发转向产品集合开发，从抵押物创新转向商业模式创新，从单一客户开发转向整体联动开发，进一步扩大小微企业金融服务覆盖面。二是研发适应"小微企业"需求的金融产品。结合小微企业"短、频、急"的融资需求特点和缺少强抵押担保的情况，丰富担保方式，研发适应小微企业实际需求，将仅仅提供融资服务的单一金融服务方式转变为提供集融资、结算、理财、咨询等为一体的综合性金融服务方式，有效丰富了担保方式，研发出适应小微企业实际需求、更加高效便捷的信贷产品。三是加强服务"小微企业"的渠道建设。发挥邮储银行网络优势，推进小企业法人贷款经营重心下沉，将小微企业专营机构下沉到县，缩短服务小微企业的半径，提高小微企业贷款可获得性，拓宽小微企业金融服务覆盖面。同时加强互联网等电子渠道的应用，打破办理"小微企业"金融业务的时间空间限制，简化小微企业信贷业务流程，提高小微企业业务效率，提升客户服务质量，拓宽服务小微企业的"广度"。

二 邮储银行河南分行推进普惠金融面临的新挑战和新要求

当前，我国经济正进入高质量发展的新阶段，意味着有新的要求和新的

变化，这对金融行业而言，也意味着商业银行普惠金融服务所面临的外部环境正在发生深刻变化。因此，在高质量发展背景下的新环境对邮储银行河南省分行推进普惠金融提出了一系列新挑战和新要求。

（一）推进普惠金融面临的新挑战

1. 面临信息不对称的挑战

河南是一个农业人口大省，约有 4700 万人口常年居住在农村，并且农村人口居住相对分散，不如城市这样相对集中。这对金融机构推进普惠金融而言，无法及时了解掌握潜在客户的相关信息，特别是需求信息和信用信息，各种信息往往通过熟人关系获得，增加了不确定性，使金融机构在发展过程中面临着较大的挑战。

2. 面临着更大的财务压力

农村的潜在客户，包括个人和企业，资金的平均需求量相对较小，这就让每笔贷款的相对成本较高。这对商业银行来讲，平均收益更低。再加上每个营业网点相对服务的人群和企业数量较少，导致运营成本相对较高。平均收益低和运营成本高两者叠加起来，使商业银行面临更大的财务压力。

3. 面临的"最后一公里"问题

推进普惠金融，面临的关键问题就是"最后一公里"。原来邮储银行往往通过增设营业网点，延伸服务半径等方式试图解决普惠金融"最后一公里"的问题。但是，当前新增设物理网点的财务成本、人力成本大幅上升，靠运用传统的"增点增员"方式来进一步做大农村业务越来越不合时宜。这就要求在网络经济的视角下，通过营业网点和网络办理业务相结合的方式，让广大群众以网络的形式办理账单查询、货款结算、费用缴交等业务，把最后的瓶颈制约顺利解决。

（二）推进普惠金融面临的新要求

1. 高质量发展对银行普惠金融的创新能力提出了新要求

随着经济社会的不断发展，我国生产组织方式发生了明显变化，小型化、智能化、专业化特征愈加突出，一大批新型小微企业如雨后春笋，进入了茁壮成长时期，相应地对普惠金融的需求也明显上升。但是，作为普惠金融需求方的小微企业知识产权、专利、技术等无形资产占比较高，达不到银行传统的以有形资产作为抵押物的信贷模式的标准和要求，这就使得"融资难、融资贵、融资慢"等问题普遍存在。为了更好破解普惠金融供给与资金不匹配这一难题，要求邮储银行河南省分行必须加快服务模式、金融产品等的创新步伐，建立与新时代小微企业大量涌现以及蓬勃发展态势相适应的信贷管理模式。

2. 高质量发展对银行普惠金融的信息化能力提出了新要求

小微企业和低收入群体是传统金融体系难以覆盖的领域，这是普惠金融重点关注的领域，这样的需求方其资金需求往往存在"短、小、频、急"特点，并且单笔金融服务成本相对较高。这就要求邮储银行河南省分行开展普惠金融必须顺应数字化时代的发展趋势，加快运用新技术，特别是移动互联、人工智能、云计算等与普惠金融深度融合，通过互联网触及传统金融难以触达的人群，以降低获客成本。同时，通过积极引导广大客户更多地开展智能手机、电脑等移动终端业务，使邮政银行河南省分行更快地摆脱时间、地点、气候等客观因素的限制，使普惠金融血液持续地流向更深、更广的经济末梢神经。

3. 高质量发展对银行普惠金融的风险管理能力提出了新要求

普惠金融的风险管理是一个专业性更强、难度更大的工作。小微企业在经营及信息披露的规范性上、信息透明可达、担保等问题上更为复杂，对商业银行提出了更大的挑战。特别是随着质量变革、效率变革、动力变革的推进，部分企业风险更加凸显，普惠金融的风险将进一步显现，这些都会使邮储银行河南省分行发展普惠金融将面临更加严峻的风险考验。

三 促进邮储银行河南省分行深入推进普惠金融的对策建议

发展普惠金融是一项系统工程，要求邮储银行河南省分行着眼于服务实体经济，加强创新，同时也要求政府在信用体系建设、监管政策设计等领域营造良好环境，共同推进普惠金融的发展。

（一）完善普惠金融顶层设计

普惠金融是金融民生化的重要体现。实现这一功能的前提之一就是把支持和鼓励金融机构提供普惠金融服务和商业化经营有机结合起来，不搞急功近利、涸泽而渔。围绕这一目的和目标，省政府应该尽快建立省域普惠金融评价指标体系，同时出台相关文件政策，对积极开展普惠金融服务的机构给予一定比例的税收优惠；同时引导探索差异化的监管体系，进一步改善普惠金融的风险补偿环境。同时，要积极完善普惠金融基础设施和基础制度建设，适度提升对"三农"和小微领域的不良贷款容忍度；要积极搭建创业创新金融服务平台，提供融资、咨询、政策支撑等一站式服务，以完善银行、融资担保机构和政府出资的担保基金之间的风险共担机制。

（二）创新普惠金融服务方式

适度扩大县域信贷管理和产品创新权限，鼓励推出多样化的创业、教育、健康、住房消费类信贷产品，加大对进城农民工创业就业、技能培训、子女教育、就业健康、住房保障等信贷的支持力度。积极提供差别化融资方案，推广"一次授信、余额控制、随用随贷、周转使用"的信贷模式。鼓励银行机构立足全省资源禀赋、产业特色，积极开展金融产品创新，拓宽贷款抵质押资产范围，开展动产质押贷款业务。完善土地资产的抵押、拍卖评估和交易平台建设，提升土地融资功能和抵押品变现能力。

（三）优化普惠金融生态体系

加快优化普惠金融生态体系是推进普惠金融深入发展的基础和关键。加快建立多层级的小微企业和农民信用档案平台，扩充金融信用信息基础数据库容量，拓展信用报告覆盖范围，提升征信服务水平。建立涵盖金融服务可得性、使用情况、服务质量的统计指标体系，开展普惠金融专项调查和统

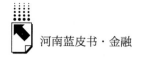

计，全面掌握普惠金融服务基础数据和信息。完善农村经济主体综合信息管理系统，整合县域涉农公共信用信息和"三农"信息等资源，提高新型农业经营主体、农户信用档案建档覆盖面。

（四）加强普惠金融风险管理

要加强风险监管，做好风险识别、监测、评估、预警和控制工作，构建更适应小企业特点的风险识别和控制机制。大力举行以"理财有风险、投资须谨慎"为主要内容的公益广告宣传，通过营造氛围来推动培养金融消费者"收益自享、风险自担"观念，引导金融消费者根据自身风险承受能力和金融产品风险特征进行理性投资与消费。

参考文献

星焱：《普惠金融的效用与实现：综述及启示》，《国际金融研究》2015 年第 11 期。
邢乐成：《中国普惠金融体系构建与运行要点》，《东岳论丛》2015 年第 8 期。
白钦先、高霞：《普惠金融发展的思考》，《中国金融》2016 年第 3 期。
邮储银行河南省分行：《践行普惠金融服务实体经济》，大河网，2016 年 3 月 11 日。
罗斯丹、陈晓、姚悦欣：《我国普惠金融发展的减贫效应研究》，《当代经济研究》2016 年第 12 期。
张忠宇：《我国农村普惠金融可持续发展问题研究》，《河北经贸大学学报》2016 年第 1 期。
尹振涛、舒凯彤：《我国普惠金融发展的模式、问题与对策》，《经济纵横》2016 年第 1 期。

B.11
开发性金融支持河南省脱贫攻坚的
总体思路与对策建议

许　晗*

摘　要： 坚决打赢脱贫攻坚战是新时代全党重大政治任务，是事关全面建成小康社会、事关增进人民福祉、事关国家长治久安的重要内容。多年来，国开行河南分行认真贯彻落实中央和省委、省政府决策部署，运用开发性金融理念，提供智力支持，打通融资瓶颈，服务全省扶贫攻坚，为服务贫困地区建设发展、助力贫困人口脱贫致富发挥了重要作用。下一步，国开行河南分行将加大支持力度，为河南省脱贫攻坚贡献更大力量。

关键词： 河南开发性金融　脱贫攻坚　扶贫

一　开发性金融支持河南省脱贫攻坚的重要意义

（一）金融扶贫是河南加快脱贫攻坚的题中之义

金融支持脱贫攻坚是金融部门参与扶贫工作最为直接的手段和方式，也是加快脱贫攻坚的应有之义。脱贫攻坚难点在于强有力的资金保障，虽

---

* 许晗，国开行河南分行规划发展处。

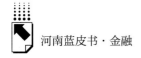

然国家和各级政府在加快脱贫攻坚过程中给予大量的资金支持，但缺口仍很大，仅仅依靠政府力量筹集资金显然不能满足扶贫资金需要，这就需要充分发挥金融在脱贫攻坚中的作用。一是金融扶贫能够为扶贫攻坚提供可持续的资金，满足扶贫攻坚中资金缺口需要；二是金融扶贫能够充分调动政府和市场在扶贫攻坚中的作用，实现资源的合理配置；三是金融扶贫能够提高贫困地区人们的思想认识，了解当前的金融政策和金融工具，让更多贫困地区人民可以利用金融工具改变贫困状态，使扶贫实现从"输血型"向"造血型"转变。河南省贫困人口总量较大，深度贫困地区和群众脱贫难度较大。2016年底，河南省仍有52个贫困县（其中国家级贫困县37个），4397个贫困村，320万名农村贫困人口。全省贫困人口总量占全国的7.4%，居第3位，是扶贫开发任务最为艰巨的省份之一。可以说，扶贫攻坚任务更为艰巨，扶贫资金缺口更大，这就更需要发挥金融扶贫的作用。

（二）支持河南脱贫攻坚是国开行河南省分行职责使命所在

多年来，国开行河南分行以"服务河南，改善民生"为使命，在服务河南发展中发挥了重要作用。作为开发性金融机构，国开行河南分行有责任在"金融扶贫行动"中发挥主力军作用，这既是国开行义不容辞的职责和使命，也是其主动承担社会责任、促进社会发展，在全面建成小康社会中争当金融先锋的战略抉择。国开行河南分行高度重视河南省脱贫攻坚工作，从健全机制、完善制度、创新模式等方面入手，不断夯实扶贫开发工作基础，加大脱贫攻坚支持力度，以实际行动支持河南省脱贫攻坚发展。在机制上，国开行河南省分行实行了一套完整的运行机制，从开始申请的推动机制到最后的精准投放机制，无不体现国开行河南省分行的强有力的机制保障；在制度上，国开行河南省分行针对不同阶段出台了相应的政策措施，保障其金融扶贫有效；在模式上，国开行河南省分行针对河南扶贫攻坚需要，创造性地提出了统贷模式、五位一体扶贫模式、龙头企业带动建档立卡贫困户模式、扶贫转贷款模式等，以满足扶贫攻坚的需要。

二 国开行河南分行支持河南脱贫攻坚的现状分析

（一）主要做法

1. 积极贯彻扶贫政策，加强银政扶贫合作

（1）与省级部门加强合作，形成银政扶贫合力。国开行河南分行加强与河南省省级各部门的对接与合作，向人民银行、金融办等相关部门定期报送国开行河南分行脱贫攻坚工作进展，与省农业厅、扶贫办就产业扶贫联合发文建立融资推动机制；与省发改委联合推进特色小（城）镇建设扶贫，与省委政研室联合开展扶贫调研和开发性金融扶贫案例总结，与省畜牧局围绕"双百万千亿工程"开展业务对接，与省教育厅围绕教育扶贫签订合作协议，各项工作有序开展，为下一阶段自上而下推动相关工作提供政策支持。

（2）推动成立省、市、县开发性金融脱贫攻坚办公室。着力将合作办建设成组织、推动、协调开发性金融扶贫业务的合作平台。2017年初，国开行河南分行与河南省扶贫办联合成立开发性金融支持脱贫攻坚合作办公室，并与23个贫困县合作建立了县级脱贫攻坚合作办公室。

2. 建立扶贫业务推动机制，下沉金融扶贫服务

（1）建立脱贫攻坚工作领导小组、派驻扶贫专员。国开行河南分行2016年即成立脱贫攻坚领导小组和办公室，并克服人员少、任务重、无市县分支机构的困难，联合省委组织部选派分行12名副处级业务骨干作为市县扶贫金融专员，同时抽调专人成立18个地市工作组，构建"工作组+扶贫专员"双重工作梯队。扶贫工作组常驻当地每年不少于200天，确保市县政府的融资需求能够第一时间得到支持。

（2）成立脱贫攻坚专项工作小组。针对年度脱帽的贫困县，成立兰考、滑县、光山、卢氏等专项小组，形成分行支持脱贫攻坚突击队，围绕国家重点贫困县的重点问题和瓶颈专项攻坚、专题突破，实现扶贫项目早投入、早

见效。

3. 积极发挥规划先行融智优势，助力贫困地区科学发展

（1）积极发挥开发性金融融智优势。开发银行河南分行作为当地政府的金融规划专家，帮助地方政府谋划、规划重大项目，推进信用建设、市场建设和制度建设。先后参与编制《河南省"十三五"扶贫开发系统性融资规划》《河南省"十三五"特色产业扶贫融资规划》《大别山革命老区振兴发展融资规划》《光山县"十三五"扶贫开发融资规划》《卢氏县"十三五"扶贫开发融资规划》等多部规划，服务于贫困地区科学发展。

（2）用足用活分行特有的规划合作贷款业务品种。针对贫困县政府在项目前期规划、可研编制、初步设计等方面遇到的资金难题，主动给予贫困地区规划合作贷款支持，例如分别给予兰考4600万元、卢氏2000万元、光山3100万元规划贷款，大大加快了各地的项目进度并提高了融资便利度。

4. 围绕扶贫重点领域，加大扶贫资金精准投放

（1）重点支持贫困县城区基础设施建设提质。向兰考、卢氏等25个贫困县百城提质项目发放贷款52.45亿元，重点支持了城区生态水系、道路交通、医疗教育等项目，有力地提升了贫困县市政基础设施、公共服务水平和市容城貌。

（2）加快推进易地扶贫搬迁工作。在2016年发放12.3亿元专项贷款、投放3.74亿元专项建设基金的基础上，2017年继续发放专项贷款2.1亿元，并向省国土中心发放土地复垦券收储贷款4.86亿元，积极推动2017年35亿元年度贷款合同签订工作。

（3）加大贫困县农村基础设施建设资金投放力度。按照"基础设施建设到县"的思路，紧抓涉农资金整合机遇，强力支持贫困县农村基础设施建设。截至2017年6月末，累计承诺农村基础设施贷款111亿元，实现贷款发放71.65亿元。助力河南省乡村旅游扶贫行动计划，向栾川县乡村游精准扶贫项目承诺贷款6亿元，发放贷款0.5亿元。支持精准扶贫就业基地项目，助力贫困群众村头就业，在桐柏县支持15个乡镇、64个建档立卡村建设就业基地41个，可使10920个贫困人口短期内脱贫，预计可直接吸纳

3119 个贫困人口就业,目前已经实现发放贷款 1 亿元。

(4)创新模式支持产业扶贫。在产业扶贫领域,按照"产业发展到村(户)"的思路,创新模式支持贫困人口增收脱贫。2016 年以来,累计发放产业扶贫贷款 60.78 亿元,其中 2017 年发放贷款 23.08 亿元。创新实施"政府+开发银行+省级担保公司+省级保险公司+省级协会"五位一体产业扶贫省级统贷模式。截至 2017 年 6 月末,已完成首批 10 亿元贷款承诺,并向潢川、光山等地新型农业经营主体发放贷款近 3 亿元。实施龙头企业带动扶贫模式。向永达集团上游肉鸡养殖合作社项目发放贷款 3.5 亿元,带动滑县 728 名贫困人口、鹤壁淇县 625 名贫困人口增收;并与中鹤集团、雏鹰农牧签订扶贫合作协议。

(5)全力推进教育扶贫。加大助学贷款推广力度,争取实现对全省建档立卡贫困户全覆盖,确保没有一个贫困学子因贫失学,坚决阻断贫困代际传递。2016 年发放助学贷款 36 亿元。

(二)推动模式

1.统贷模式

该模式就是开发银行通过与政府合作,建立银、政、企风险分担机制,由政府指定投融资主体统一贷款统一还款,并对与银行筛选的企业或项目进行支持的模式。主要包括省级统贷模式、市级统贷模式、县级统贷模式。目前,产业扶贫县级统贷模式已经在固始县落地。县级统贷模式是以县级投融资主体为统贷平台,以第三方担保公司为担保平台,县财政建立风险补偿机制,设立风险补偿金。目前已在信阳市固始县开展试点,实现了机制评审和首批 5000 万元发放,支持了当地农业合作社、农业中小微企业等发挥带领脱贫的作用。市级统贷模式是以市级投融资主体为统贷平台,统贷统还支持各县产业扶贫项目。目前该模式正在周口市试点推动。省级统贷模式是与省级投融资平台合作,采用省级平台统贷的模式支持扶贫项目。目前国开行河南分行正在与省扶贫搬迁公司合作推动该项业务。

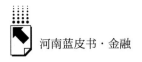

2. 五位一体扶贫模式

支持贫困地区产业发展是服务供给侧结构性改革的重要内容，也是贫困地区脱贫摘帽的根本。在党中央、国务院坚决打赢脱贫攻坚战的战略要求下，开发银行针对产业发展"融资难、融资贵"等问题，坚持规划先行和机制建设理念，经过不懈努力，率先在全国创新实施以"省统贷平台＋政策性担保＋政策性保险＋风险补偿（准备）金＋新型经营主体"为要点的开发性金融产业扶贫五位一体省级统贷模式，以批发性的标准化方式成功支持了贫困地区法人产业发展和贫困户脱贫增收，实现了政府、国开行、企业及建档立卡贫困户各方多赢。截至 2017 年 6 月末，开发银行已完成该模式项下机制评审工作，授信额度 10 亿元；推动省级财政设立了 1 亿元风险补偿金；协助全省 10 多个贫困县建立了县级扶贫协会或现代农业发展促进会及县扶贫领导小组，并出资 1.3 亿元设立风险补偿（准备）金；已实现贷款发放 3 亿元，可带动近百万建档立卡贫困户增收脱贫。

该模式通过发挥政府的组织协调和政策资金优势、省级平台的统贷统还优势、开发银行的规划先行和机制创新优势，为贫困地区产业发展提供了一套完整的制度办法和可复制、可推广的标准化业务模式，有效解决了开发银行机构网点和人员不足、贫困地区产业发展融资难和融资贵、项目风险高以及贫困户可持续增收能力差等难题，为国开行产业扶贫探索了新思路、新方法，是开发性金融支持产业扶贫的典型案例。

3. 龙头企业带动建档立卡贫困户模式

该模式将政府组织协调优势和国开行融资融智优势有机结合，同时调动担保机构、保险公司和专业合作社共同参与，向贫困户发放扶贫贷款，充分发挥贫困地区龙头企业在当地的带动作用，推动贫困户加入龙头企业产业链条，实现脱贫增收。利用此模式，国开行河南分行通过与永达集团、牧原股份等龙头企业合作，建档立卡贫困户将从国开行获得的贷款入股与龙头企业建立合作关系的合作社，每年获得固定分红。目前，已经向永达集团肉鸡养殖项目发放贷款 3.5 亿元，带动滑县 728 名贫困人口、鹤壁淇县 625 名贫困人口增收；向牧原股份肉牛养殖项目授信 10 亿元，发放贷款 5.3 亿元，带动 1767 名贫困人口脱贫。

4.扶贫转贷款模式

该模式是国开行将较低成本资金先贷款给地方中小金融机构，由地方中小金融机构按照与国开行约定的信贷条件对帮扶企业和项目进行筛选，并对扶贫效果进行评价，再由地方中小金融机构将贷款转贷给借款人的模式。通过该模式，开发银行能够充分发挥银政合作和机制创新优势，地方中小金融机构能够发挥机构、人员、网点多的优势，共同支持产业扶贫项目。该模式构建了开发性金融与商业性金融协调配合、共同参与、各司其职、优势互补的金融扶贫新格局。目前，国开行河南分行向中原银行承诺扶贫转贷款 8 亿元，首批发放 2000 万元，主要用于支持三门峡市贫困地区 4 家农业龙头企业、12 家个体工商户和养殖大户开展特色产业项目建设，该业务是国开行系统内首单扶贫转贷款业务。

三 国开行河南分行进一步支持脱贫攻坚的思路与对策

国开行将结合河南省脱贫攻坚实际，主动与各级地方政府对接融资需求，充分发挥开发性金融"融资、融智、融制"功能和作用，为河南省脱贫攻坚各个重点领域提供针对性的金融服务。一是用好涉农资金整合政策，拓宽贫困县基础设施建设支持领域，切实提升贫困地区通村通组道路、饮水安全、环境整治等基础设施水平。进一步拓宽扶贫思路，将河南省农村垃圾处理、医疗卫生、养老等领域纳入扶贫开发重点领域给予融资支持。推动符合精准扶贫标准的"三山"地区医疗、基层教育设施、交通、水利、旅游、能源等重大基础设施工程建设。二是加大产业扶贫带动作用，推进项目落地。加强与央企、国企、上市公司等龙头企业的合作，引导各企业参与河南省产业扶贫工作，推动"龙头企业+建档立卡贫困户"形成可持续的造血式产业扶贫带动模式。加快产业扶贫统贷模式在周口市和内黄县落地，加快以全产业链带动的精准扶贫模式落地。积极支持适合当地的"种养加"、储备林和油茶等产业发展，通过土地流转、入股分红、务工投劳等方式带动贫

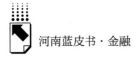

困户增收脱贫。三是以教育扶贫激发贫困群众脱贫的内生动力。按照"应贷尽贷"原则,力争将助学贷款覆盖至全部贫困学生。

参考文献

《中共中央、国务院关于打赢脱贫攻坚战的决定》,2015 年 11 月。

《中共河南省委河南省人民政府关于打赢脱贫攻坚战的实施意见》,2016 年 2 月。

胡怀邦:《以开发性金融助力打赢脱贫攻坚战》,《人民日报》2016 年 6 月 16 日。

B.12
工商银行河南省分行服务区域经济转型的实践探索

武文超*

摘　要：　中国工商银行河南省分行坚持金融业服务实体经济的本源，
突出转型发展的主线，坚持改革创新，持续推进经营管理转
型，服务河南重大发展战略，服务河南经济转型升级，支持
中小微企业发展，服务对外开放和"一带一路"建设，为河
南省区域经济转型做出了突出的贡献。在河南省加快建设经
济强省的过程中，中国工商银行河南省分行应坚持服务区域
重大战略，聚焦新经济，实施服务创新，不断完善风险管理，
以取得更好的发展。

关键词：　工商银行河南省分行　经济转型　风险防控

一　中国工商银行河南省分行发展现状

（一）总体状况

中国工商银行河南省分行坚持金融业服务实体经济的本源，立足实际，
主动作为，突出转型发展一条主线，提升市场竞争和持续盈利两种能力，加

---

* 武文超，博士，河南省社会科学院经济研究所副研究员。

快理念、业务和机制三个创新，夯实客户发展、渠道优化、风险防控和队伍建设四项基础，为河南经济社会发展和转型升级做出了突出贡献。近年来，工商银行河南省分行的各项业务实现了平稳快速的发展。各项存款稳定增长，截至2017年9月，工商银行河南省分行各项存款余额从2012年的3148亿元增加到5531亿元，增长75.7%；信贷规模快速做大，截至2017年9月，工商银行河南省分行各项贷款余额达到4302亿元，比2012年的1906亿元增长1.26倍；经营效益持续提升，截至2017年9月，工商银行河南省分行拨备前利润增长50%，净利润增长10.17%，中间业务收入增长56%；风险管控不断强化，截至2017年9月，工商银行河南省分行不良贷款率为1.5%，低于工商银行系统平均水平，各类运营风险事件逐年下降，未发生重大恶性风险事件。

自经济进入新常态以来，我国金融业发展环境不断变化，中国工商银行河南省分行坚持推进经营转型，通过服务创新在新常态下培养竞争新优势。推动负债结构转型，将同行业第一和提高日均指标为负债管理目标，突出优势产品和优势服务，全面推进"大零售""大公司""全机构"的发展战略，存款实现了均衡稳定的增长态势，近两年各项存款的日均新增数量排在工行系统内部前3位，活期存款占比达到了57%。推动收益结构转型，促进中间业务向基础类业务转变、向高附加值类业务转变，不断提高服务水平、提升合规意识，带动收益结构持续优化。推动客户结构转型，实行客户量质并举的发展思路，开展"客户发展与服务体验建设年""客户营销季"等活动，加强服务客户的经营意识，成效逐步显现，获取客户的能力不断提升。推动经营渠道转型，加快打造物理渠道、自助渠道和互联网金融三个渠道融合的新优势，在全省762个营业网点中，2016年末智能化网点达472个，离行式自助银行达763个。推动营销模式转型，打破行内机构、层级和地区限制，组建11支专业营销团队，制定专项绩效考核机制和激励机制，激发营销潜力和活力。

（二）具体业务开展情况

在新的发展环境下，中国工商银行河南省分行认为，只有坚持改革创新，才能不断提升金融业服务实体经济的能力。五年来，中国工商银行河南省分行结合实际，完善机制、聚集动能，通过改革练内功、强筋骨，为服务创新夯实基础。

1. 积极实施组织架构改革

在调查研究的基础上，工商银行河南省分行对组织架构实行改革创新，将内设机构进行板块管理，分为业务营销、综合管理、支持保障三大板块，业务营销板块定位于客户拓展、产品销售的整体规划与组织推动，综合管理板块定位于全行战略管理、资源配置、风险控制和综合管理，支持保障板块定位于业务运营的支持保障与党群工作管理。在此基础上，改革各级分支机构的设置，简化机构类别，裁减冗余机构。

2. 积极实施授信审批集中改革

围绕授信审批集中管理改革，积极推进业务流程集约化、标准化、信息化建设，审批效率大幅提升。积极实施业务运营改革，优化和改造监督机制和流程，重塑业务运营体系，实现了40个业务大类、140多个业务小类的集中处理，在全省18个二级分行中建立了集中式、跨机构的远程授权模式和专业化、流程化的事中控制流程，远程授权通过率达到97.58%，网点业务处理效率明显提升。

3. 积极实施法律事务改革

工商银行河南省分行将法律咨询审查、诉讼案件管理、普法教育等主要法律业务集中到省行，统筹推进各类法律风险防控工作，诉讼案件管理水平显著提升。

4. 积极实施网点运营标准化改革

不断优化网点经营业态、服务流程、岗位结构和现金业务与非现金业务的比例，完成运营标准化主体及物理改造网点720个，实现了25%的柜口压降和23.5%的柜员释放。积极实施信贷体制机制改革，聚焦当前形势下信贷风险升高、风险管控能力不足等问题，完善信贷经营模式，制订相关方案和实施办法，全面提升了风控能力。

（三）加强管理

管理决定银行经营的水平。近年来，中国工商银行河南省分行坚持从严治行，从基础和细节着眼，加强风险防范控制，真正管好机构、保证安全。定期组织风险排查，加强潜在风险、逾期贷款管理和不良贷款清收处置，建立特殊资产清收处置团队，提高处置能力。全面推进从严治行。开展内控合规"基础强化年"、员工行为专项排查和业务运营风险专项治理3个主题活动，组织"两个加强、两个遏制"专项检查工作，2015年和2016年各类内部运营风险事件数量分别下降26.6%和15.1%。2015～2017年，中国工商银行河南省分行通过工银"融安e信"成功堵截各类诈骗4315起，金额共计15.82亿元。此外，从2015年下半年开始，配备280名派驻支行的内控监察员，实现一、二级支行全覆盖，延伸了管理半径，强化了前沿控制，严查在遵守党规行纪、经营管理、亲属岗位回避、经商办企业等方面的问题，并落实整改问责。严守金融风险底线。坚持超前防范与主动化解并重，通过核销、转化、盘活、打包处置等手段，加快清收处置不良贷款，坚守不发生系统性风险底线。

二 中国工商银行河南省分行服务经济转型的做法和成效

近年来，中国工商银行河南省分行围绕河南省委、省政府、工商银行总行和金融监管部门的决策部署，突出服务创新意识，为河南经济社会发展和支持经济转型升级做出了重要的贡献。

（一）服务河南重大发展战略

多年来，工商银行河南省分行始终把贯彻落实省委、省政府战略部署，服务河南经济社会发展作为基本职责，站位河南发展大局，加大融资投入。2017年，工商银行河南省分行累计投放各项贷款1713亿元，比年初增加

422亿元，为河南省"三区一群"等国家战略的加快实施提供坚强金融支撑。同时积极争取工商银行总行分配给河南分行的人民币信贷计划，近年来平均每年表内贷款增量均在400亿元左右，增量保持全国前6位，持续高于全国平均水平。在服务新型城镇化建设中，按照市场化、商业化和可持续原则，工商银行河南省分行以资金融通为河南省新型城镇化建设提供全方位金融服务，近两年累计投放贷款超过240亿元。在服务百城提质建设工程中，工商银行河南省分行相继与平顶山市、信阳市、安阳市、南阳市等省辖市政府签订战略合作协议，意向金额达1500亿元，为中心城市道路、管网等基础设施和民生工程建设提供融资支持。在服务自贸区建设方面，在郑州、洛阳、开封自贸试验区成立了3家一级专门自贸试验区支行和6家二级专门自贸试验区支行，2017年为区内企业累计办理本外币贷款共计62.46亿元，储备自贸区项目396亿元、代理并购业务5.4亿元。积极参与脱贫攻坚，累计投放金融精准扶贫贷款超百亿元，惠及全省建档立卡贫困人口21706人。选派499名优秀干部面向全省116个贫困村开展驻村精准扶贫工作，累计投入专项费用557万元，累计争取资金近1亿元，帮助所驻村解决了一批基础设施、养殖种植、扶贫项目、村小学及幼儿园、电网改造等方面的实际困难。

（二）持续助力经济转型升级

进入经济新常态以来，工商银行河南省分行积极助力河南省供给侧结构性改革，推进落实"去、降、补"的任务，助力经济转型和产业升级。在化解过剩产能方面，坚持总量管控、区别对待，避免"一刀切"，改变过去逐笔上报总行审批的方式，将审批权限逐步下放，为有扶有控、灵活调剂赢得了空间；在去库存方面，加大对于个人住房贷款的投放力度，2017年新发放个人住房贷款484.4亿元，较年初净增359.27亿元，其中首套房占比超过96.62%。在去杠杆方面，落实中央和河南省对国企改革部署要求，以市场化债转股方式积极支持国有企业"降杠杆"。在降成本方面，从2013年8月1日起，取消一批顾问类、承诺类、服务类、结算类、账户管理类收费项目，为企业降成本。2017 年，新发放的小企业贷款平均利率为 5.65%，较年初下降 0.16 个百分点；微型企业贷款利率为 5.50%，较年初下降 0.24 个百分点。积极对全省重大建设项目快速跟进，加大投入，近两年累计向公路铁路、基础设施建设、电力等重点领域投放贷款达到 200 亿元。在"三煤一钢"改制方面，在保持授信不减的情况下，通过资产证券化、设备租赁等方式为平煤集团、郑煤股份、河南能源化工融资达到 60 亿元左右。积极稳妥参与债转股，与河南能源化工集团、河南交通投资集团、中原高速等企业达成债转股合作意向，涉及金额超过 200 亿元。

（三）积极支持中小微企业发展

工商银行河南省分行积极和河南省工商局签署全面战略合作协议，支持中小微企业发展，破解中小微企业融资难问题，为"大众创业、万众创新"提供资金支持。到 2017 年末，中国工商银行河南省分行监管口径小微企业贷款余额达 548.43 亿元，较年初净增 50.73 亿元；客户总量 17972 户，较年初净增 2549 户，申贷获得率 95.03%。推广小微专营模式，持续加大对核心企业产业链客户群、重点产业集聚区、小企业创业基地、大型专业市场的支持力度，与省直有关部门及省辖市政府签订全面合作协议，不断拓宽服务合作渠道。同时，在经济下行压力增大和金融风险增加的背景下，通过服务创新缓解企业融资问题和风险。2016 年 9 月，在工商银行总行的支持下，通过省、市、县三级联动，以及银政企三方协作，对历史遗留的莲花股份不良资产包袱实施成功处置。发挥好债权人委员会的职能作用，主动履行主债权银行职责，联合同业机构、协调政府部门，积极提高债权处置效率，并通过债委会支持优质企业 37 户，增加融资 60 亿元。对生产经营正常、能够还本付息，暂时出现困难的企业，加强银企沟通，该行综合运用多种方式活化贷款，缓释化解风险。从 2016 年到 2017 年上半年，通过办理展期、再融资等形式共化解贷款风险 245 户。对贷款金额大、对当地经济影响大，有可能劣变的潜在高风险客户，积极采取依法促动、融资撬动、牵线链动、政府推动、投行驱动、银团联动、注入启动等方式化解风险。

（四）服务对外开放和"一带一路"建设

伴随着"一带一路"倡议的全面实施，以及河南省提出建设内陆开放高地，工商银行河南省分行创新服务，为对外贸易和投资提供融资服务。积极跟进河南省参与"一带一路"建设，与河南省商务厅签署"走出去"战略合作协议，明确未来5年将向"走出去"企业提供100亿美元的融资支持。2017年，累计办理国际结算313.41亿美元，同业排第1位；累计办理跨境人民币72.55亿元，同业排第2位；累计办理结售汇50.64亿美元，同比增加15.9亿美元；累计办理国际贸易融资27.82亿美元，同业排第2位。为满足"河南制造""河南企业"走出国门，走向世界的多元化金融服务需求，紧跟河南企业"走出去"的步伐，深入实施"打造国际业务第一银行"战略，成立了专项融资团队，把引领服务、创新服务、超前服务转化为产品优势，有效契合企业"走出去"金融服务需求，为企业搭建金融与贸易合作平台，助力"走出去"企业拓展海外市场。例如，通过与世行多边投资担保组织（MIGA）的首次合作，联动南非标准银行为许继集团成功办理出口买方信贷9878万美元；通过总分行联动和内外联动，支持双汇集团收购美国斯密斯菲尔德项目3亿美元，支持洛阳钼业集团收购巴西铌磷矿项目5000万美元，通过创新设计"投注差（外债）+内保外贷+跨境融资"方案，为河南高速、洛阳四院、舞阳钢铁、河南同舟等企业开立融资性保函4亿美元；通过出口买方信贷支持河南国际合作集团承建赞比亚1.7亿美元供水项目等。

三 展望与建议

在经济新常态的背景下，河南省提出建设经济强省的宏伟目标，实施经济转型升级的步伐不断加快。工商银行河南省分行将不断适应金融行业的快速变革，加快服务创新，围绕打好"四张牌"和"三区一群"建设、打赢"三大攻坚战"、推进供给侧结构性改革等重点领域，持续为河南省经济社会发展提供坚强有力的资金支持。

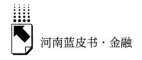
（一）围绕区域重大战略助力经济转型

坚持贯彻新时代中国特色社会主义思想，把握引领经济发展新常态，突出以服务创新为引领，服务河南省建设经济强省的总体目标，围绕河南省推进供给侧改革、打好"四张牌"、统筹推进"三区一群"建设、打赢"三大攻坚战"等重大战略措施，提升经营管理水平，做好投融资支持。一是服务新型城镇化和"百城提质"建设工程，为基础设施建设提供融资。争取总行政策支持，将信贷资源向新型城镇化和基础设施建设项目倾斜，同时加强和政府、非银金融机构的合作，探索和创新基础设施建设 PPP 模式。二是服务供给侧结构性改革和产业转型升级。创新金融产品和金融服务，支持河南推进供给侧结构性改革的各项措施，支持河南省发展战略性新兴产业，同时对有条件的传统领域企业转型升级提供资金支持。三是服务综合交通枢纽和自由贸易试验区建设。支持郑州航空港经济综合实验区和中国（河南）自由贸易试验区区建设，大力发展供应链金融、航空金融等金融服务，为外商到豫投资和河南企业"走出去"提供资金支持。四是发展科技金融，服务创新发展战略。服务郑洛新国家自主创新示范区建设，创新为科技研发、成果转化等活动提供的金融服务，更好地支持科技创新的发展步伐。

（二）聚焦新经济，实施服务创新

紧跟金融与互联网科技融合的步伐，聚焦新经济发展和消费升级的趋势，加快实施服务创新，在经济发展和金融市场变革中持续前进。一是加快发展互联网金融。跟踪客户通过互联网进行交易、融资、理财等方面需求上升的趋势，加快金融科技发展，加强与互联网金融机构的合作，加快金融和互联网、物流、供应链融合的步伐，关注大数据发展趋势下信息的整合、分析和呈现，为客户提供更快、更便捷和更智能化的金融服务。二是积极支持"大众创业、万众创新"。关注创新型企业的发展，为企业进行科技创新、产品研发和商业模式创新提供个性化的融资服务。支持高科技创业、互联网创业、中小微企业创业、大学生创业、返乡农民创业等群体，提供有针对性的金融咨询和投融资服务。创新对于高校教师、科研人员、互联网技术人员等科技人员群体的房贷和消费信贷服务。三是把握消费升级和人民理财需求上升的趋势。伴随着提前消费和投资未来理念的普及，加快发展个人消费信贷服务，关注人们对教育、养老、旅游、汽车、养生、育儿、房产等领域消费需求上升的趋势，创新特色性的金融产品和服务手段，在细分市场深挖深耕。同时，加强与证券、信托、期货等其他金融机构在理财产品开发领域的合作，提升服务水平，满足人们日益上升的理财需求。

（三）不断完善管理，提升风险控制能力

在经济增速换挡、金融创新加快的市场背景下，要加强金融风险管控的意识，不断提高经营管理水平和风险控制能力，严守不发生重大金融风险的底线。一是充分认识银行风险管控的重要性。强化全行风险管理意识，定期在省、市、县各级分支机构组织风险防控文化教育和风险管理知识培训。全面提高全员责任意识、风险意识和合规意识，严格落实操作规程和业务流程，切实有效防范和规避日常临柜业务操作风险。二是完善机构设置和信贷审批机制。在前期组织机构改革的基础上，进一步完善和整合信贷审批流程，明确专门的责任部门和人员，加强对审批条件的检查、监督和落实。同时，加强尽职调查和信贷审批专业技术培训，完善内部激励与约束机制激励绩效。三是提升资产负债管理水平。在分行层面建立优秀的资产负债管理团队，提高其市场分析、风险管理的能力，加快利率定价体系建设，提升综合收益。转变"冲规模"的粗放式发展观念，树立资本约束和回报匹配的理念，全面平衡效益和信贷投放节奏。定期组织风险排查，加强对潜在风险、逾期贷款的管理，积极开展不良贷款清收工作。四是加快风险控制平台和技术创新。创新风险架构体系，加强与政府机关、互联网大数据机构的合作，整合资金流、商品流和信息流，加强大数据的整合、分析和运用，深度挖掘客户可能存在的风险，提升风险管理的效率和水平。

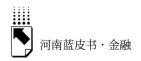

参考文献

中国人民银行金融稳定分析小组：《中国金融稳定报告（2017）》，中国金融出版社，2017。

郭戈：《工于至诚发春华　行以致远撷秋实》，《河南日报》2017年10月16日。

李国伟、魏利华：《工行河南省分行践行社会责任特别报道之一：倾力支持豫企"走出去"》，《河南日报》2018年3月15日。

范保成、魏利华：《工行河南省分行践行社会责任特别报道之二：量质并重全力服务实体经济》，《河南日报》2018年3月21日。

魏利华、宋福予：《工行河南省分行践行社会责任特别报道之三：助力诚信社会建设》，《河南日报》2018年3月29日。

魏利华、张淼：《工行河南省分行践行社会责任特别报道之四：多管齐下助推脱贫攻坚》，《河南日报》2018年4月4日。

B.13
农业银行省级分行转型创新的
模式与路径探索

唐晓旺[*]

摘　要：　随着金融创新步伐不断加快，国有商业银行迎来了前所未有的机遇和挑战，加快战略转型、增强核心竞争力已成为商业银行可持续发展的重要任务。农业银行河南省分行积极探索战略转型，强化对公业务、对农业务和零售业务，培育壮大中间业务，强化风险管理，取得了积极的成效，为省级商业银行转型发展提供了样板。未来一个时期，农业银行河南省分行要准确把握商业银行的发展方向，加快向创新银行、零售银行、特色银行转型，不断增强竞争优势和核心竞争力。

关键词：　农业银行　省级分行　转型创新　模式与路径

当前，我国经济进入新常态，增速下降、结构调整、动力转换是这一时期的三大特征。供给侧结构性改革，是新常态下推动我国经济持续健康发展的新方略。在新的条件下，国有商业银行作为金融市场的主力军，既迎来了千载难逢的发展机遇，也面临着前所未有的重大挑战。如何通过自身改革创新，增强其在供给侧结构性改革中的支撑作用，是摆在农业银行河南省分行面前的一个重大问题。

＊　唐晓旺，河南省社会科学院经济研究所研究员。

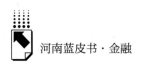

一　农业银行河南省分行转型创新的探索

随着金融创新步伐的不断加快，互联网金融风起云涌，商业银行面临的挑战不断增加。这对商业银行的发展速度、质量和效益带来了深刻的变化。我国商业银行需要准确把握形势，以创新开拓、与时俱进的精神推动转型。近年来，农业银行河南省分行顺应发展趋势，积极锐意进取，奋勇改革，通过转型求突破，不断增强自身核心竞争力。

（一）以大优客户营销为重点，加快对公业务转型

当前，我国经济进入新常态，发展方式和发展动力正面临着根本性转变。农业银行河南省分行积极适应这一转变，加快推进业务转型和创新，积极融入和支持供给侧结构性改革。一是抓细抓实大优客户信贷投放。牢固树立"政府是最大最优客户"的营销理念，重点突出"六大领域"，大力营销政府主导的棚户区改造、重点水利建设、管网改造、轨道交通等重大项目。适应客户多样化融资需求，对政府主导的重大项目，积极推行政府和社会资本合作（PPP）、政府购买服务项目融资模式，发挥融资中介功能。二是做大做优机构业务。聚焦机构类存款、贷款和同业业务三大重点，以市场份额提升为目标，通过实施代理财政电子化系统、承销地方债等措施，不断深化合作关系，业务贡献度不断提升。三是择优推进小微企业信贷投放。按照"选准市场、严格准入、批量核准、灵活审批"的思路，在特色产业、特色专业市场等优质小微客户丰富的区域，优选一批经营管理能力强的支行，实施差异化的信贷政策和业务流程，推进小微企业信贷投放专营试点。

（二）深化"二次转型"，巩固提升零售业务竞争优势

经济增速的放缓和经营环境的改变，使银行以往规模高增速、业绩高指标、利润高增长的时代一去不复返。在新常态的大背景下，农业银行河南省分行深化"二次转型"，巩固提升零售业务竞争优势。一是强化个人存款竞

争能力。树立"大零售"营销意识，组织开展"六进"系列活动，重点抓好个人贷款、信用卡、代发工资、代收代付等业务，促进个人存款业务稳定增长。紧盯份额，加强市场份额变化情况分析、通报和督导，确保市场份额稳步提升。二是加快个贷业务发展。理顺个贷营销体系，省分行成立个贷中心，各二级分行结合实际打造城区个贷特色支行，支行建立专而精的个贷营销团队，提高集约化经营水平。突出郑州和洛阳等城市区域和重点县域，以新型城镇化建设和化解房地产库存为契机，以名单制营销河南省前50强房地产开发商，加大个人住房贷款投放力度。大力推广"随薪贷""房抵贷""家装贷""保捷贷"等拳头产品，打造"消费金融"品牌。三是全面提升客户服务水平。以网点"6S"管理模式固化工作为抓手，进一步提升文明标准服务水平。通过网点瘦身释放人员，优先充实大堂经理岗位，配齐配强大堂经理队伍，挖掘网点销售潜能。

（三）抢抓城乡一体化机遇，提升县域市场竞争力

长期以来，农业银行脱胎于农业，扎根于农村，在服务"三农"方面具有天然优势。随着城乡一体化的快速推进，农村、农业、农民对金融的需求日益增长。为了适应这一要求，农业银行河南省分行加快推动业务创新，积极融入农村金融市场，不断提升在县域金融市场的竞争力。一是加快县域资产业务发展。围绕政府主导主抓的重大项目，强化与国开行、农发行等金融机构合作，加大对高标准良田、重大水利工程、城镇基础设施建设的信贷扶持力度。二是深化农户贷款转型。围绕"三提三严"工作目标、落实"三个集中"和"三个统一"基本模式，在全省范围内完成农贷集约化工作。做大并推广"政府风险补偿金 + 农行 + 涉农客户"的金融扶贫兰考模式，在滑县、新县、商城和固始等地开展政府增信农户贷款业务。三是扎实推进普惠金融工作。深入实施"金穗惠农通"提质增亮工程，重点针对政府主管部门营销涉农代理项目、针对商户店主做实做强服务点、针对农户提高持卡用卡水平，提升"金穗惠农通"工程品牌认知度和社会影响力。

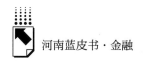

（四）优化中间业务收入结构，提升价值创造能力

随着存贷利差的逐步缩小，商业银行原有的以存贷差为主要利润来源的经营模式难以为继，积极开发中间业务成为商业银行未来发展的主要方向。基于此，农业银行河南省分行积极优化中间业务收入结构，不断开发和壮大新的利润增长点。一是大力发展投行业务。顺应实体经济融资结构变化趋势，大力发展债券承销、理财融资、银团贷款、并购贷款等资本市场对接性业务，提供"融资＋"组合服务，综合利用多种融资工具，拓宽收入渠道。二是加快发展同业业务。抢抓同业业务规范化、同业客户市场扩容的机遇，全面拓展与银行、信用社、证券、保险、基金等金融机构合作的深度和广度。三是提速发展国际业务。抓住"一带一路"、航空港和郑州国际陆港建设等战略机遇，着力推进跨境金融综合化经营，突出重点产品营销推广力度，大力发展内保外贷、内保内贷、跨境人民币贸易融资等跨境人民币业务。四是做好互联网金融服务。加快掌上银行市场拓展，逐级督导推进。大力推广"e商管家"和"e农管家"，重点拓展供应链上下游、专业批发市场和流通性惠农服务点客户。

（五）加强基础管理，提升风险防控能力

随着扩张性货币政策的实施，信贷规模快速增长，与此同时，信贷风险也日益激烈。面对这一形势，农业银行河南省分行不断加强金融基础设施建设，不断提高防范和化解金融风险的能力。一是全面推进"平安农行"建设工程，深化合规文化建设，完善内控管理机制，推动内部控制能力和合规管理基础稳步提升。二是全面开展法人客户信用风险排查，深入推进信贷管理"三化三无"支行创建和信贷管理"四化"建设工作，进一步夯实信贷和风险管理基础。三是组成检查小组，深入基层行开展员工行为管理现场检查，做好员工行为失范事件的警示通报，发挥警示教育作用。

二　农业银行河南省分行转型创新的成效及问题

随着转型创新步伐的加快，农业银行河南省分行已经出现了很多积极的

变化，传统信贷业务比重持续下降，新型金融产品和金融业务不断增加，银行的核心竞争力显著增强。与此同时，农业银行河南省分行改革发展中仍然面临着一些突出的问题，继续通过深化改革寻求突破。

（一）农业银行河南省分行转型创新的成效

1. 推动县域经济快速发展

2017 年，农业银行河南分行以促进县域经济提质增效为主线，立足县域产业基础和资源禀赋，优化新增资金投向，加快金融服务创新，全力服务县域实体经济发展。全年累计向县域投放信贷资金 546 亿元，比年初净增 206 亿元，增量份额占四大行河南省分行的 39.7%，居四大行河南省分行之首，有力地推动了县域经济的发展。

2. 助力供给侧改革成效显著

农业银行河南分行紧扣农业供给侧结构性改革，充分发挥城乡联动优势，积极围绕农业农村基础设施建设、优势特色农业、农村集体产权制度改革、县域新经济新业态新项目、农村普惠金融等领域，投放贷款 200 多亿元，做实"大'三农'""新'三农'""特色'三农'"金融服务。积极支持了双汇、华英、众品等一批河南农业产业化龙头企业转型升级，扶持了新郑大枣、卢氏烟叶、西峡食用菌等河南省特色农业发展壮大。

3. 促进贫困户脱贫增收致富

农业银行河南省分行积极探索"5＋2"精准扶贫方法，建立专职团队、制定专项方案、创新专项产品、实行专项考核、配备专项资费，实施小额精准到户扶贫和产业精准带贫"双轮"驱动，直接向近 8000 名建档立卡贫困户发放贷款 2.6 亿元，为贫困农户脱贫致富注入新活力。通过"项目＋企业＋建档立卡贫困户"模式，对带贫企业分类制订个性化金融扶贫方案，实施产业带贫，累计投放 17 亿元，支持带动 2.6 万余户贫困户脱贫增收。

4. 推动城镇化与乡村繁荣

农业银行河南省分行积极投入新型城镇化建设，为乡村振兴提供信贷支持。2017 年，农业银行河南分行大力支持中牟、巩义、宝丰等一批县域道

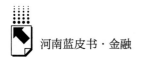

路等基础设施建设、水利治理及棚户区改造等多个领域民生工程建设。同时，农业银行河南分行积极创新"农民安家贷"产品，与省住建厅、省政府金融办签订"农民安家贷"战略合作协议，积极支持农民进城购房，帮助5.2万户农民实现了"进城安家梦"。

5. 金融品牌形象日益提升

农业银行河南省分行先后荣获"中国金融业（河南）年度服务银行、最佳服务银行""最具社会责任银行团队"等荣誉称号。同时，由于支持地方经济发展成效显著，已连续多年被省委、省政府授予"金融支持经济发展优秀奖"，在省政府组织的政风行风评议中，多次被授予"政风行风建设先进单位"，多次被省内主流媒体评为"中原群众最满意的银行"，企业的社会形象、企业品牌的美誉度得到进一步提升。

（二）农业银行河南省分行发展面临的突出问题

1. 发展水平较低

农业银行河南省分行机构、人员数量虽为同业第一名，但业务规模小、市场份额低。除各项存款余额外，贷款余额、中间业务收入、拨备后利润、优质对公客户数量等均居四大行河南省分行末位。这反映出农业银行河南省分行的资产质量有待提高，银行的竞争能力和发展水平还有待提升。

2. 管理基础不牢

近年来，农业银行河南省分行深入推进从严治党、从严治行，基础管理水平和风险防控能力明显提高。但受外部风险冲击和内部风险防控压力持续加大，特别是员工行为管理不到位引发的违规问题仍然较多，造成了一些坏账损失。这反映出农业银行河南省分行精细化管理需要进一步加强。

3. 体制机制不够完善

近年来，农业银行河南省分行的公司治理结构不断完善，治理能力显著提升，但与省内同行相比，公司治理水平还有待提升，"以市场为导向、以客户为中心"的理念还有待确立，协调和联动能力不高，竞争力强的营销体系还未真正建立。以效益为核心、以价值创造为目标的资源配置和激励约束机制还有待进一步完善，还不能充分调动各个层面的营销积极性。

4. 队伍建设有待加强

近年来，农业银行河南省分行按照市场化机制选拔和引进了一大批优秀的管理人才和业务骨干，银行的管理水平和业务能力显著增强。但是，与省内国内同行相比较，一般业务人员多，专业人才、高端人才少，员工老龄化严重，呈青黄不接状态。同时，随着股份制银行和互联网金融的兴起，农业银行河南省分行高端金融人才外流加剧，一些优秀的业务骨干面临着流失的风险。

5. 可持续发展能力弱

相较于其他国有大型银行和股份制银行，农业银行河南省分行股份制改革相对较晚，发展相对滞后。特别是企业的盈利模式落后，目前主要还是依靠存贷利差和上存资金利息收入，非利息收入占比过低；中间业务总量小、贡献度低，来源渠道狭窄。对市场变化反应较慢，产品和服务创新跟随同业过多，实质性创新太少；主动对接市场、对接客户的能力差。

三　进一步推动农业银行河南省分行转型创新的对策建议

未来一个时期，商业银行改革发展的方向是向创新银行、零售银行、互联网银行发展。与此相适应，农业银行河南省分行要准确把握这一方向，加快推动业务转型，加快推动产品创新，不断增强竞争优势和核心竞争力。

（一）优化信贷结构，做大做强对公和城市业务

对公和城市业务是商业银行竞争的重点领域，是商业银行利润的主要来源。未来一个时期，农业银行河南省分行仍应以对公和城市业务为重点，巩固和发展大、优客户。一是强化客户基础。大力拓展大企业、大项目及城市市场的金融业务，进一步做实、做强三级核心客户。发挥机构业务平台作用，重点拓展财政、社保、部队、住房公积金等系统性客户和行业领先客

户。推进小微企业客户分层分类精细化管理，根据授信额度探索差异化的经营管理模式，加快建设小微企业优质客户群。二是深化优质大客户、大项目营销。紧紧围绕"六大领域"，强化名单制客户营销管理能力，坚持"包户营销"责任制，实行多级联动，确保服务到位。加强源头营销，推行前后台"平行作业"和"会商机制"，提高信贷业务运作效率和营销服务能力。充分发挥综合经营平台优势，加强"投贷租债证"以及现金管理、线上线下结合等多种产品和服务的集成组合，为客户提供全门类、个性化的金融服务。三是推进重点城市行率先发展。充分发挥重点城市行对城市业务发展的战略支撑地位，制定完善重点城市行业务专项考核和资源配置机制，力争重点城市行在未来三年内实现赢利能力提升、市场份额提升，进入当地主流银行行列，在系统内确保核心业务指标赶超全国平均水平。

（二）加快业务转型，做深做实零售业务

零售业务是未来商业银行转型发展的方向。长期以来，农业银行河南省分行零售业务发展相对滞后，制约着整个银行竞争能力的提高。未来一个时期，农业银行河南省分行要加快对零售业务的培育，做深做实零售业务。一是夯实零售客户基础。完善客户关系管理，打造个人综合金融服务平台，增强线上线下全方位获客能力。建立分层服务品牌，打造财富客户专属产品与分级专享服务，实行分级客户差异化管理，提升服务黏性和客户价值回报。聚焦财富客户、消费中产、养老一族、城镇新兴等不同客户群，制定针对性服务方案，批量拓展零售客户。二是强化个人存款优势地位。紧盯同业，坚持以日均余额市场份额提升为目标，按照成本、效益相匹配原则，依据客户价值贡献实施差别化利率定价，并通过产品、渠道、服务等非价格手段，增强吸储能力。统筹城乡两个市场，着力抓好代收代付、代发工资、新农保、新农合等资金源头，强化零售产品综合营销，大力拓展储蓄存款。三是大力提升个人住房贷款市场份额。深化与大型优质开发商、优质楼盘和中介合作，实施名单制营销，做好源头营销。突出重点产品，双管齐下推动一手、二手住房贷款业务并进，做好公积金委托贷款、公积金组合贷款、公转商贷

款和以住房为抵押的房抵贷等业务的发展。因地制宜地发展"农民安家贷"业务，将其做成本行个人住房贷款业务的品牌亮点。四是推进渠道整合创新。持续优化网点布局和升级改造，坚定不移地推进网点瘦身转型工程，释放人力资源，激发经营活力。持续完善网络金融、社交金融、移动金融、自助服务、语音服务等电子服务渠道建设，推进农村电子商务、互联网金融的协同发展，实现各类渠道资源协同发展和综合利用。

（三）发挥特色优势，做精做优"三农"业务

随着国家乡村振兴战略的实施，农村金融具有广阔的市场和巨大的潜力，进入农村市场也成为未来商业银行发展的一个重要方向。"三农"业务一向是农业银行的特色和传统优势，农业银行河南省分行要巩固这一阵地，不断扩大在农村金融中的优势。一是积极推动重点县转型发展。实施经济强县支行优先发展战略，给予政策、资源倾斜，在增强经济强县支行内生动力上下功夫，强化经营机制创新，重点加强经济强县支行营销团队和班子领导能力建设，在做好风险控制的前提下，在团队建设、资源配置、考评激励等方面探索改革。推动直管县支行加快发展，加大省分行与直管县政府对接力度，加强项目合作，全部完成与10家直管县政府合作协议的签订。对直管县支行加大政策支持，直管县支行可享受经济强县支行的各项支持政策。二是持续提升农户金融服务能力和水平。围绕"十种模式"，加强金穗"惠农通工程"合作经营模式建设，进一步拓展和做实惠农卡、社保卡功能，确立在农村支付市场的主导地位。加快推进农户贷款政府增信机制落地，探索农户贷款集约化管理体制下贷款模式及产品创新，以支持新型农业经营主体为重点，做好对中高端农户信贷服务。稳步推进农村"两权"抵押贷款业务，国家级及省级试点县支行要加强与政府部门沟通，认真制定试点实施方案，完善配套机制，尽快实现业务零突破。三是扎实推进金融扶贫工作。按照"精准、做点、上量、扩面"的总体思路，重点推广政府增信扶贫、特色产业带动扶贫、农业产业链带动扶贫等服务模式，提高扶贫的可持续性。积极与政府、金融同业、农业龙头企业等的合作，发挥扶贫协同效应。建立

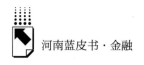

挂点帮扶贫困县支行制度，省分行班子成员和部门对 38 个国定重点贫困县进行"一对一"帮扶指导，帮扶成效纳入部门年度考核。

（四）强化管理水平，提升风险识别和防范能力

金融创新和金融风险是一对"孪生姐妹"，创新推动了发展，但创新也隐藏着风险。随着近年来金融创新步伐的加快，金融风险也日益积累，对管理和应对风险能力的要求也不断提高。为此，农业银行河南省分行在转型和创新中切实加强银行基础设施建设，提升对金融风险识别和防范的水平。一是深入推进重点区域和担保圈、隐蔽性集团客户综合治理，防控风险蔓延。认真做好信贷防假治假工作，净化信贷经营环境。二是持续做好案件风险排查，重点防范挪用资金炒股、内外勾结骗贷、盗贷等案件。采取有效措施，防范信用卡、电子银行交易欺诈以及民间借贷风险。三是落实员工行为管理责任制，突出加强对关键岗位人员的管理，防止岗位固化埋下风险隐患。严格员工行为排查，及早发现、化解苗头性问题和风险隐患。四是大力开展安全保卫"三化三达标"管理，全面推进安全保卫规范化导入，堵塞安全防范漏洞，提升全分行的安全生产水平。五是加强部门协同联动，注重过程精细化管理，强化考核机制保障，进一步提升"平安农行"创建工作实效。

参考文献

河南省统计局：《河南统计年鉴（2016）》，中国统计出版社，2016。

王曙光：《乡土重建——农村金融与农民合作》，中国发展出版社，2009。

周昆平：《十三五商业银行转型发展的方向》，《金融时报》2016 年 2 月 29 日。

B.14
招商银行郑州分行服务小微企业的
调查与建议

李丽菲*

摘 要： 小微企业是实体经济发展中最具活力的生力军，在稳定增长、扩大就业、促进创新、增强经济活力、促进社会和谐稳定等方面发挥着极为重要的作用。招商银行郑州分行始终贯彻落实国家金融政策，将支持小微企业的发展作为战略重点，创新信贷模式，简化信贷流程，强化风险管理，独立专业化经营，全力支持实体经济发展。在未来，招商银行郑州分行要紧紧抓住中原崛起、河南振兴的良好机遇，围绕小微企业坚持产品创新和业务创新，全力服务中原崛起。

关键词： 招商银行 小微企业 金融服务

实体经济是一国之本，是经济发展的坚实基础。经济进入新常态以来，在面临稳定经济增长、优化经济结构、转变发展方式等一系列战略任务的背景下，河南要保持实体经济的健康活力，关键在于企业，特别是小微企业的蓬勃健康发展。小微企业是实体经济发展中最具活力的生力军，在稳定增长、扩大就业、促进创新、增强经济活力、促进社会和谐稳定等方面发挥着极为重要的作用。作为河南银行业的重要一分子，

---

* 李丽菲，经济学硕士，河南省社会科学院经济研究所科研人员。

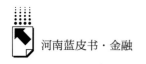

招商银行郑州分行始终贯彻落实国家金融政策，将支持小微企业的发展作为战略重点，支持地方经济发展。经过不断实践和探索，招商银行郑州分行独创"小微模式"，小微业务迈出了快速增长的步伐，为河南小微企业发展提供金融支持，为河南"十三五"规划实现良好开局提供了有力的金融保障。

一　金融服务小微企业的重大意义

我国经济发展进入新常态，实体经济发展减速换挡，新旧动能转换调整，"贷款难"和"难贷款"矛盾重现，特别是小微企业，规模较小、信息不对称、技术创新的高风险性、收益的不确定性等高度融资约束制约了小微企业的发展。加强小微企业金融支持，提升小微企业金融服务质效，事关经济社会发展全局，具有十分重要的战略意义。

（一）服务实体经济的切实之举

支持实体经济发展是金融部门的责任与担当。近年来，金融与实体经济失衡、资金脱实向虚等问题日益突出，这对区域经济转型升级、健康稳定运行产生了不利的影响。2017 年全国金融工作会议指出，金融机构要回归金融本源，打造能满足实体经济需求的金融链，在服务经济社会发展中创造价值。小微企业是我国数量最大的市场主体，国家工商总局的统计数据显示，目前小微企业群体占市场主体的比例超过七成，是创新创业的主力军，更是吸纳就业人口的蓄水池。但是受国内外经济环境和国内宏观调控影响，银行体系的业务结构和信贷门槛让小微企业望而却步，融资约束成为制约小微企业发展的难题。全国工商联调查显示，有超过 62% 的小微企业无法获得融资，66% 的小微企业迫切需要解决融资难题。金融支持小微企业，构建小微金融产品和服务体系，提升小微企业金融服务的可得性、便利性，是以可持续的方式支持小微企业发展，正是服务实体经济薄弱环节的切实之举。

（二）"大众创业、万众创新"的具体实践

李克强总理强调，大众创业、万众创新是小微企业的生存之路。自2016年以来，通过放宽市场准入，我国日均登记企业数为1.51万户，其中大部分是中小微企业，就业岗位占到总量的80%，在活跃市场、发展经济方面起着不可忽视的作用。然而，作为大众创业、万众创新的主要阵地，我国中小微企业的平均寿命仅为3.7年左右。因此，大众创业、万众创新的核心在于小微企业的健康发展。如何在"双创"背景下实现小微企业的可持续发展，如何在控制金融风险的前提下实现小微企业的盈利，是银行等金融机构的工作重点。在大众创业、万众创新的环境下，构建金融支持体系，在投融资、战略规划、资源配置、财税服务、人力资源、经营内控、供销渠道对接等多方面推动小微企业发展，提升小微企业孵化创新成果，是金融业在经济新常态下寻求新的增长点，推动我国经济转型持续发展的必由之举。

（三）创新驱动战略的积极探索

企业是科技创新的主体，特别是科技型中小企业更是国家创新的主体和内力。科技型中小企业是在最新的科学技术水平基础上建立而成的，如果发展顺利，在十年内可以发展扩大几十倍甚至上百倍，具有很高的成长性，这对于形成以创新为引领的经济体系和发展模式有很强的拉动和促进作用。目前，我国有65%的专利、75%以上的技术创新、80%以上的新产品开发都是由科技型中小企业完成的。河南实施创新驱动战略，建设中西部地区科技创新高地，切实需要培育一批创新能力强、成长速度快、发展潜力大的企业成长为"专、精、特、新"的"科技小巨人"企业。这就需要发挥金融机构在投融资、交易撮合、产业对接、资源配置等方面的核心作用，探索科技金融可持续发展的商业模式，多维度、全方位助力创新型小微企业的发展。

（四）建设现代化新河南，是让中原更出彩的必然要求

自国务院提出大众创业、万众创新后，河南省积极落实各项政策，新设

立创业企业和创业者均居中部六省首位，创业豫军正在强势崛起，其中超九成创业企业为小微企业。小微企业已成为河南构建现代产业体系的重要组成部分，在建设现代化新河南、让中原更出彩的过程中发挥着不可替代的作用。然而，河南小微企业仍存在许多不容忽视的问题。一方面河南小微企业发展不充分，每千人拥有中小微企业数不足全国平均数的一半；另一方面在河南的小微企业中，大部分为传统的资源型初加工企业，专精特新企业少，现代服务业和新兴产业比重低，产业小而散、集而不群，结构性矛盾突出。因此，积极引导金融支持和促进小微企业的健康发展，继续推动小微企业发展成为拉动河南经济增长的内生动力，将为加快中原崛起、河南振兴奠定更加坚实的基础。

二　招商银行全力支持小微企业发展举措

招商银行是全国知名的小微贷款服务商之一。招商银行郑州分行成立15年来，将小微业务作为其战略重点，积极创新小微客户服务模式，在发挥零售业务整体优势的基础上，创新信贷模式，简化信贷流程，强化风险管理，实现独立专业化经营，累计向河南区域客户提供各类融资总额近1万亿元。

（一）深化转型创新，激励引导

为强化营销组织及小企业贷款专营工作，招商银行郑州分行按照国务院"拓宽小型微型企业融资渠道"的工作部署，将发展小微企业作为其战略重点，在持续改进和创新服务的道路上不懈探索，致力于为客户提供最新最好的金融服务。小企业业务部遵照"轻型银行"和"两个聚焦"的转型策略要求，深入推进小企业全面经营、特色经营、专业化经营，支持河南省小企业信贷融资需求。招商银行郑州分行通过"万星闪耀"网点服务提升计划2.0版和"千鹰展翼"投贷联动业务转型，实现扩大基础客群、强化资产客户价值提升的目的；通过聚焦客群和特色产品转变小企业业务经营模式；通过利用分行组织体制改革的契机，强化小企业团队的专业化经营，不断推进分行小企业金融业务转型发展。同时，招商银行大力发展电子银行业务，充分利用网上银行、PAD 银行和 VTM 机四合一设备等构建全方位的电子网络平台，建立起由营业网点、小微企业电话专线和小微企业网上服务组成的立体化营销服务渠道，向小微客户提供 24 小时不打烊的在线金融服务。电子银行业务大大降低了招商银行的人力成本。

（二）注重客户服务，优化流程

招商银行郑州分行秉承"专注您所关注"的服务理念，针对小微企业的业务特点，建立了"垂直化、集中化、扁平化"的业务模式，在提高服务效率的同时，降低了运营成本。为解决小微企业"贷款难""难贷款"的难题，2012 年招商银行成立了"零售信贷工厂"，这目前是国内唯一一家成功规模化运营的"一个中心批全国、一个中心批全品种"的信贷工厂。招商银行采用的是标准化、流水线模式，实现了只要资料齐全，小微企业贷款两天审结的审批承诺。为提高审批效率，一方面招行零售信贷工厂实现了全流程无纸化操作，从录入、初审、终审到放款等各环节，均在系统中操作并且存储，便于后续归档查阅；另一方面零售信贷工厂建立了信息数据库，采用"大数据＋评分卡＋决策引擎"的数据化审批技术，审贷人员通过系统运算得出的决策建议完成贷款审批，实现风险控制数据化。此外，零售信贷工厂开发了手机银行端的贷款进度查询功能，实现客户服务移动化，可以随时查询贷款各个环节的进度。

（三）积极产品创新，因您而变

"因势而变、因您而变"是招商银行的经营理念，招商银行郑州分行不断探索、创新，积极设计符合小微企业及市场需求的融资产品，推出了以"抵押贷""配套贷""AUM 信用贷""POS 贷""小额信用贷""供销流量贷"六大创新产品为主的小微企业贷款产品体系，强有力地支持了河南小微企业的发展。针对医疗、家电、建筑、汽车等不同行业的不同需求，招商

银行郑州分行发展了行业供应链金融，全流程无缝对接为小微企业日常经营和发展提供结算、融资、理财等金融服务需求。针对小微企业规模小、轻资产的特点和短、平、快的融资特点，招收银行郑州分行积极探索，以企业经营性物业、知识产权、应收账款、订单资源、存货资源等非传统核心资产开展抵质押业务，为小微企业解决融资难题提供新的思路。针对部分优质小微企业的融资需求，招商银行郑州分行建立优质成长型中小企业项目库，以其拥有的知识产权和股权进行质押等方式满足融资需求。

（四）加强风险防控，保障质量

针对小微企业的经营特点，招商银行以"大数法则"为小微企业贷款风险管理的基础，以企业主个人信用风险评估为主，通过运用评分卡模型、决策引擎等国际先进的风险管理量化工具，建立以数据驱动为主导的规范化、标准化的小微企业贷款风险管理模式，实现全行统一的小微企业贷款风险管理，提升风险管理效率，保障小微企业的贷款质量。值得一提的是，招商银行的小微业务风控模式参照零售金融风控模式，在尊崇"大数法则"的同时，关注小微企业主的个人信用状况，包括企业主的个人财产、从业经验、接受教育程度和社会地位等，而不是根据企业的财务状况和经营状况来判断风险，这是基于小微企业经营中，往往无法区分企业和个人这一现实情况的创新，能够抓住小微企业的风险本质并加以防范，更好地实现创新的风险管理模式。

三 招商银行郑州分行进一步服务小微企业的对策建议

招商银行拥有良好的信誉和机制，先进的科技和网络，注重人才的培养和激励，拥有一大批知名品牌产品。在未来，招商银行郑州分行必然认真贯彻执行党和国家的金融方针政策，紧紧抓住中原崛起、河南振兴的良好机遇，围绕小微企业坚持产品创新和业务创新，不断为河南的小微企业提供最新最好的金融产品和金融服务，为河南省全面建成小康社会做出更大贡献。

（一）深化改革，完善体制机制建设

围绕服务小微企业和实体经济，招商银行郑州分行要从原有的组织架构调整转向经营管理能力建设上来，理顺流程节点，健全配套机制。一是招商银行郑州分行要继续完善小微企业业务模式，充分调动内部资源，形成合力，优化流程，强化事业部在资源配置、统筹协调、管理考核、营销指导、战略规划等方面能力的培养和提升。二是要围绕小微企业，不断研究河南区域经济热点，依托区域的产业构成、主导行业和特色经济有效地配置资源，形成核心基本产品和行业特色产品同步增长，实现小微业务的统筹、协调与差异化发展。三是打造强大的"中场"，加大"强分行"建设，强化考核激励，实行资源配置及目标计划差异化管理，对小微业务部提供更加有力的支持。

（二）打通渠道，提升核心竞争力

立足小微企业，摒弃"商业机会主义"，真正树立"以客户为中心"的思想，建立为客户创造价值的意识，围绕小微企业的需求，通过深耕细作，通过"全链条、全资产、全方位"的服务，重点拓展核心客群，提升客户综合价值贡献。一是优化资源配置，建立小微金融资源保障体系，不断充实小微金融的人才、财务等资源，确保小微信贷的投入比例，在信贷资源有限的情况下优先确保小微信贷的增长。二是充分利用移动互联等新渠道，通过一网通支付、微信支付的渠道，加强客户获取，构建低成本批量化获客模式，强化代发批量获客，以网点为中心，实现对网点周边的深度经营。三是加速打造新商业模式，聚焦"移动优先"战略，充分利用金融科技提高边际投入产出，打造"数字招行"。

（三）聚焦重点，实现资产组织有效突破

结合中央经济工作会议精神及总行要求，郑州分行要围绕小微企业，从供给侧改革中寻找结构性机会，建立与"三大主攻方向""两大主战场"相

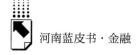

适应的业务管理体系。一是围绕"双战"客户名单，郑州分行要依托总行战略客户部资源和分行中台产品经理的专业水平，建立与"三大主攻方向""两大主战场"相适应的业务管理体系，为客户提供"全链条、全资产、全方位"的综合化金融服务。二是根据小微企业适时补充和完善区域信贷政策，做好优势行业小微企业的营销指引，实施信贷名单制精准营销，确保有限信贷资源向战略新兴行业和区域优势行业聚焦。三是聚焦环境好的市场商圈、稳定性强的中高端小微客群，以抵押为主，以"有房就贷"为主攻方向，量化风险管理、专业化运营流程、开启小微 2.0 模式。借助二手房交易资金监管系统，探索与公积金中心建立系统对接，搭建优质消费贷获客渠道，通过对资源的合理安排，实现房贷、小微、消费三轮驱动。

（四）固本培元，切实加强风险防控

风险防控是银行发展的基石。一方面招商银行郑州分行要全面深刻地认识到风险管理基础的重要性，针对小微企业的特点，从根本上升级客户服务理念，强化基础管理，完善"早发现、早排查、早预警、早处置、早清收"的预警机制，形成全行抓管理、全行重管理的氛围，让管理提升入脑入心，建立起与加快发展相适应的基础管理体系和能力。另一方面招商银行要根据不同产品设计不同的风险流程管理措施，从行业、客户、产品、区域等多个维度，合理有效地落实小微企业在贷款调查、审查、审批以及贷后管理等方面的风险防范措施，丰富风险处置手段，增强风险处置能力。此外，要持续优化资产业务结构，在压降风险资产占比的同时提升优质行业和优质客户的授信占比，为优质新增的投放项目腾挪空间，不断提升资产业务整体效益和质量。

参考文献

梁学军：《银行小微企业金融服务创新如何借力大数据》，《科技经济市场》2017 年

第9期。

段雯瑾、石明月：《商业银行小微企业金融服务研究》，《时代金融》2017年第11期。

李莉、吕晨、高洪利：《互联网金融背景下科技型中小企业的融资平台建设》，《中国流通经济》2015年第12期。

朱琳：《招商银行郑州分行理财产品对储蓄存款的影响》，《现代经济信息》2015年第18期。

B.15

加强服务创新 提升商业银行服务实体经济质效

王 芳*

摘 要： 面对当前复杂多变的宏观环境和日趋激烈的市场竞争，服务创新有利于提高商业银行竞争力和风险防范能力，有利于满足日益增长的金融需求，是商业银行保持快速健康发展的关键一环。通过对交通银行河南省分行服务创新实践与经验的分析总结，提出进一步加强银行服务创新，提升服务实体经济质效的几点思考和建议。

关键词： 服务创新 实体经济 商业银行

创新是一个民族进步的灵魂，是一个国家兴旺发达的不竭动力。近年来，随着商业银行改革创新步伐的加快，有力地支持了实体经济的持续快速发展。当前，随着我国经济进入增速换挡和结构转型升级期，金融生态环境发生了巨大变化，面对复杂多变的经济形势，商业银行面临着严峻的生存压力和发展挑战，如何有效加强商业银行服务创新，在促进自身发展的同时不断提高服务经济社会发展的能力与水平，是值得深入思考的问题。

---

* 王芳，经济学硕士，河南省社会科学院经济研究所副研究员。

一　加强商业银行服务创新的重要性

（一）有利于提升商业银行防范风险的能力

随着我国经济金融的发展与国际日益接轨，金融市场的风险更加复杂和多变，商业银行的经营发展面临着更加艰巨的挑战。特别是随着我国利率、汇率市场化改革的不断深入，必然对商业银行的服务创新提出更多新的要求。面对复杂多变的金融市场风险，商业银行必须加快改革创新，以市场机制为基础，构建高效、有序的金融市场运作体制，加强服务创新的专业性、针对性，特别是在资产业务、负债业务和表外业务方面着力加强创新，有效规避风险，切实为客户提供便捷、安全、高效的金融服务，建立起现代金融制度和健康的银行体系，才能提高商业银行的抵御力，有效防范和化解金融风险。

（二）有利于提高商业银行竞争能力

随着我国改革开放的不断深入以及利率、汇率市场化进程的加速推进，银行业的竞争日益激烈。一是越来越多的外资银行正在加速进入我国金融市场，凭借其完善的人力资源管理经验、先进的经营理念以及多元化的产品和服务对国内商业银行展开人才竞争、客户竞争和业务竞争，这对我国商业银行来说无疑是一个巨大的挑战。二是随着金融市场改革的不断深化，"金融脱媒"现象逐渐增多，一些业绩优良的大型集团公司对商业银行贷款的依赖度逐渐降低，通过股票或债券市场等直接融资方式，使得银行众多优质客户不断流失。三是随着移动互联网、大数据、云计算、人工智能、金融科技等逐渐与金融服务深度融合，形成了新的金融市场生态环境，众多互联网企业以非银行牌照的方式与传统银行分割竞争市场，对传统银行业在支付渠道、资产构成、负债来源等方面产生了剧烈冲击。面对这些挑战，商业银行必须加强服务创新，探索服务创新的新思路和新途径，切实提高经营能力和竞争水平。

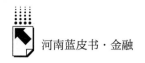

（三）有利于满足日益增长的金融需求

随着我国经济社会的快速发展，银行的客户也发生了很大的变化。一方面是个人金融需求的变化，随着居民财富的不断积累以及高收入阶层的不断壮大，商业银行的个人金融服务需求呈几何倍数增长，那种传统的以物理网点模式的服务以及简单的存取款、代收付费等服务模式已远远不能满足需要，而信用卡、网上银行、电话银行、自助终端等金融电子业务的服务方式，以及个性化、高品质、理财顾问式的增值服务需求和体验则持续高速增长，面对个人金融需求的多样化、个性化，要求金融机构提供更加高效、快捷和有针对性的金融服务。另一方面是企业的综合性金融服务需求。随着全球经济一体化进程加速，在越来越多的中国本土企业迈出国门的同时，众多的外资企业也进入中国，他们都需要银行提供多元化的金融服务和解决全球性财资管理问题。国外银行业早在20世纪末就开始为国内企业提供包括收付款、账户管理、信息和咨询服务、投融资管理等符合客户个性化需求的公司金融整体解决方案，对比国际银行领先水平，我国商业银行在网络平台支持系统、产品方案设计、客户数据收集等方面仍存在很大差距。因此，商业银行加强服务创新，在满足银行客户日益增长的金融需求同时，对支持实体经济健康快速发展更是具有重要的现实意义。

二 交通银行河南省分行对服务创新的践行

近年来，在河南省委、省政府的关心和支持下，交通银行河南省分行认真执行总行"综合化、国际化，一流财富管理银行"发展战略，紧紧围绕全省经济发展重心，积极创新金融产品和服务，充分发挥交银集团综合化、国际化经营优势和财富管理特色，利用交行全球网络以及租赁、信托、保险、投行等业务渠道，聚焦稳增长、调结构、民生工程和小微企业四个方面，对新一轮河南省跨越发展提供一揽子金融服务，在促进自身业务持续快速发展的同时，为支持地方经济做出了积极贡献。

（一）聚焦稳增长，为政府类项目提供综合融资服务

交通银行河南省分行紧紧围绕全省重点项目，在着力加大信贷资金投入的同时，积极承接总行试点，通过基金、信托、租赁、资管计划、发债等综合融资，创新政府融资业务模式，支持重大项目建设。

1. 创新支持河南省新型城镇化建设

为适应当前金融政策关于政府投融资体制改革和财政体制的要求，支持河南省城镇基础设施和公共服务设施建设，交通银行河南省分行积极向总行申请，与河南省政府签订了《交银豫资城镇化发展基金战略合作协议》。基金意向合作规模 1000 亿元，主要进行城镇基础设施、公共服务设施、土地一级开发和产业类投资。目前，累计审批项目 7 个，审批额度 97.22 亿元，已经投放 80.95 亿元，基金规模达 119.8 亿元。

2. 积极支持郑州航空港经济综合实验区建设

交通银行河南省分行自 2014 年与港区签订全面战略合作以来，一方面加快机构建设布局。2015 年郑州航空港区支行成立，人员服务、业务功能更加完备。另一方面加大金融产品和服务创新力度，提供传统信贷、贸易融资、产业基金以及股权融资等综合性融资服务方案，重点支持与"一带一路"相关的企业，已经累计为航空港区批复融资 170 亿元，实际提款近 120 亿元。

3. 率先在全省金融系统开展股权融资业务

充分发挥金融全牌照经营优势，积极创新政府融资模式，利用交通银行河南省分行理财资金和直投资金对接河南优质项目，灵活解决融资需求。例如，通过股权投资方式为郑州轨道交通解决 50 亿元、为兴港投资解决 20 亿元资本金融资需求。同时，积极运用基金、信托、租赁、资管计划等新型综合融资工具，为政府和社会资本合作 PPP 项目提供支持，相继成功审批中原金控 15 亿元股权投资项目（已实现投放 6.8 亿元）、洛阳旅发 40 亿元文化旅游基金项目（已实现投放 20 亿元）。为信阳市和商丘市各审批通过 68 亿元扶贫基金项目，其中商丘已实现投放 35 亿元。为雏鹰农牧投放产业基

金 6 亿元。审批通过河南投资集团 60 亿元"PPP 投资基金"项目，以"股""债"或者"股 + 债"的形式投资于河南省内的 PPP 建设项目或政府购买类项目。联合中原金控成立股权投资基金，为郑州轨道交通申报的 50 亿元股权融资项目正在审批中，力争把中原金控打造成有河南特色的金融平台。紧跟"拨改投"的财政体制改革新趋向，积极参与省财政出资设立的"先进制造业基金"和"现代农业基金"。

4. 积极承销地方政府债券

积极承销河南省地方政府债券，2015 年认购 159 亿元、2016 年认购 200 亿元、2017 年认购 32 亿元，总规模达 391 亿元，占河南省地方政府债券发行总规模的 10.39%，在全省金融机构中排名居前。

5. 吸引外部资金入豫

积极联系保险、信托、资管等基金机构，通过与相关非银行金融机构的沟通联系，为其推荐融资项目，通过保险债权投资、融资租赁、集合信托等方式解决河南省企业融资需求，促进河南经济发展，近两年累计吸引外部资金合计 56 亿元。

（二）聚焦调结构，支持企业转型升级

交通银行河南省分行认真贯彻落实省政府和总行金融服务实体经济的要求，积极履行社会责任，着力加强服务创新，不断提升实体经济服务能力。

1. 持续加大对优势骨干企业支持力度

在高端制造企业、电子信息产业、能源原材料等河南重点产业领域中不断加大投入，为其提供贷款、信用证、保函等一揽子授信方案，支持国有重点企业做大做强，同时创新业务品种如出口订单融资、境内外联动支持传统优势国有企业"走出去"。重点支持了中信重工、河南晋开化工、洛阳轴承、河南平高电气、中国一拖集团等优势骨干企业。利用交通银行在银行间债券市场的承销资格，为河南省优质企业注册债券发行额度，降低企业融资成本，支持企业发展。自 2013 年以来，交通银行河南省分行先后为河南投资集团、河南能源化工集团、河南高速、永煤控股等企业发行中期票据、短

期融资券、私募债等融资产品合计 353 亿元。

2. 积极支持困难企业脱贫脱困

交通银行河南省分行按照省政府及监管部门相关文件要求，对于发展仍有前景，目前暂时遇到困难的企业，通过不还本续贷、贷款重组等方式继续给予授信支持，与企业共渡难关。同时，积极推进债权人委员会制度，召开以交通银行河南省分行为主办行的 46 家企业（集团）的债权人会议，对其中经营良好企业 40 户、贷款新增 68.2 亿元；帮扶困难企业 5 户、通过各种渠道支持金额 7.17 亿元；退出"僵尸企业" 1 户、涉及贷款 2.97 亿元，圆满完成全年债权人会议任务。

3. 切实减轻企业负担

近年来，在交通银行河南省分行贷款的企业，融资成本均维持较低水平，为河南省企业减负发展做出了积极努力。2017 年 3 月，河南省分行与河南能源化工集团签订市场化债转股协议，拟与河南能源化工集团合作成立 100 亿元债转股基金，用于投资或置换河南能源化工集团的存量负债，并以市场化方式退出。积极发挥国有大型银行在推进河南省供给侧结构性改革和深化国企改革方面的典型带动和示范引领作用，体现服务河南的政治责任和使命担当。

（三）聚焦民生工程，加大民生产业金融支持力度

结合河南经济社会发展实际，交通银行河南省分行积极向总行争取信贷政策和规模资源，全力支持河南省现代农业和消费民生领域的发展。

1. 支持"三农"经济发展

交通银行河南省分行明确将"三农"列为重点支持行业，将涉农客户群体装入"项目制"整体营销，重点开发和支持了正大产业链项目制、伊赛牛肉经营贷项目制、雏鹰农牧供应链项目制、农业厅重点农业龙头企业项目制、畜牧厅重点养殖龙头企业项目制等。

2. 加大民生领域贷款投放

2017 年一季度末，交通银行河南省分行在水利环境和公共设施管理业、

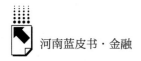

服务业合计贷款 179.4 亿元，在全部公司贷款中占比为 20.53%，同占比提升 0.62 个百分点；在食品、科教文卫、燃气和水务等民生消费领域贷款 57.86 亿元；积极支持各地以政府购买服务和 PPP 模式开展的水利及公共基础设施建设项目，累计批复项目 20 个，批复授信 122.6 亿元，贷款余额 6.77 亿元。

3. 办理多笔自贸区多项首单业务

2017 年 4 月 1 日，中国（河南）自由贸易试验区正式挂牌当日，交通银行河南省分行成功办理自贸区人民币贷款、离岸业务、国际结算、个人汇款等多种河南自贸区多项首单业务，助力多家河南本土企业率先享受自贸区政策福利。挂牌当日河南省分行还完成了首单货物贸易跨境汇款业务、首单服务贸易跨境汇款业务、首单个人跨境汇款业务。

（四）聚焦小微企业，努力实现"三个不低于"要求

坚持"抓大不放小"，按照增速、户数、审贷获得率"三个不低于"要求，通过产品创新、流程再造等措施，进一步改进小微企业金融服务，积极推动"大众创业、万众创新"。截至 2017 年 4 月末，河南省分行小微企业贷款余额 235 亿元，较年初增加 17.3 亿元，增长 7.98%，高出全部贷款（3.52%）增速 4.46 个百分点。2017 年度小微信贷计划完成率 102.72%；小微企业贷款客户数 9207 户，较年初增加 206 户，年度小微信贷计划完成率为 102.29%；小微企业贷款申贷获得率 87.63%，完成阶段性目标。

1. 成立专营团队

为打造小微企业专职服务团队，交通银行河南省分行在专设小企业金融部基础上，组建了直营团队，探索流程化、标准化、批量化的"信贷工厂"模式。直营团队突出"三专"，有专业的人、做专业的事和有专门的管理分配体系；突出专营，小微客户经理专注小微业务。

2. 积极推进"金商圈工程"

对农产品批发商圈、水产品批发商圈等直接关系民生"菜篮子"的商圈提供信贷、结算、金融服务等一揽子的综合化金融服务，成功为河南万邦

国际农产品物流城、中原四季水产物流港商户提供综合化金融服务。

3. 加大项目制推广

交通银行河南省分行是全交行最早提出并试点项目制的分行，在项目制推动小微业务发展方面有着丰富的经验，分行在前期"新三板股权质押""专利权质押""快捷抵押贷"等产品创新的基础上，积极参与《科技型企业"科技贷"授信开发方案》的方案优化设计，注重融入小微业务契合授信准入模式，授信额度 10 亿元。

4. 不断创新小微企业贷款产品和服务模式

依据小微企业经营特点，为小企业量身定做了"展业通""e 贷通""POS 贷"等特色信贷产品，有效满足小微企业信贷资金需求。通过集群营销拓展商圈金融，打造"融资＋结算＋理财"等组合产品，有效满足商圈客户的经营性融资需求。以商票快贴等快捷类产品为切入点，围绕核心企业上下游客户批量授信，不但扩大了客户服务范围，还通过专业化方案设计解决"担保难"等问题。利用票据贴现产品和价格优势，为票据结算量大的客户办理票据贴现，拓宽小微企业融资渠道。综合运用个人短期经营性贷款、租金贷等产品，推进商圈业务发展。

三　对进一步加强商业银行服务创新的思考

金融是现代经济的核心，商业银行发展的根基是实体经济，离开了实体经济，银行业就会成为无源之水、无本之木，所以商业银行的服务创新必须紧紧围绕实体经济这个服务对象，不断提升服务实体经济水平。创新是交通银行河南省分行 20 多年来传承下来的优良传统，近年来，交行河南省分行大力推动服务创新，不断开拓新的业务增长点，综合运用多种融资工具，将直投、资产池、债务融资工具、融资租赁、信托等新型融资业务作为年发展重点，以创新业务带动传统业务，不断加大信贷投放，持续助力当地实体经济发展，取得了良好的成效。下一步，为全面提高服务创新水平，提升其服务实体经济的质效，有必要从以下几个方面进一步加强。

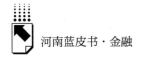

1. 要增强改革创新意识

商业银行服务创新必须要有超前意识，及时把握市场脉搏，能够根据市场变化和客户需求推出多元化的产品和服务渠道。

2. 要把握好服务创新的基本原则

以市场为导向、以客户为中心的原则。在充分理解市场和客户重要性的基础上，建立起"面向市场、了解市场、融入市场、服务市场、开拓市场、占有市场"新的市场营销观念，实施以客户现实的和潜在的需求为方向的新产品开发策略，树立存款与贷款并重、企业和个人客户并重、传统业务与创新业务并重的新型经营观念，最大限度地满足客户的需求。

3. 要着力提升金融业务的科技含量水平

要加快新型数据管理工具、信息处理技术的运用，加大信息化的投入力度，将网络技术与金融服务有机结合，不断提高金融产品的科技含量，提升客户体验。

4. 要不断完善银行金融功能

一方面要不断优化完善以网上银行、支付平台、银企直联、手机银行、电话银行、短信通知平台以及自助银行机具为支撑的电子银行服务网络；另一方面要不断丰富金融服务的内涵和外延，不断丰富金融功能，提高与客户的紧密度，还要不断推进综合化经营，积极与保险、基金等非银行金融机构联手，延伸服务触角，更好地满足社会投资多元化需求。

5. 要着力推进体制机制创新

银行服务创新必然伴随着其治理体系和组织架构的调整，在服务创新的过程中其治理体系和组织架构一定要适应商业模式的需要，从而为金融服务的创新提供有力支撑。

总之，身处大变革时代的商业银行要想保持可持续的发展，就必须随着经济社会的变革而变革，随着客户需求的转变而转变，从服务实体经济的本质要求出发，充分发挥资源配置的功能作用，不断推进金融服务和产品创新，努力提升服务质量和效率，实现金融与实体经济的共生共荣，有效助力实体经济平稳发展。

参考文献

卢永胜：《围绕服务实体经济加快大型银行创新与转型发展》，《北方金融》2014 年第 11 期。

孙培基：《对商业银行服务创新的思考》，《海南金融》2011 年第 5 期。

袁福华：《关于银行业转型的几点思考》，《银行家》2014 年第 9 期。

曹啸、卜俊飞：《我国商业银行的创新与融合：金融脱媒的视角》，《农村金融研究》2016 年第 3 期。

B.16
2017年广发银行郑州分行发展报告

石　涛[*]

摘　要： 2017年，在河南省委、省政府的正确指导下，广发银行郑州
分行服务实体经济能力显著提高，金融创新亮点频频，普惠
金融取得新进展，整体发展实力稳步提升。在经济发展新常
态下，广发银行郑州分行面临的机遇大于挑战，需要继续加
大服务实体经济的力度，建立金融创新内生机制，严控资产
质量，强化风险管理，为河南打好"四张牌"提供有力
支撑。

关键词： 银行业　广发银行郑州分行　金融创新

广发银行郑州分行（以下简称郑州广发）成立于1995年，是广发银行
在广东省外设立的第一家分行，同时也是进驻河南的第一家股份制银行。身
负双重身份的郑州广发，紧紧围绕总行打造一流商业银行的愿景目标，始终
坚持"与河南经济同发展，与中原人民共致富"的发展理念。20多年深耕
沃土，20多年拼搏进取，广发银行郑州分行已经发展成下辖1个营业部、6
个二级分行（安阳、新乡、平顶山、焦作、三门峡、南阳）和19个郑州同
城支行的广发银行A类分行，有员工1336人，资产总规模达723亿元。

郑州广发坚持以发展、改革、创新、管理为核心，致力于为客户提供高
质量、高效率、全方位金融服务的宗旨，只争朝夕、臻于至善，不断改革创

---

* 石涛，经济学硕士，河南省社会科学院经济研究所助理研究员。

新，提升发展质量和水平，形成了自身的业务特色和竞争优势，市场占有率和品牌影响力逐步提升。赢得了政府、媒体高度关注，得到了市场的一致认可和客户的高度赞誉，在助推河南经济金融发展的过程中发挥着重要作用，在推动河南经济社会发展、满足居民金融服务需求、维护客户金融资产保值增值等方面做出了贡献。

一 郑州广发发展的基本态势

2017 年，郑州广发在河南省委、省政府的正确指导下，紧紧围绕总行战略，以精准服务河南发展大局，拓展经营范围，开展"集约化、专业化、精细化"经营，其综合化金融服务能力和差异化市场竞争力逐步提升。

（一）服务实体经济能力显著提高

一是支持企业"走出去"和"一带一路"倡议。郑州广发紧紧围绕"跨境融资＋跨境担保＋跨境资金池"这一核心主题，以提供跨业务品种、跨交易对手和跨境的综合金融服务为突破口，成功落地"全口径跨境融资宏观审慎管理"框架下跨境贷款业务、"资金池＋外存外贷"业务、境外放款和境外结汇业务，国际结算量、跨境人民币结算量大幅提升，为郑州富士康开展同业代付业务突破百亿元规模，成为富士康重点合作银行之一。二是积极服务于河南企业发展。从贷款投向来看，贷款投向前三大行业分别为制造业、批发和零售业、水利环境和公共设施管理业，坚定支持河南省建设先进制造业强省、现代服务业强省等战略决策，为全省实体经济发展提供金融支撑。

（二）金融创新亮点频频

一是网络金融取得新突破。一直以来，郑州广发就着力深化业务战略转型，通过手机银行、网上银行、企业网银、现金管理系统、银企直联、供应线金融、线上融资等产品运用，提升对客户的综合金融服务能力。二是智慧金融取得新进展。郑州广发持续开展业务创新，运用"互联网＋"模式持续提升和优化在线供应链金融产品，包括在线订单融资、在线保理融资、在线动产融资、在线预付款融资等，实现了企业在线快速出账。同时，针对医院等行业客户搭建"智慧医院"全方位金融服务，涵盖融资、自助收费设备、资金托管、理财服务等。郑州广发已经与郑州大学第一附属医院等重点医院合作的"智慧医院"项目成功落地，有序推进与其他重点医院的"智慧医院"合作项。

（三）普惠金融取得新进展

一是持续加大对小微企业产品和服务创新。郑州广发始终以小微企业需求为导向，持续开发"快融通""好融通""生意人卡""捷算通卡"等标准化产品，为小微企业全面提供开户、结算、贷款、理财、咨询等基础性、综合性金融服务。根据河南银监局办公室《关于在全省银行业开展深入困难企业共同抱团取暖"暖冬行动"的通知》（豫银监办发〔2016〕211 号）要求，广发银行郑州分行迅速行动，分行领导召开专题会议专门部署，各位行长亲自参与制订调研方案，扎实开展调研工作，分行公司银行部、小企业金融部、授信审查部、授信管理部等部门积极参与，6 家异地二级分行和部分郑州同城支行成立了调研小组，合计有 39 人次参与此次调研，累计开展实际调研 36 天，实地走访调研企业 28 家，针对调研企业不同情况，逐一了解分析企业需求，并结合广发银行政策，最大限度为企业提供资金支持，对接企业融资需求 14.5 亿元，对暂时经营困难的存量客户，在坚持风险可控的前提下，坚持不压贷、不抽贷；对新增资金需求客户，加快办理授信发起和审批手续。二是持续加大精准扶贫产品和服务创新。自 2013 年起，郑州广发与郑州市政府财政部门和就业指导中心合作，针对郑州市下岗职工再就业、特殊群体（大学生村干部、农村妇女、返乡农民工）各类创业群体量身定做的"河南省创业类小微企业客户群批量"获得总行批复 3 亿元，同时，郑州广发利用生意红、生意通等金融专项产品，在河南省 600 多万个贫困户中，筛选出符合信贷条件的贫困户给予发放贷款。

二 广发银行郑州分行发展面临的机遇与制约因素

在经济发展新常态下，国际国内社会经济环境发生了较大变化，河南经济转型发展进入攻坚期，同时河南国家战略发展政策红利持续叠加，郑州广发面临着机遇与挑战。

（一）郑州广发面临的有利机遇

1. 党的十九大为我国金融发展指明方向

党的十九大报告明确指出，发展现代金融。深化金融体制改革，增强金融服务实体经济能力，提高直接融资比重，促进多层次资本市场健康发展。健全货币政策和宏观审慎政策双支柱调控框架，深化利率和汇率市场化改革。健全金融监管体系，守住不发生系统性金融风险的底线。建立市场导向的绿色技术创新体系，发展绿色金融，壮大节能环保产业、清洁生产产业、清洁能源产业。推进能源生产和消费革命，构建清洁低碳、安全高效的能源体系。

2. 国家战略叠加带来的创新机遇

"十二五"规划以来，河南省着眼长远，不断谋划发展蓝图，国家级战略密集落地河南。郑州航空港经济综合实验区、郑洛新国家自主创新示范区、国家大数据综合试验区、中国（郑州）跨境电子商务综合试验区、中国（河南）自由贸易试验区、兰考普惠金融改革试验区先后获批，中原城市群成为国家重点培育发展的城市群。新一批国家战略规划落地给予河南在区域发展、综合交通枢纽建设、科技创新、投融资体制、对外开放等多个领域实施改革创新、先行先试的发展空间。在这样的重大机遇下，河南创新驱动发展面临重大的历史机遇。以郑洛新国家自主创新示范区、中国（河南）自由贸易试验区为依托，深化科技创新体制机制改革，释放制度红利，以州航空港经济综合实验区、国家大数据综合试验区、中国（郑州）跨境电子商务综合试验区、中原经济区、国家粮食生产核心区等为载体，积极推进自

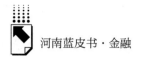

主创新发展，将有利于河南创新驱动发展走在全国前列。

3. 河南经济发展的金融需求巨大

2017 年，河南 GDP 达到 44988.2 亿元，连续多年居全国前五位，经济体量较大；同比增长 7.8%，高于全国平均水平 0.9 个百分点，经济增长速度已经连续多年领先全国平均水平，经济增长速度较快。河南作为较大经济规模的高速增长经济体，在以绿色发展、技术创新为代表的动能转换过程中，对科技研发、环境治理等领域的金融需求持续增加，有较高的金融需求。同时，作为人口过亿的大省，河南城镇化建设加速提高，在基础设施建设、民生改善等方面的固定资产投资力度加大。此外，随着河南居民生活消费水平的提高，对消费金融、理财产品的需求业持续加大，这给郑州广发的发展奠定了良好的市场基础。

（二）郑州广发发展面临的不利因素

1. 金融改革带来全面挑战

一是金融市场化改革步伐加快。随着国家金融市场化取向改革加快，金融机构内部充分竞争的格局正在逐步形成；同时，以支付宝等为代表的互联网金融加速挑战传统银行领域，金融市场的支付、存款等市场份额逐渐稀释，缩小了银行业的利润空间。二是资产证券化趋势形成。当前，中国资产证券化率不到 3%，而美国高达 80%，国内资产证券化速度明显加快，将强力推动资本市场的发展，这对传统间接融资市场造成一定冲击。三是科技给金融体系的冲击持续加大。AI、智能机器人等一大批人工智能机器的运营，给传统银行的业态、运行模式、风险控制等造成了极大的冲击，传统银行经营模式创新势在必行。

2. 河南经济发展面临一定的压力

在经济发展新常态下，河南经济发展面临一定的压力。一是部分传统产业转型压力加大。随着国家"去库存"深化供给侧改革的推进，以煤炭、石油等资源型产业为主的传统产业转型压力仍然较大。二是绿色环境倒逼经济转型的压力持续增大。近年来，国家持续加大了对环保督查的力度，河南又是全国环境污染较为严重的地区，绿色环境发展，给中小微型企业，尤其是长期以粗放式、高耗能、高污染式方式经营的传统小微企业带来巨大压力，关、并、停持续发生。三是中小微型企业发展活力不足。小微型企业发展动力不足，尤其是资金信贷短缺，严重制约了企业的发展，但是小微企业发展信贷错配问题一直存在，尚未有效解决。

3. 河南金融生态环境仍有待继续优化

一是社会信用体系不完备。当前，河南省正在大力推进社会信用体系建设力度，但涉及民营企业资信等的民营企业信用体系还不够健全，对商业银行的业务发展造成一定障碍。二是民间借贷风险仍然存在。河南民间借贷风险在一定程度上得到了控制，但民间借贷风险仍旧存在。三是居民金融知识普及程度不高。缺乏对居民，尤其是农村金融知识的普及计划，大多数民众对金融风险的概念模糊，部分投资行为缺乏理性，从众心理居多，造成了一定的社会负面效应。

三 广发银行郑州分行发展对策建议

作为外省首家入驻河南的大型商业银行，郑州广发对河南人民有感情、有热情，面对河南全面加速发展的新征程，郑州广发将抢抓市场发展机遇，加大创新创造的能力，提高经营服务水平，夯实服务实体经济责任，加快培育发展新动能，助推河南"打好四张牌"，促进经济持续健康发展。

（一）继续加大服务实体经济的力度

1. 以"三区一群"为核心加大金融支持力度

利用郑州广发航空港支行开业的历史契机，围绕郑州航空港经济综合实验区建设需求以及相应空港经济建设诉求，制订专门信贷计划；围绕中国（河南）自由贸易试验区建设，以富士康合作银行为基础，不断加大跨境贸易业务创新；围绕郑洛新国家自主创新示范区建设，加快科技支持布局力度，主动开展投贷联动试点，强化科技金融支撑能力；围绕中原城市群建

设，加快在地市分行布局力度，加大基础设施及民生改善投资支持力度。

2. 全力支持河南省重大发展战略

围绕建设先进制造业强省、文化强省等发展战略，积极布局产业基金，支持全省经济加速弯道超车。主动对接"一带一路"发展机遇。积极利用跨境担保改革、本外币跨境资金池、全口径跨境融资、资本项目意愿结汇、人民币境外放款、郑州港区跨境人民币创新业务等热点政策红利，寻找郑州广发在河南拓展业务的突破口。

（二）建立金融创新内生机制

1. 健全内部创新机制

广发银行作为一个充满活力的股份制商业银行，在主动创新、追赶市场方面具有巨大优势，郑州广发在继续保持全行创新风格的基础上，依据河南发展实际，在A类支行的权限内尝试构建内部创新机制，系统结合产品创新的合规性、技术性以及系统性，把握市场发展的动态性，构建起事前评估、过程监督预警、事后考核激励的科学动态监测与考核评价机制。

2. 创新管理数据平台

产品创新是发展的动力，郑州广发可以以产品和服务创新为基础，建立河南省创新本源数据库，实现对客户需求的精准分析，以高效、精准的服务满足市场需求。

3. 建立金融创新人才体系

在建立金融创新人才体系方面，一方面将创新发展纳入企业发展文化中，树立人人创新发展的理念；另一方面通过引进、吸收和培养等多种方式，建立A级支行创新人才库。

（三）严控资产质量，强化风险管理

1. 严格控制资产质量

加强新客户准入管理，严控信贷投向；加强存量客户管理，加大现场真实调查和贷后管理力度，确保客户经营状况真实性和行内资产状况的真实性反映。同时，将问题贷款客户划分为四类进行差异化管理和清收，继续加大对不良贷款清收化解的力度；做好问题贷款重组，确保自身重组不再出现新的逾期欠息，特别是第三方重组不出现新的逾期欠息。力争尽快实现三年脱困目标，甩掉"资重行"的包袱。

2. 强化内部风险控制

全行可把规章制度、操作流程、业务知识的学习研究制度化，避免员工因不知道而犯错误；实施全行员工"十条禁令""30 个严禁"和员工违规处罚办法闭卷考试，提高员工风险意识和遵纪守法的自觉性，强化案件防控的高压态势；加强对员工的职业道德教育，组织管理干部和关键岗位人员开展不同形式的警示教育。

参考文献

郭戈：《深化金融改革　防控金融风险》，《河南日报》2017 年 8 月 1 日。

河南省统计局、国家统计局河南调查总队：《2017 年河南省国民经济和社会发展统计公报》，《河南日报》2018 年 2 月 28 日。

赵紫剑：《多元化科技金融助推河南创新发展》，《河南日报》2017 年 2 月 17 日。

专题研究篇

Special Topics

B.17
加快推进兰考普惠金融改革
试验区建设的对策建议

李丽菲 *

摘　要：　兰考普惠金融改革试验区是我国首个普惠金融改革试验区。
　　　　获批以来，兰考大胆先行先试，创新机制，完善服务体系，
　　　　已在普惠授信、信用体系建设、普惠金融服务站等领域取得
　　　　了突破性进展。未来，兰考要针对县域经济、"三农"、小微
　　　　企业等目标群体，多措并举，综合施策，探索出一条可持续、
　　　　可复制推广的普惠金融发展之路，这既是河南深化金融改革
　　　　的重要突破口，也是对兼顾公平和效率的中国特色现代金融
　　　　体系的重大探索，将成为河南全面建成小康社会的重要支撑。

＊　李丽菲，经济学硕士，河南省社会科学院经济研究所科研人员。

关键词： 兰考　普惠金融　县域经济

2016 年 12 月 28 日，中国人民银行、银监会联合有关部门和河南省人民政府印发的《河南省兰考县普惠金融改革试验区总体方案》正式公布，意味着首个国家级普惠金融改革试验区落地兰考。兰考是我国贫困县、农业县的典型代表，在兰考进行普惠金融探索不仅有助于兰考实现"率先脱贫、如期小康"，更有助于探索一条金融扶贫、金融支持县域经济的新路子。试验区自批复以来，围绕"普惠、扶贫、县域"三大主题，兰考先行先试，创新机制，完善服务体系，初步形成了"以数字普惠金融为核心，以金融服务、普惠授信、信用建设、风险防控为基本内容"的"一平台四体系"普惠金融模式，为河南深化金融改革提供了重要突破口，成为河南全面建成小康社会的重要支撑。

一　推进兰考普惠金融改革试验区建设的重大意义

兰考普惠金融改革试验区是我国首个普惠金融改革试验区，积极推进试验区建设既是兰考和河南经济社会发展的客观需要，也是对兼顾公平和效率的中国特色现代金融体系的重大探索，将进一步推进金融行业的深化改革，为河南乃至全国的普惠金融发展提供可复制、可推广的经验，具有重大的现实意义和深远的历史意义。

（一）创新金融支持模式的重大举措

自 2006 年我国提出发展普惠金融以来，已经由最初的小微信贷和微型金融等形式，逐渐发展成涵盖多元金融产品和金融服务的模式。《中国普惠金融发展报告（2016）》指出，我国"三农"和小微企业的贷款只占全国贷款总额的 8% 左右，大部分农村家庭只能选择非正规的民间借贷来满足信贷需求，与普惠金融的目标相距较远，尤其是在服务县域经济方面仍有不少问题和难题。兰考普惠金融试验区是全国首个国家级普惠金融试验区，兰考县享有重大创新性举措和创新金融产品、创新金融服务"先行先试"的特权，探索兼顾公平与效率的金融模式，提升金融服务在县域经济、"三农"、小微企业等社会薄弱环境的覆盖面，让所有社会主体都能分享金融服务的便利，这是对传统金融的补充和升级，将为我国普惠金融的发展探索了方向。自此，普惠金融已经上升到国家金融发展战略的高度。

（二）全面建成小康社会的根本保障

金融是现代经济的核心，在促进经济增长、服务实体经济，保障民生中发挥着重要作用。当前，我国经济正处于三期叠加的新常态，深化改革和结构转型是现阶段的主要任务，加快金融与实体经济的深度融合发展，以创新的方式顺应经济转型发展的需求，是我国经济改革转型大格局中的强大动力。就目前而言，金融仍然是河南发展的短板，信贷结构不平衡，金融机构支农支县的体制机制不健全，金融机构的协同效应未得到充分发挥都是制约经济发展的重要因素。兰考普惠金融试验区作为金融深化改革试验田，将通过金融市场的发展来扩大金融服务的覆盖面，探索金融解决县域发展问题、"三农"问题及小微企业发展难题，提高实体经济发展效率，打破全面建成小康社会的主要瓶颈，成为支持地方经济发展的推动力量，为河南脱贫攻坚提供新思路。

（三）为普惠金融发展提供可复制、可推广的经验的现实需求

兰考是历史上有名的贫困县，人均耕地少，城镇化水平低，农业、农村仍处于传统状态，金融业发展薄弱，是典型的农业县，具有微缩河南、微缩中国的代表性。兰考的发展问题解决了，河南乃至全国的发展也就有了解决之道。兰考普惠金融改革试验区是全国首例在县域进行普惠金融体系试验，将通过政策的"先行先试"提高金融的可得性与满意度，最终提高资源配置效率，盘活整个实体经济，增进社会福利。这不仅为河南普惠金融的探索提供了一片试验田，也为贫困县域探索出一条可持续、可复制推广的普惠金

融发展之路，在经济进入新常态，社会进入新时代的背景下为全国其他县域经济发展普惠金融，以金融促进改革提供重要借鉴。

二　条件与机遇

（一）经济基础

自 2015 年开始，河南及中国人民银行郑州中心支行就开始采取边申报边建设的办法，积极探索在兰考设立普惠金融改革先行试点区的可行性。通过近两年的推进，河南多家金融机构纷纷布局兰考，兰考与 12 家省级银行业金融机构、中原证券、国银租赁等达成战略合作协议，吸引富士康、恒大集团、正大集团等重大项目落户，经济增速、实际利用外商直接投资额等各项经济指标都远高于全省平均水平，具备较好的经济金融基础，发展普惠金融具备内生动力。《河南省兰考县普惠金融改革试验区运行报告（2017）》显示，一年以来，兰考普惠金融发展势头良好，在河南全省 107 个县（市）中排名第 2 位，金融资源向重点和薄弱领域普惠配置态势明显，金融助推经济发展能力增强。

（二）政策红利

一方面在新时期，国家出台了促进中部地区崛起的战略规划，河南相继获批中原经济区、郑州航空港经济综合实验区、郑州跨境电子商务综合试验区等一系列国家战略规划和战略平台，使河南的战略地位更加凸显，战略格局更加完善，这些政策利好叠加为兰考普惠金融试验区的发展提供了重要支撑。另一方面河南"居天下之中"，拥有独特优越的地理位置。陆上的"米"字形的高铁网络和郑州航空港的空中优势将河南的交通区位优势进一步凸显，这为兰考的国家级家具检测中心、家禽工程技术中心等产业提供了"快进快出"的重要通道，加强了兰考的产业汇集能力。此外，兰考是焦裕禄精神的发祥地，是习近平总书记的联系点，也是省直管县体制改革试点

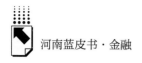
县、国家新型城镇化综合试点县、全国信用体系建设综合性示范县等，这些将为兰考推进普惠金融试验区的建设提供政策支持。

（三）我国普惠金融蓬勃发展

随着《推进普惠金融发展规划（2016～2020年）》等中长期战略的出台落地，与普惠金融发展相配套的体制机制不断完善，农村产权要素不断盘活，小微企业、"三农"等薄弱环节以及民生消费领域金融服务力度不断加大，为普惠金融的发展提供了坚强支撑。尤其是随着移动互联网、大数据、云计算等信息技术的迅速发展，打破了传统上普惠金融服务提供者的依赖路径，颠覆传统风险控制模式，降低了金融服务的交易成本，使金融与实体经济的结合更为紧密。此外，我国积极建立覆盖全社会的征信体系，开展"信用乡（镇）、信用村、信用户"的评定，提升农村金融素养，为普惠金融的下沉和推广创造了条件。2017年，银行业金融机构涉农贷款余额30.95万亿元，同比增长9.64%；发放扶贫小额信贷余额达2496.96亿元，同比增长50.57%；银行业金融机构乡（镇）覆盖率达95.99%，行政村基础金融服务覆盖率为96.44%。

三 兰考普惠金融试验区的建设成效

得益于移动互联、大数据、云平台、区块链、人工智能等现代科技提供的工具支持，兰考普惠金融试验区创建一年以来，初步形成了"以数字普惠金融为核心，以金融服务、普惠授信、信用建设、风险防控为基本内容"的"一平台四体系"普惠金融模式，金融服务覆盖面、可得性、满意度均显著改善，县域金融发展难题找到了破解之道，兰考普惠金融改革试验区建设成效初显。

（一）打造数字普惠服务平台

为了解决金融落地过程中服务成本过高、效率低、覆盖面窄的问题，兰考普惠金融试验区积极探索建设市场化运营的"普惠金融一网通"数字普惠服务平台，有效解决了普惠金融落地过程中成本高效率低风控难的"最后一公里"问题。2017年10月又推出涵盖普惠授信在线服务、金融超市、二维码支付等升级功能的"普惠通"App。目前，"普惠通"App兰考县下载量超万次。

（二）创新开展普惠授信

为了缓解农村融资难、融资贵的突出问题，按照"宽授信、严启用、严管理"原则，针对农民生产经营小额资金需求，兰考普惠金融试验区探索推出低门槛、低成本的"信贷＋信用"普惠授信模式，在授信、启信、用信、还信四个环节改造传统小额信贷模式，从2017年7月以来，试点村授信面从之前不足10%跃升至近90%，农户小额信贷可得性与满意度不断提升。

（三）实施"信用信贷相长"行动计划

为了解决农民信用空白、信用意识弱及信用建设难题，兰考普惠金融试验区将信用体系建设与普惠授信紧密结合，开展"信用信贷相长"行动计划，将授信前置，变"信用＋信贷"为"信贷＋信用"，在普惠授信中推动信用体系建设，实现信用信贷良性互动。在这样的机制下，信息收集工作更有针对性，大大降低了信息收集成本。与此同时，农民在使用贷款的实践中可以体会到信用的价值，激发了农民参与信用建设的热情，通过建立正向激励机制培养农民信用习惯，形成"信用就是财富、失信寸步难行"的社会氛围。2017年只用了两个月就完成了16万农户的信用信息采集工作，覆盖面达到92.3%，很多农户首次拥有了电子信用档案。

（四）建立普惠金融风险分担机制

为了破解农村信贷风控难题，打破以往银行、政府两家分担风险的做

法，兰考普惠金融试验区创新风险分担机制和信用激励机制，采取银行、政府、保险、担保"四位一体"的风险分担机制，以"2%以下、2%～5%、5%～10%、10%以上"四段的"分段分担"，不同区间四大主体分别承担不同的责任，有效解决了普惠授信过程中的风险分摊难、权责利不对等问题。同时，政府根据自身财力和信用环境状况设定隔离点，实行"风险隔离"机制，有效防控风险扩散。在这样的风险分担机制下，风险更加分散，解除了银行开展普惠授信业务的后顾之忧，也为保险及担保机构设定了承担的风险上限，激发了参与的积极性。

（五）建设普惠金融服务站

为了破解有限的金融服务与庞大的金融需求不对等的难题，普惠金融试验区建设两级普惠金融服务站。一是设立了普惠金融服务中心，实现了普惠授信、农村产权抵押登记、还贷周转金等普惠金融相关业务的集中办公、一站式办理，目前入驻银行、证券、保险、担保等单位17家、设立窗口22个。二是推出了基础服务、信用建设、风险防控、金融消费权益保护与商业银行的特色金融服务整合的"4＋X"村级普惠金融服务站，促进了普惠金融服务与便民政务高效结合，增强了综合性线下金融服务能力，有效提高了金融服务效率。

四 推进兰考普惠金融改革试验区建设的重点领域及对策建议

在建设兰考普惠金融改革试验区的目标指引下，兰考必须整合市场、政府、社会等力量，紧扣"普惠、扶贫、县域"三大主题，针对县域经济、"三农"、小微企业等"长尾群体"，通过细化、分解、整合等手段有效落实国家已经出台的各项政策，依托"普惠金融一网通"、信用信息中心等平台载体，多措并举，综合施策，探索普惠金融发展新机制、新路径和新模式。

（一）重点领域

1. 普惠金融服务县域经济

一是要完善县域普惠金融服务体系。持续发挥政策性银行对县域基础设施建设等规模大、周期长的项目的投资力度，基于县域金融服务空白地带，适当下沉服务网点，延伸金融服务空间，提升县域金融机构普惠积极性。要调整市场准入门槛，鼓励发展中小型金融机构，规范新型农村合作金融组织，培育不同类型的普惠金融机构，在监管指标容忍度等方面给予倾斜。二是要构建多层次的金融产品和服务。普惠金融注重金融服务的匹配性和精准性，即根据目标群体的需求和资源禀赋提供差异化、定制化的金融服务和金融产品。试验区内各金融机构要充分利用国家政策资源，结合自身优势制定专项支持措施，积极发展三产抵押、动产抵押、消费金融、金融租赁等金融产品，有效满足兰考县小微企业和扶贫等日益增长的金融需求。

2. 普惠金融服务"三农"

一是探索精准扶贫金融服务。金融服贫重在"输血"，通过探索金融扶贫政策，创新扶贫小额信贷产品等，增强贫困群体的"造血"功能。兰考要建立"一户一档"金融扶贫档案，建立服务"三农"的信用评价体系，以"信用+信贷"的联动体系，解决信息不对称、抵押担保物匮乏的问题，促进扶贫开发项目贷款投放稳步增长，从根本上解决"三农"长期信贷不足的问题。二是推进涉农金融改革，提高农村金融服务覆盖面。兰考要发挥开发性、政策性的金融优势，积极推进农村信用社、农业银行等涉农金融机构的改革，深化农村支付服务环境建设，推出支农惠农项目和农民工银行卡特色创新业务，持续加大支农再贷款、再贴现力度。三是大力发展农村金融保险市场，扩大农业保险覆盖范围，完善保险产品，创新推广各类涉农保险，增强抵御风险能力，夯实金融基础设施。

3. 普惠金融服务小微企业

一是要加快小微企业信用体系建设。充分利用新一代信息技术，对小微企业信息进行采集、处理与评估，完善基于大数据的小微企业信息采集制度，积极引入权威性的信用评级机构，稳步推进征信信息的归集统一，并且建立有效的信用激励和惩戒机制，推进社会信用建设，有效拓展征信体系的边界与深度，合理评估风险与成本。关注并引导试验区内一些诚信度高、有发展前景的小微企业，及时给予信用支持，以龙头企业带动其他企业发展。二是鼓励融资模式和信贷模式创新。充分发挥市场在金融资源配置中的决定作用，鼓励金融机构发行专项用于小微企业的金融产品，鼓励小微企业发行债务融资工具，拓展小微企业融资渠道。例如，针对县域、乡（镇）的产业集群推出"抵押融易贷""设备融易贷"等金融产品，针对因抵押物不足而面临融资困难的企业推出以专利权、商标权、未来收益权等抵质押担保方式，针对小微企业融资成本高的问题推出"循环贷"等缓解小微企业因贷款期限与经营周期不匹配带来的压力。

（二）对策建议

1. 加强宣传教育，培育风险意识

一是依托普惠金融宣传站、教育基地，开展普惠金融知识进社区、进校园、进乡村活动，全方位、多角度地向社会各界宣传普惠金融知识，大力推进金融知识扫盲工程、移动金融工程等，提高认知度与关注度，积极引导兰考普惠金融改革试验区的健康发展。二是利用报刊、互联网等新闻媒介开展金融风险宣传教育，培育公众金融风险意识，针对金融案件的高发领域，加强与消费者权益有关的信息披露和风险提示，引导消费者理性投资和消费。三是增加金融消费者的权益保护意识，保护消费者的金融参与权、公平交易权等权利，尤其是贫困人口、残疾人等弱势群体的风险防范意识和自我保护能力，杜绝不法分子、诈骗者打着普惠金融的旗号，披着互联网金融的外衣，向消费者提供虚假收益的理财产品。

2. 发展互联网金融，创新金融产品与服务

积极引导普惠金融主体充分利用互联网等现代信息技术，有效解决普惠

金融的可得性与融资成本等障碍，突破普惠金融服务的广度和深度。一方面提升金融机构科技运用水平，以大数据、云计算等信息技术来解决贫困地区物理网点不足等问题，发展线上电子银行，形成电子支付与固定网点相互补充的渠道体系。同时，设立金融扶贫点，为农户提供一站式普惠金融服务，切实提高普惠金融覆盖率。另一方面树立"互联网＋"思维，鼓励发展互联网金融产品，发挥互联网金融门槛低、变现快的特点，以 P2P 网络借贷、众筹等互联网金融模式服务县域经济、"三农"、小微企业，缓解融资难、投资成本高、信息不对称、资金投放粗放等问题，打造线上线下齐头并进的普惠金融发展模式。

3. 发挥政府引导作用，激发主体积极性

一是强化配套政策支持，根据国务院发布的《推进普惠金融发展规划（2016～2020 年)》和银监会发布的《关于 2016 年推进普惠金融发展工作的指导意见》的要求，出台省级实施方案，制定有效服务兰考县域经济、"三农"、小微企业的差异化信贷政策方针，为试验区的建设和推广提供政策支持。二是积极运用差别化货币信贷政策，增加对涉农、小微企业的再贴现、再贷款力度，引导金融机构将金融资源向弱势群体倾斜，降低社会融资成本。三是充分利用普惠金融发展专项资金，发挥财政资金的杠杆作用，创新财政奖补，加大对"三农"和小微企业的财税扶持力度。此外，要健全差异化金融监管机制，以正向激励为导向，从业务和机构两个方面出发，鼓励金融机构将信贷资源投向弱势群体，创新机构准入、内部考核等差异化政策，丰富"三农"和小微企业的融资方式。

参考文献

河南省兰考县普惠金融改革试验区工作领导小组办公室、兰考县普惠金融改革试验区管委会：《河南省兰考县普惠金融改革试验区运行报告（2017)》，《金融时报》2017

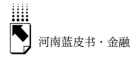

年12月26日。

兰考县普惠金融改革试验区专题调研组:《兰考县普惠金融改革试验区调研报告》,《河南日报》2017年12月26日。

周延礼:《普惠保险在兰考普惠金融改革试验区实践》,光明网,http://theory.gmw.cn/2017 - 10/14/content_ 26506962. htm, 2017年10月14日。

贝多广主编《普惠金融国家发展战略——中国普惠金融发展报告(2016)》,经济管理出版社,2017。

B.18
创新驱动背景下河南省科技
金融发展现状与对策

李 斌*

摘 要： 本文以创新驱动背景下河南科技金融业为视角，分析科技金融对河南经济发展的重要意义，在此基础上对河南当前科技金融的发展现状和存在的问题进行客观分析。本文认为，当前融资渠道相对较窄、中介组织尚不完善、科技投资与需求不匹配等因素制约河南科技金融发展的进程，进而提出河南科技金融发展的重点领域，并从壮大科技创业投资、设立河南省科技投资平台、创新科技信贷产品和服务、搭建科技金融服务体系、开展科技金融试点工作等角度提出促进河南科技金融健康发展的对策建议，为相关部门制定决策提供科学有效的借鉴和参考。

关键词： 创新驱动战略 科技金融 风险投资 河南省

一 河南省发展科技金融的现实意义

科技金融作为一种金融工具，具有以下三种优势，一是可以促进科技研发速度，二是可以提升成果转化率，三是可以促进高新技术产业迅猛发展。

---

* 李斌，管理学博士，河南省社会科学院经济研究所助理研究员。

同时，科技金融与金融制度、金融政策、金融工具和金融服务可以构建共同金融体系，具备系统性和创新性两大特性，是区域科技创新体系和金融体系的重要组成部分。科技金融是科技创新发展的助推器，当前科技型企业发展呈现基础性、关键性两大作用。科技资源与金融资源的相互融合，可以通过资源集聚形成平台化发展，其核心在于科技金融的实施。科技金融不仅是促进企业发展的重要手段，也是提升科研成果转化率的重要依据，更是推动企业战略性产业升级的核心。

当前，河南在深入落实创新驱动战略，打造中西部科技创新高地过程中，在大力推进技术领域创新的同时，更需要促进科技与金融的深度融合，通过科技金融机制体制创新，科技金融体系包括风险投资、科技信贷、创业并购、资本市场、互联网金融、科技保险、行业租赁和担保等八个行业，是缓解资金与技术融合的关键。加快创新成果转化为现实生产力，打通从技术到产业化的"最后一公里"，提升科技金融的支持力度，促进科技改革与产业改革的发展，提升河南市场竞争力。

二　河南省科技金融的发展现状

近年来，河南省在促进科技与金融融合方面，从政策设计、模式创新到金融实践各个层面，都开展了一些有益的探索和实践。

（一）科技金融领域相关政策密集出台

近年来，河南省先后出台了《关于创新机制全方位加大科技创新投入的若干意见》《河南省促进高新技术产业发展条例》《河南省关于开展中小企业知识产权质押融资工作的指导意见》《河南省高技术产业发展项目管理暂行办法》《河南省股权投资引导基金管理暂行办法》《河南省高新技术产业化专项资金管理办法》《河南省科技金融引导专项资金管理办法（试行）》《河南省科技金融"科技贷"业务实施方案》《河南省科技金融"科技保"业务实施方案》《关于推进金融资本与科技创新相结合的政策措施》《河南省科技金融深度融合专项行动计划》等促进科技金融发展的政策措施；分别设立了河南省高新技术产业化专项资金、河南省重大科技专项资金、河南省中小企业创新基金、河南省高技术产业化专项资金、河南省股权投资引导基金等一系列支持引导科技创新、创业的专项资金或基金，建立科技金融紧密结合机制；成立了一批由政府引导的创业投资公司，如河南华夏海纳创业投资发展有限公司、河南高科技创业投资股份有限公司、河南创业投资股份有限公司等，提高了河南省创业风险投资机构和创业风险投资资本总量。

（二）创新财政科技资金投入方式初显成效

目前，科技创新企业最大的难题在于融资难、融资贵。对此，河南省科技厅与财政厅强强联手，出台了一系列的措施，一方面财政厅与科技厅提出了"科技贷"概念，另一方面财政厅与科技厅提出了创新资金使用办法，通过直接变间接、无偿变有偿、限指标变普惠性三种模式的转换获得银行等金融机构的青睐，同时开通绿色通道，进行专项额度专项审批。根据有关部门规定，中小型企业进行贷款时，抵押率不能高于30%，利率不能高于基准利率的1.3倍，并由政府对出现损失的单位给予30%～60%的补偿。"科技贷"在一定程度上缓解了中小型企业的资金周转问题，同时也解决了科技型企业实物抵押不足的问题。有市场调查显示，以下五种企业为主要贷款对象，一是高端制造，二是新时代信息技术，三是新建材料，四是生物技术，五是现代服务业。这五类企业通过"科技贷"，不仅解决了自身的资金周转问题，同时也降低了30%的融资成本，其贷款利率仅为5.66%。"科技贷"在河南省地方政府的大力推动下逐渐走向市场化。有数据显示，郑州科技信贷补偿资金达5000万元，与县（区）、银行损失比例为4∶4∶2；洛阳"科技贷"金额达1500万元，损失率各负责50%；鹤壁"科技贷"达1000万元，承担60%的损失。新乡、信阳相继出台相关政策。

（三）多融资渠道科技金融体系出现端倪

近年来，河南已有众多天使基金、科创专项基金、私募基金等社会资本

进入科技领域，此外，还有新三板、上海证券交易所、中原股权交易中心等资本市场，助力科技产业的发展。2017年9月，中原股权交易中心挂牌企业数量达1485家，其中交易板77家，展示板1408家，覆盖了全省18个地市148个县（区）。2017年12月24日，焦作昌盛日电太阳能科技有限公司挂牌完成，中原股权交易中心挂牌企业数量突破2000家，增幅是2016年的一倍。截至2017年12月，中原股权交易中心累计帮助企业融资13.77亿元。在河南挂牌新三板的200余家企业里，大部分是科技型企业，借助资本市场使企业进入快速发展通道。例如，河南广安生物科技股份有限公司，自2015年2月挂牌新三板后，通过资本市场，进行了两次定向增发，共融资1.2亿元。中原科创风险投资基金是河南省首支风险投资基金，该基金主要针对两个方向，一是财政涉企资金基金化改革，二是政府引导风险投资基金，该基金目前已经超过5亿元，2007年9月前，基金考察投资企业1000家以上，覆盖全国18个省份，已经投资22家，投资总额度达到2亿元。2017年实现收益2000多万元，同比增长100%以上。某企业实现新三板挂牌进入首次公开募集资金阶段。

三　河南省科技金融发展中存在的问题

（一）科技型中小微企业融资难问题依旧突出

科技型中小企业有两大特点，一是融资难度大，二是银行信用机制不认可该行业的创新需求，从而导致该类型的企业融资极为困难。科技型中小企业，在面对银行贷款的问题，呈现以下难题，一是该类型企业贷款门槛高，二是融资成本高，三是项目审批时间长。目前，银行支持对象只包含产品销售企业及有订单的企业、有市场的企业和有现金流的企业。然而，科技企业由于未能实现上述条件从而无法获得融资。

（二）创投资金不能满足科技创新需求

受创投资金影响，为了获得资本利益最大化，投资方一般采取较为成熟的科技型企业投资。在无形中将以银行融资为主、资金困难的科技型企业排除。由于创业投资自有部分投资属于财务投资，无法形成产品，从而导致绩效难以提升。

（三）中介服务体系不完善

科技创新中介服务体系包含三个重要组成部分，一是产权交易市场，二是会计师事务所，三是风险投资评估机构。目前，该体系在中国呈现出三大劣势，一是滞后性发展，二是缺乏规模化，三是分类不健全，其最为明显的体现在标准认证机构、产权估值机构和科技项目评估机构等科技中介三个行业。不完善的体系导致服务质量与人员素质较差，无法形成龙头机构带头作用，无法形成资源整合。

（四）科技企业与金融机构缺乏对接渠道

投融资服务体系主要包含科技投融资服务平台、科技担保和金融支持三部分。由于金融机构与科技企业信息不对等，导致科技企业无法获得资金，金融机构无法获得第一手资料，从而导致两者之间无法形成有效对接。

四 推动河南省科技金融发展的主要路径

积极推动科技金融深度融合，不断完善河南科技金融政策体系，激发金融资本和社会资本支持科技创新的内生动力；培育壮大创业投资，提高科技企业直接融资比重；深化科技金融产品和服务创新，探索符合河南省情、适合科技企业发展的金融服务新模式；逐步形成以财政资金为引导、银行信贷和创业投资等金融资本为支撑、民间投资为补充的科技投融资体系，为构建自主创新体系、促进河南创新驱动发展提供支撑。

（一）发展壮大科技创业投资

发挥好郑洛新国家自主创新示范区科技成果转化引导基金作用，鼓励省、市、县（区）联动，联合社会资本共同设立子基金。聚焦示范区发展，设立区域性或行业性子基金，实现核心区子基金全覆盖。加快设立示范区创新创业发展基金，通过"战略直投"方式，重点支持军民融合、重大科技成果转化、领军人才创业项目，支持科技小巨人企业、高新技术企业、创新龙头企业发展壮大。发挥好河南科创风险投资基金、"省互联网＋基金"、省中小企业发展基金等河南已设立的政府投资基金作用，积极争取国家科技成果转化引导基金、国家战略性新兴产业创业投资引导基金和国家农业科技园区协同创新战略联盟基金等在河南设立相应子基金。

（二）设立河南省科技投资平台

按照"政府引导、市场运作、科学决策、防范风险"的原则，建立完善科技企业必须包括以下几个数据平台，一是融资需求信息库；二是科技金融服务机构信息库；三是科技金融人才库；四是科技企业信息库；五是河南省科技投资平台，集合科技和金融资源，逐步打造成覆盖引导基金、创业投资、科技信贷、科技担保、科技保险等业务体系，科技金融服务体系包含投融资、知识产权交易、科技咨询、政策支撑和全链条投融资服务等内容，从而提升科研开发，扩大市场需求，形成与社会资本直接或间接对接，提升科技园区、孵化器、产业技术联盟和行业协会四大核心的作用，构建全省性科技金融服务体系。

（三）创新科技信贷产品和服务

积极争取郑洛新国家自主创新示范区开展科创企业投贷联动试点工作，一体化经营模式是科技企业进行投保贷款结合的模式，主要通过与支持银行的金融机构、创投、证券、保险和信托等机构合作，从而形成深度合作。探索开展贷款信用保险、专利保险试点和知识产权质押融资，完善专利保险和知识产权质押融资服务机制。深化与"科技贷"业务合作银行战略合作，加强"科技贷"业务推广和培训力度，引导企业进行信贷审批、激励约束、资产拨备，和坏账核销等方面的差异化管理。探索适合"科技贷"业务特点的银行业务体系、风险防控体系和监管体系。

（四）搭建科技金融服务体系

一是建立省、市、县（区）三级联动服务体系。建立省级科技金融服务中心，支持地方科技管理部门进入公益服务，形成综合服务平台。二是采取省、市、县（区）联动方式。促进平台专业化服务，提升企业金融服务创新，完善企业信息化。完善平台服务功能，汇聚科技型企业、金融机构、创投机构、政策法规等信息，实现科技企业融资需求在线申请、推荐、对接，金融机构、创投机构、服务机构业务办理流程网络化。逐步探索与条件成熟的银行实现端口对接，提高服务科技型企业的审贷效率，建成河南金融支持科技创新的信息共享平台。三是开展经常性科技金融交流活动。支持地方科技管理部门常态化开展与金融机构、创投机构的对接交流，促进相互了解，培养科技金融复合型人才；积极向金融机构、创投机构推介当地优秀科技企业，通过联合尽职调查，分片区定点、定时开展座谈会、创业沙龙、融资路演等活动，促进银企对接，缓解科技型中小微企业融资难问题。

（五）开展科技金融试点工作

深入推进郑州市国家促进科技与金融结合试点城市建设工作，积极整合区域科技金融资源，推进科技金融改革创新，探索金融服务科技创新新模式。启动河南省科技金融结合试点工作，将自创区列入首批省级科技金融试点地区，引导和支持科技资源丰富、金融生态良好的省辖市、省直管县（市）、国家高新区等作为省级科技金融试点地区，积极开展科技信贷、创业投资、科技保险等科技金融探索，加快形成可复制、可推广的科技金融结合新模式。

五　促进河南省科技金融发展的对策建议

（一）健全风险投资融资体系

体系的作用在于以下几点，一是促进风险投资基金市场化发展，二是为

风险投资企业寻觅创业平台（众创空间、大学科技园、科技企业孵化器）。通过风险投资基金降低投资风险，吸引外商落户河南，政府给予扩大优惠政策力度，建立风险补偿机制，引导社会资金进入风险投资行业，提升孵化服务水平，促进科技型小微企业的发展。

（二）股权投资扩大化

科技成果转化是省、市、县（区）联动整合的成功，并加入中央资金投入，扩大科技型中小型企业股权变更，形成科技型企业产业链一条龙服务。支持中小型科技型企业发展，充分发挥"互联网＋"的作用，培养"互联网＋"领域创新领军企业。

（三）科技企业融资采取债券模式

债券模式具有分类多、可续期和可交换等重要特征。以债券融资的模式发展既有利于科技型企业的资金来源多样化，又有利于企业通过债券进行变相融资，银行根据发行机构进行等额补贴。

（四）信贷业务科技化、创新化

信贷业务可以提升中小型科技企业资金支持，同时可以通过政府和其他风险信贷机构形成较好的补偿体系。根据有关规定，银行或担保机构对除小微型企业信贷风险资金外，对以实物抵押的贷款可进行一定比例的补偿。并通过政府加大贷款补偿力度扩大河南产业优势，促进战略性产业的发展。

（五）知识产权市场化

有关规定指出，银行等金融机构可以对小微型企业进行知识产权抵押贷款，同时还可以给予一定比例的补贴，并在利息、评估、担保等费用方面给予补贴。扩大新产品的发展。对科技企业必须加强服务担保力度，降低保费标准，加大补偿金额。

（六）营造科技金融健康发展环境

组建河南省科技创业投资联盟，集聚政府引导基金、创业投资机构和天使投资人等资源，加强行业交流互动，强化行业信息共享和行业自律，营造诚信经营和理性投资氛围。落实国家自主创新示范区创业投资企业所得税优惠政策。探索开展科技创业投资风险补偿机制，对创投机构和天使投资人向省内种子期、初创期科技创新企业的投资给予风险补偿。

参考文献

李雅莉：《河南省科技金融产品的供需对接研究》，《区域经济评论》2016 年第 1 期。

王芳：《河南省科技金融结合的绩效评价及对策建议》，《金融理论与实践》2016 年第 12 期。

郭玲玲：《加快发展河南省科技金融应着力实施五大工程》，《决策探索》2017 年第 16 期。

王黎春：《河南省科技金融创新互动的思考》，《创新科技》2016 年第 8 期。

宋绪钦：《发展科技金融　促进河南经济转型升级的对策研究》，《决策探索》2015 年第 11 期。

张瑞：《大力发展科技金融促进中原科技经济发展》，《创新科技》2014 年第 3 期。

河南省统计局：《河南统计年鉴（2016）》，中国统计出版社，2017。

B.19
加快郑州市区域金融中心建设的
思路与对策

汪萌萌*

摘　要： 加快建设在全国具有影响力的区域金融中心是郑州建设国家中心城市、助力河南实现经济强省发展目标的必然选择，也是加快建设现代化产业体系，推动经济高质量发展的重大举措。因此，加快郑州区域性金融中心建设必须坚持政府主导与经济推动齐抓共进的发展模式，在优化金融生态环境、完善金融产业体系的基础上，不断扩大金融开放空间，拓展金融创新服务，强化金融智力支撑，为将郑州建成辐射带动力强、发展质量高的国家重要的经济增长中心奠定坚实的基础。

关键词： 郑州　区域金融中心　金融开放

一　加快郑州市区域金融中心建设的重大意义

（一）郑州加快区域金融中心建设，是提高资源配置效率、推进经济强省建设的重大举措

现代金融是协同高效的现代化产业体系的关键支撑，隶属于现代服务业的范畴。金融系统通过调动储蓄、监控风险、简化交易，对国家和地区

---

* 汪萌萌，经济学硕士，河南省社会科学院经济研究所科研人员。

经济增长发挥积极作用。区域金融中心是金融产业高度集聚的结果，是河南经济强省建设的资金融通的强大保障，具有促进金融资本流动、引导实物资源配置的强大功能。通过"看不见的手"的引导，金融资本不断流向高成长的投融资领域，市场专业化配套服务行业的需求不断增长，从而推动一大批多元化、高附加值的现代服务业的高速发展，带动一批具有高附加值的相关产业尤其是电子商务高新技术产业的发展，三次产业结构不断优化，给经济稳增长创造出新的动力支撑。通过区域金融中心的建设，地区金融产业集聚水平越来越高，金融制度日益完善，在资产总量既定的前提下，金融资本会倾向于流入具有较高生产率的部门，加速推动全省经济稳步高质量增长，产业结构日趋合理完善，不断加快河南经济强省的建设步伐。

（二）郑州加快区域金融中心建设，是服务实体经济，助力国家中心城市建设的必然选择

郑州区域金融中心的建设是河南省持续推进"三区一群"建设的关键举措，是加快全省大中小城市协同发展、推动郑州大都市区建设坚实的金融产业服务基础。区域性金融中心城市的金融产业集群通过集聚高端生产要素，加速资本网络化流通，从而充分实现金融产业的规模效应，加速创新和技术进步的不断溢出，成为区域经济发展的示范中心，在壮大现代服务业、有效服务实体经济的同时，完善金融资源、社会基础、地域环境、人文资源及其他产业共赢发展体系，相互促进、相互优化，不断提高产业体系的质量和效率，实现郑州市经济和社会综合实力的大幅度提升。与此同时，金融产业高度集聚通过激发创新活力、推动产业技术进步，不断提高其服务实体经济的能力，并进一步助力郑洛新国家自主创新示范区等创新平台建设，实现新动能换挡并不断提速；也可以充分发挥郑州区位和交通物流优势，疏通内陆开放经济高地的资本融通动脉，为郑州区域金融中心"一枢纽一门户一基地四中心"建设任务的顺利推进提供了可靠的金融保障。

（三）郑州加快区域金融中心建设，是实现高质量开放，共建"一带一路"的迫切需要

郑州区域金融中心建设在提高本地金融业国际化合作和发展的同时，也为河南对外经贸合作、深度融入国家"一带一路"建设打通了资本流动的通道。高度发达的金融行业可以缓解中小企业融资难、融资贵的难题，促进民营企业快速崛起，完善对外贸易的主体结构，加快企业"走出去"的步伐；金融中心优质的金融和商务运营环境，会增强区域经济竞争的软实力，极大地吸引跨国金融机构总部、跨国公司总部与分部中心进驻河南，增强全省经济与全球经济联通协同发展的能力，并跟随企业"走出去"的步伐，不断加深与"一带一路"沿线国家的经济合作；区域金融中心相对的完善金融国际业务，将加大对对外贸易转型升级的支持力度，更好地发挥对出口商品结构优化的引导作用。另外，区域性金融中心通过优化出口保险体制机制，完善跨境贸易人民币结算业务，扫除河南企业"走出去"和国外企业"走进来"的金融体系障碍，使郑州市成为参与并推动"一带一路"沿线国家经贸合作的关键节点城市。

（四）郑州加快区域金融中心建设，是提高金融产业供给质量，加快建设现代化产业体系的有力支撑

加快郑州市区域金融中心建设，在不断完善郑州市龙湖金融中心基础设施建设的同时，更将以优化金融产业生态环境、构建切实有效的信用体系为抓手，持续从硬件和软件两个方面夯实郑州金融产业的基础，进而不断提高金融产业的供给质量。郑州市区域性金融中心建设规划的持续推进以及郑州航空港经济综合实验区和中国（河南）自由贸易试验区的金融产业先行先试的创新改革，不断吸引国内外金融机构在郑州市集聚发展，加速区域性金融中心有形载体的形成。从软件方面，通过推进商事制度改革，进一步简政放权，降低企业交易成本，提高政府服务效率，通过健全激励机制和完善的社会信用体系，打通金融人才流动的"旋转门"，加快建设金融高端人才共享信息平台，不断增强金融行业的软实力。与此同时，在区域金融中心建设的过程中，金融产业通过发挥优化资源配置、经济结构调整的功能，助力企业去杠杆、去库存和去产能的顺利实现。金融中心完善的金融市场体系和结构体系会极大地提高郑州市金融产业服务经济发展的能力，激活金融作为市场经济源头活水的功能，成为加快建设协同高效的现代化产业体系的重要基础。

二　加快郑州市区域性金融中心建设的现实基础

（一）区位优势明显

郑州地处北连京津冀，东邻长三角经济城市群，西接欠发达的大西北地区，航空航线遍布世界，中欧铁路联通欧亚，高速公路、铁路四通八达贯穿内外，是东西南北大通道的中枢，在促进资本、原料、人才和信息等生产要素的流动、集聚和共享进而加快建设区域性金融中心方面具备显著的比较优势。同时开放型经济新体制的建设日趋完善，不断推进与"一带一路"沿线国家及地区的经贸合作，郑州航空港经济综合实验区改革开放先锋作用不断增强，郑州跨境贸易电子商务服务试点指标在全国领先，中欧班列（郑州）运营时间和效率日趋提高，综合保税区等开放载体和大通关体制机制改革持续推进，重大政策叠加促使郑州的原本区位地理优势提升到一个新的战略高度，成为在全国具有影响力的数字经济智能制造、高端人才、资本融通的中心之一，是紧跟东部、集聚中西部、联动欧洲发展的在全国具有重要影响力的城市，因此通过中央和地方的统筹协同，科学谋划，在加快国家中心城市建设的背景下，郑州势必在加快形成在全国具有重要影响力的区域性金融中心的过程中大有可为。

（二）经济基础稳固

2017 年，河南省国内生产总值为 44988.16 亿元，其中第二、第三产业增加值分别是 21449.99 亿元和 19198.68 亿元，服务业增速达到 9.2%。郑州市 2017 年生产总值为 9130.2 亿元，比上年增长 8.2%，增速比全国和全省分别高出 1.3 个和 0.4 个百分点。其中，第一产业增加值 158.6 亿元，同比增长 2.6%；第二产业增加值 4247.5 亿元，同比增长 7.6%；第三产业增加值 4724.1 亿元，同比增长 9.0%，三次产业结构为 1.7:46.5:51.8，全市经济规模逐年扩大、经济结构持续优化，全市综合竞争力居全国省会城市第 7 位。近年来，众多国家战略规划和战略平台给河南发展以重大支持，使郑州面临前所未有的重大机遇，河南逐渐摆脱内陆地区交通桎梏，加速建成沟通亚欧、连接海内外、辐射东中西的现代立体交通体系和物流通道枢纽，推动全省经济高质量开放的基础设施框架初见成效，供给侧结构性改革不断走向深入，现代产业体系不断完善。与此同时，作为内陆大省的河南在粮食生产、新能源汽车、智能制造和食品生产等方面具有重大优势，在承接国内外产业转移具备较强的比较优势，因此随着全球价值链关键环节的变化和制造中心的转移必将导致全球金融机构的改革创新重组，从而不断满足重新分布的金融需求，势必会不断提升河南省现代金融产业的战略地位，推动河南金融市场日趋完善，成为加快郑州区域性金融中心建设的重要条件。

（三）产业发展良好

近年来，郑州金融的总量积淀已具相当规模，银行业体量持续扩大，2017 年末全省金融机构人民币各项存款余额 59068.66 亿元，比上年末增长 9.4%；其中境内住户存款余额 32279.05 亿元，增长 9.7%。授信企业数量和资金规模不断增大，人民币各项贷款余额 41743.31 亿元，增长 14.4%。全省保险行业全年收入达 2020 亿元人民币。境内上市企业新增 2 家，证券客户数新增 15144 户，证券公分公司新增 1 家，证券公司营业部新增 45 家，期货营业部新增 3 家，证券保险行业发展势头强劲。郑州市 2017 年金融机构人民币贷款余额 17992.4 亿元，比上年末增长 16.7%；金融机构人民币存款余额 20349.6 元，比上年末增长 7.1%，新增 1347.5 亿元，金融资产基础雄厚。2017 年郑州商品交易所苹果、棉纱期货以及白糖期权成功上市，交易品种不断增加，交易规模不断扩大，证券和产权交易市场日趋完善，现代金融产业资本融通功能不断完善，初级市场及二级市场发育完善，初步形成了资本市场与货币市场联动发展的格局。作为河南省首家省级区域性股权交易市场的中原股权交易中心开始营业，形成了与中原银行、中原证券、中原农险、中原信托等河南本地金融机构共同联动发展的格局，通过团结发展取得了令人瞩目的成绩，另外中原农险的加入，令蓬勃发展的"金融豫军"崛起态势更加强劲，以"引金入豫"和"金融豫军"两大战略为政策支撑，金融产业逐渐成为河南省现代高端服务业的重要组成部分，推动河南省现代产业体系日趋完善，为加快郑州区域性金融中心建设奠定了坚实的产业基础。

三 郑州市区域性金融中心建设的制约因素

（一）金融风患难以根除

一是大量停业整顿的地方金融机构仍然存在程度不同的退市问题，风险隐患大，影响着社会和经济的稳定，部分金融机构资产风险包袱相当沉重，仍然处于高危状态，存在严重的资产风险和财务风险。外生性因素引发的支付风险时有发生，成为防范金融风险面临的新课题。二是在新一轮经济增长周期中，郑州经济将会出现产业转移和升级提速的特征，部分企业、行业可能因为市场的变化而产生较大的经营波动，从而降低信贷资产的质量，导致金融体系系统风险提高和稳定性的降低。三是随着郑州航空港经济综合实验区，中国（郑州）跨境电子商务综合试验区和中国（河南）自由贸易试验区持续推进改革开放，经济外向化发展水平不断提高，可能带来一系列的资金非法跨境流动、地下借贷、洗钱等问题，金融秩序的平衡很有可能被打破，引起全省金融市场的动荡。

（二）同质竞争激烈

一般来说，区域金融中心的形成是通过以下两个路径形成。一种是在特定的历史条件下或者是由于不可抗力的偶然性因素导致形成；另一种是以政府引导为主，根据特定经济发展战略预先进行空间布局，以宽松灵活的产业政策为优惠条件，完善发展配套，吸引全球金融企业区域内选址、投资进而集聚发展。北京、上海、深圳和香港作为在全国和世界具有影响力的金融中心，实力强劲，短时间内郑州与这四大金融中心的差距无法消除，由于先行金融中心在目前具备超强的金融资源吸附能力，使郑州金融资源的集聚很难在短时间内形成。除了拥有超强实力的北京、上海、深圳和香港外，还有大量城市在城市规划中明确提出要加快建立具有影响力的区域金融中心，其中包括湖北武汉、安徽合肥、湖南长沙以及重庆和四川成都等地，这20多个城市各有特色，城市间竞争空前激烈，可见，郑州加快建设区域金融中心"明确定位，突出优势，中原突围"阻碍重重。

（三）金融总部建设滞后

金融中心的形成最突出的表现是金融总部的高度集聚，这是因为总部金融的聚集地作为地区金融机构统筹管理、经营决策、资金融通和业务开展的中心，也是金融信息发布共享的关键平台。郑州东区国内外金融机构集聚发展，但其中金融总部机构严重不足。截至2016年底，河南省省内金融总部只有中原银行、中原证券、中原信托、中原期货、中原农险、中原资产、中原航港基金、中原股权交易中心、百瑞信托等本地金融机构，金融服务机构发展滞后，区域性发展不足而且影响力有限。外资银行、信托、财务和金融租赁公司数量严重不足，郑州航空港经济综合实验区、中国（河南）自由贸易试验区开放招商机制滞后也在一定程度上阻碍了金融总部的集聚发展，这也是河南省金融人才结构性短缺、大而不强的根本原因。

（四）高端人才缺乏

在物联网、大数据和云计算等新技术的推动下，智能银行、掌上银行和虚拟银行等新型金融业务的迅速普及，金融产业受到巨大冲击，现代金融经营模式逐渐从传统实体经营中突围出来，银行虚拟网络经营规模不断扩大。

金融创新领域广、知识专、跨专业特征明显，要求从业人员深刻了解数字经济、资金融通和信誉的特征，是现代数字产业中的核心产业，高素质、专业化的人才资源和扎实硬件条件是推动现代金融快速发展的先决条件。但是，河南省培养金融专门人才的高校和科研机构数量不足，培养方式不能满足日新月异的行业需求，培育满足现代金融市场需求的复合型人才的进程困难重重。另外，河南省高等院校数量和质量与北京、上海等发达城市差距明显。现代金融市场需要的人才数量不足，人才的结构组成也不能适应行业的需求。本省金融人才不断流向发达地区，多种因素导致河南省内高学历金融从业人员比例低，人员素质不能适应金融行业发展的实际发展需要。

（五）产业质量亟待提高

河南省金融产业持续快速发展，但产业结构和质量有待提高。郑州东区金融生态环境建设和人居环境建设滞后、配套生活服务机构不足，以及社会信用体系缺乏导致郑州区域内金融产业集聚力不足，进而致使大量资金、人才和创新型机构外流和迁出，尤其是流向京津冀城市群和东部及港澳等发达地区。金融公共信息服务平台的功能缺失，造成了金融服务和产品供给和需求者的信息不对称，阻碍了金融产业的快速集聚发展。在诸如信用环境欠佳、信息不对称和行业政策等情况下，非公企业尤其是高成长型企业融资难、融资贵的矛盾愈演愈烈，影响贷款持续平稳投放，对金融业发展产生"挤出效应"，阻碍现代化、个性化和多元化的融资体系的构建。金融产品和服务主要集中在传统的银行信贷业务，保险、信贷、融资租赁和基金等金融机构业务发展相对滞后。

四　对策建议

（一）完善现代金融产业体系

一是以河南省地方金融机构为主阵地，积极筹备并推动中原证券、郑州银行和洛阳银行早日 A 股上市，下沉银行网点，加快村镇银行覆盖全县。二是充分发挥郑州商品交易所的关键作用，适当增加交易品种、加快完善制度和信息网络共享平台，提高其在全国资本市场的地位，使"郑州价格"成为预测全国乃至世界期货市场变化的风向标、增强其服务实体经济和区域经济发展的关键作用。三是加快建设中部重要的产权交易中心，完善中原股权交易市场体系和监管体系，切实做好技术平台、股权托管平台、交易系统建设，构建多方财政支持的风险基金，有效降低系统风险，完善中原股权交易市场的基础性功能并增强其对周边省市金融市场的引领和示范效应。四是积极推动商业银行创新金融产品和服务，不断扩展传统信贷业务，形成加强银、政、企融合发展的良好局面，研究建立长期稳定的新型银企关系。以郑商所为核心，大力组建和吸引全国期货公司总部入驻河南，加快建设在全国具有重要影响力的期货、期权产业集聚中心。

（二）拓宽金融开放空间

一是在守住金融安全底线的前提下，以自贸区和航空港区为改革开放的主阵地，鼓励本地金融机构"走出去"把国内外银行、证券、保险、信托等金融企业"请进来"务实合作。以增强金融服务能力，特别是服务实体经济能力为契机，申请开展人民币创新业务试点业务，稳步提高金融机构离岸金融市场服务体系，加快推进利率和部分能源价格市场化，加快在全省建立存款保险制度，不断推动金融行业高质量开放发展。二是持续推动投资便利化的稳步实施和金融信息共享服务平台的建立，深刻认识并全面实施投资准入前国民待遇加负面清单管理模式，减少对外投资的制度障碍，简化行政审批流程，创新对外投资管理方式。积极推进票据在自贸区中的创新，要为跨国公司、中小企业等建立融资平台，吸引跨国公司资金总部落户自贸区，为中小企业提供便利的融资，服务实体经济对外发展。三是以郑州航空港经济综合实验区为重要平台，开展飞机、大型设备等融资租赁业务，支持境内外金融机构入区经营，以货币的互联互通为媒介打通与"一带一路"沿线国家经贸合作和资金融通的渠道。

（三）优化金融生态环境

一是以优惠的产业政策和优良的设施环境吸引国内外金融机构向郑州金融商务区集中，创新和完善政府性基金的组成模式，形成政府引导与市场运作相结合的多元化金融产业保障体系，实现大中小企业自主创新融资的新格局。二是以大数据和云计算为现代技术支撑，加快河南区域社会征信体系的建设，推动金融机构、政府、企业和个人形成社会合力完善社会担保体系建设。依法维护金融企业合法权益，构建完善的信息化金融人才共享市场，完善前台服务、监督管理和技术支撑等相关配套措施，依法依规切实保护金融投资者合法财产权利。三是加快建设郑州市金融后台服务产业基地，优先发展并完善金融后台服务产业的核心功能区。四是沟通、协调好地方政府、证监会及银保监会等监督管理部门和金融机构之间的沟通、协调和合作机制，鼓励金融机构建立服务企业的专门部门，鼓励银企增强合作交流，推动各类提供外包服务的非金融机构全面开花，加快建设提供支持性服务产品的共享中心，完善金融市场并不断为独立后台服务机构拓展市场规模。

（四）拓展创新金融业务

一是以技术创新为着力点引领现代金融产业的产品创新和服务创新，实现金融资源的不断整合，以满足客户的显性和隐性需求为根本目标，不断推出人性化和现代化的金融产品和服务。二是完善和推广互联网金融平台，增加农村金融机构网点数量，及时跟进服务，尤其是向广大欠发达的农村地区进行政策倾斜，提高金融服务大众的能力。在郑东新区加大对符合条件从事P2P企业的支持力度，构建互联网金融产业链联盟，培育互联网龙头企业，推动行业发展。三是完善并全面推广现代化电子支付系统，增强客户端支付结算服务功能和安全性，加快实现中原城市群金融集聚，加快形成跨部门、就地和跨地域相结合的一体化金融监管体系，构建相关机构信用评级公示和风险提示制度，增强互联网金融风险监测和技术支撑。四是不断创新管理方式并推进金融机构后台系统应用技术更新升级，满足中小企业不断变化的融

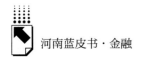

资需求，以金融创新为科技创新提供资金支持，不断提高金融服务实体经济的能力。

（五）强化金融智力支撑

一是构建更加完善的金融人才与企业交流的网上平台，以满足市场需求为根本目标，在适应郑州市区域金融中心建设现实需要的基础上，第三方服务平台不断公开发布金融专门人才的供求信息，运用市场"看不见的手"来调节供求双方的良性互动。二是及时出台对到郑州工作的高学历、高素质金融管理人才具有吸引力的优惠和补助政策，加快郑东新区金融核心功能区学校、医院、公园、体育场及购物中心等基础设施建设，实现人才"进得来，留得住"的良好局面。三是整合及优化省内高校资源，重点依托郑州市商品交易所博士后流动站、郑州大学及河南财经政法大学缓解全省高端金融人才极其缺乏的难题。四是加强高校和科研机构与当地金融机构的人才培养合作机制，建立人才实习基地，提高求职者跨学科知识的整合能力和实务操作能力；适应行业需求不断调整课程体系，积极争取与国内、省内资深金融机构合作培养后备人力资源，在定向培训的基础上，实现金融人才与需求方的良性交流互动。

参考文献

国家统计局：《中国统计年鉴（2016）》，中国统计出版社，2016。

河南省统计局：《河南统计年鉴（2016）》，中国统计出版社，2016。

谢伏瞻：《2016 年河南省政府工作报告》，《河南日报》2016 年 2 月 4 日。

谢伏瞻：《中国共产党河南省第十次代表大会上的报告》，《河南日报》2016 年 11 月 1 日。

王力：《中国区域金融中心研究》，中国金融出版社，2016。

B.20
河南省推广应用 PPP 模式的
成效、问题及对策

胡兴旺　李俊杰　张瀚元*

摘　要： PPP 模式的推广应用，有利于充分发挥市场在资源配置中的
决定性作用，推动国家治理能力的提升和财政管理方式的创
新，实现公共产品和公共服务供给质量及效率的提高。河南
省 PPP 模式的推广应用自 2014 年以来，经过三年多的实践和
探索，取得了明显的成效，但还存在思想认识不够到位、工
作进展不平衡、项目落地难、项目策划和运作水平有待提升、
风险意识有待加强等问题，因此，必须进一步深化 PPP 改革，
创新工作举措，完善推进机制，着力提升 PPP 科学化、规范
化、精细化水平，推动河南省 PPP 工作迈上新台阶。

关键词： 河南省　PPP 模式　资源配置

　　PPP（Public-Private-Partnership）是政府和社会资本在基础设施及公共
服务领域为提供公共产品和公共服务而建立的一种伙伴式的合作关系。在当
前我国经济步入新常态的背景下，财政收入也将由高速增长转向中低速增
长，财政收支矛盾异常突出。为保障公共产品和公共服务的有效供给，迫切

---

　* 胡兴旺，管理学博士，中国财政科学研究院博士后，河南省财政厅政策研究室主任，研究员，
　博士生导师；李俊杰，管理学博士，郑州大学管理工程学院讲师；张瀚元，华北水利水电大
　学博士研究生。

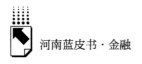

需要体制和机制的创新，改变公共产品和公共服务长期以来由政府单一供给的局面，鼓励和引导社会资本尤其是民间资本积极参与公共产品和公共服务的供给。推广应用 PPP 模式，有利于充分发挥市场在资源配置中的决定性作用，促进政府职能转变，推动国家治理能力的提升和财政预算管理方式的创新，实现公共产品和公共服务供给质量及效率的提升。

自 2014 年以来，河南省财政部门按照中央和省委、省政府关于 PPP 工作的决策部署和要求，坚持"起步要快、步子要稳、架子要正"的整体工作思路，开拓创新，积极作为，PPP 模式推广运用呈现良好发展态势。截至 2017 年 9 月底，全省 PPP 库入库项目达 1099 个，总投资 13446 亿元，涉及交通运输、生态建设和环境保护、市政工程等 19 个领域，涵盖 7 个省直部门、18 个省辖市和 135 个县（市、区）。其中，已落地项目 218 个，实现投资 3489 亿元；58 个财政部示范项目已落地 52 个、投资额 940 亿元。一大批 PPP 重大项目的落地实施，为扩大有效投资、促进全省经济社会持续较快发展发挥了重要作用。

一 河南省推广应用 PPP 取得的成效

近年来，河南省 PPP 工作在财政部的大力支持和指导下，在各级、各有关部门的共同努力下，取得了明显成效，主要体现在以下几个方面。

（一）凝聚了改革共识

目前，大多市县政府改变了传统融资观念，在推动公共基础设施建设时不再单纯依靠财政资金，而更多的是采用 PPP 模式加强与社会资本的合作，拓宽项目建设资金渠道，提升公共服务水平。

（二）增强了规范意识

通过完善制度、强化运作流程，大多市县基本认同了财政部"五阶段、十九个步骤"要求，并按此调整工作措施和相关政策，努力做规范的 PPP。

尤其对部分存量项目，重新开展评价和财政承受能力论证，着力改造成规范的 PPP 项目，确保项目后期的顺利实施。

（三）提供了示范引领

通过坚持规范运作、稳步推进的原则，河南省 PPP 模式的推广产生了积极的示范效应。目前，河南省列入财政部示范项目共 58 个，总投资 1010 亿元，示范项目总量居全国首位。其中 52 个国家示范项目签约进入执行阶段，居全国第一位。近年来，洛阳道桥等一大批财政部示范项目在实践运作中积极探索，积累了许多好的经验和做法，形成了典型案例，为全省各地乃至全国推行 PPP 模式提供了借鉴。

（四）形成了良好氛围

经过一系列宣传推介和培训辅导，增强了市县政府及相关部门、金融机构对 PPP 模式的理解，并逐渐认识到 PPP 模式能够将隐形政府信用转化为企业信用或项目信用，在拉长融资期限的同时，有利于降低融资成本，相比传统的政府融资平台在降低融资难度和成本方面更有优势，进而推动各相关部门从自身职能出发积极参与支持推广 PPP 项目，对运用 PPP 模式推进城镇化建设的热情高涨。

（五）建立并完善了体系

在工作实践中，逐步形成了推进 PPP 的项目收集推介体系、公开信息宣传培训体系、项目融资支持体系、政策研究支撑体系四个体系，构建了 PPP 模式推广"四库一平台"的基础架构，形成了"建成一批、淘汰一批、充实一批"的良性循环机制，为 PPP 发展提供了有力保障。

二 河南省推广应用 PPP 存在的问题

尽管河南省在 PPP 工作推进中取得了很大成效，但也存在一些突出问题和薄弱环节。主要表现在以下几个方面。

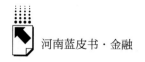

（一）思想认识还不到位

部分县市和部门仍囿于传统惯性思维，没有真正树立 PPP 理念、把握准 PPP 的核心要义，对 PPP 工作不重视，推动不积极，落实不到位；有的县（市）对 PPP 的认知还存在误区，基础工作准备不足，仅把 PPP 模式作为在当前经济增速回落的背景下解决融资难题的一种"迫不得已"的手段，在未对 PPP 工作深入研究、认真谋划的前提下，就盲目推出了一些不宜采取 PPP 模式或实施条件不具备的项目，导致项目后续难以落实；有的县（市）过度追求 PPP 发展速度，对本地 PPP 项目缺乏统筹规划，没有结合本地财力状况及时建立分行业、分领域的 PPP 项目滚动开发计划，致使在 PPP 项目中地方财政支出接近了 10% 的红线，制约了 PPP 的可持续发展。

（二）推广应用不平衡

从区域分布情况看，截至 2017 年 5 月底，省财政厅 PPP 项目库中落地项目数居前五位的洛阳、郑州、濮阳、商丘、平顶山 5 市已落地项目合计 90 个，占落地项目总数的 43.89%。从行业分布情况看，省财政厅 PPP 项目库中，市政工程、生态建设和环境保护、交通运输、片区开发、保障性安居工程 5 个行业领域的项目共计 627 个，涉及投资 8525 亿元，分别占入库项目总数、入库项目总投资的 65.85% 和 77.19%，而科技、养老、农业、文化、社会保障等领域的入库项目较少。从社会资本性质情况看，国资投入占比高，而民资、外资参与程度低。目前河南省各地已落地的 PPP 项目中央企、地方国企投资占比大，而民营企业和外资企业受投资门槛较高、审批程序复杂等因素制约，参与程度和投资量明显偏低。

（三）PPP 项目落地难

PPP 模式政策性强、运作周期长、程序较为复杂。按照财政部操作指南"五大阶段和十九个步骤"，项目完成采购进入执行阶段客观上需要一个过程。由于项目前期工作不充分、启动资金不到位、中介咨询机构良莠不齐等诸多因素，加之目前我国 PPP 法律政策体系还不够完善，实际操作中遇到的土地使用权、产权等问题还存在法律和政策障碍，这些都制约了 PPP 项目签约实施。同时，PPP 项目投资规模较大、回报期较长且具有公益性，由于项目投资回报率低、收益保障机制不健全、风险分担机制不完善等多种原因，难以落实社会投资主体，截至 2017 年 9 月，河南省入库 PPP 项目的落地率仅为 19.9%，项目推进存在一定困难。

（四）项目策划和运作水平有待提升

虽然目前河南省入选财政部示范项目数量居全国第一位，整体工作推进情况也处于全国前列，但河南省项目整体策划水平不高，传统市场付费项目（如单一的公用事业项目）、单纯的政府付费项目（如道路、学校）等较多，通过合理配置各类可用资源、富有创意的项目（如片区开发、海绵城市和地下管廊）等偏少。截至 2017 年 5 月底，在 952 个省财政厅 PPP 项目库中需政府付费或缺口补助的达 669 个，占入库项目总数的 70.3%。个别项目信息不够公开透明，运作不规范，实施方案设计过于简单，不重视项目的运营和绩效考核，甚至以固定回报承诺等方式承担过度支出责任，给未来 PPP 项目实施埋下隐患，也增加了地方政府债务风险。这些问题，需要在以后工作中高度重视、认真研究解决。

（五）风险意识有待加强

一些地方政府仍然停留在过去融资搞建设的传统思维，虽然打着 PPP 的旗号，但实际上却采取政府回购安排、明股实债、保底承诺、固定回报等变相融资形式，甚至一些地区存在将"拉长版 BT"包装成 PPP 的情况。此外，从目前来看，大多数的 PPP 项目，股本投资仅占到项目总投资的 1/5 左右，其余的融资大都来自银行贷款，较大的贷款额为 PPP 项目带来了极大的风险。这些做法都涉及风险控制，既产生了一定的"挤出效应"，也增加了地方债风险隐患，严重影响了 PPP 模式的规范推广。

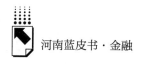

三 进一步推动河南省推广应用 PPP 的对策建议

针对河南省在 PPP 推广应用中存在的问题，结合河南省实际，下一步应按照财政部和省委、省政府的部署和要求，进一步深化 PPP 改革，创新工作举措，完善推进机制，着力提升 PPP 科学化、规范化、精细化水平，努力推动河南省 PPP 工作迈上新台阶。

（一）注重项目谋划，着力推进项目规范实施

建立健全工作协调机制，督促指导各地重点围绕百城建设提质工程等省委、省政府重大决策部署，认真谋划一批高质量的 PPP 项目，发挥 PPP 项目在扩投资、稳增长中的重要作用。加强项目库建设和服务管理，完善 PPP 项目入库指南，健全入库项目绿色通道制度，提高入库项目审核效率，确保能入则入、应入尽入。完善项目推介机制，定期在上海、郑州等地举办专题推介活动，持续向社会推介河南省优质 PPP 项目，吸引更多的社会资本、金融机构参与河南省 PPP 项目，着力推动一批 PPP 合作项目签约落地。

（二）围绕重点行业，落实"两个强制"要求

按照财政部工作部署，协调省直相关部门，带动市县共同探索推进两个"强制"工作。在确定的污水处理、垃圾处理领域，坚定推行 PPP 模式强制应用工作，争取新建项目100%采用 PPP 模式；在农业、医疗、卫生、养老等其他财政给予支持的公共服务领域，对具有现金流、具备运营条件的项目，强制实施 PPP 模式识别论证，鼓励运用 PPP 模式，提高公共服务质量。

（三）抓好载体建设，着力完善信息公开和宣传培训体系

加强咨询机构库、合作伙伴库、金融机构库建设，完善 PPP 推介专家机制，推动各类信息资源的整合共享，着力打造全省权威的 PPP 信息综合平台。抓好财政部 PPP 项目信息公开管理办法的落实，着力建立完善 PPP

项目信息公开机制。加强与《中国财经报》《河南日报》及河南电视台等媒体的深度合作，持续宣传介绍河南 PPP 工作和重点项目。实施专家培养计划，挖掘一批 PPP 工作带头兵，确保每个市县有一名业务骨干成为 PPP 专家。继续采取专家讲座、以会代训等多种形式，重点围绕薄弱环节开展有针对性的专题学习培训，不断提升 PPP 参与各方的政策把握和业务实操水平。

（四）加强政策支持，强化项目融资保障

落实好中央财政 PPP 项目以奖代补政策，及时对符合条件的新建示范项目和地方融资平台公司存量转型项目给予奖励，调动社会资本投资的积极性。深化与中国政企合作基金的合作，积极做好项目征集筛选，争取把河南省更多优质项目纳入支持范围。鼓励部分条件成熟的项目发行资产证券化产品，推动制定专门、统一的 PPP 项目资产证券化政策文件，确立统一发行、上市和交易规则，努力完善二级市场的交易机制，提高 PPP 项目资产证券化产品的流动性，搭建投资主体多元化的市场退出机制，为 PPP 项目资产证券化业务发展提供规范、合理的法律框架和市场环境，支持 PPP 项目资产证券化尽快落地。研究建立对民营企业的融资支持机制，为民营企业参与 PPP 项目提供长期低成本的资金支持，提高民营资本竞争力和 PPP 项目参与率。支持中原豫资集团发挥自身优势，不断创新和完善 PPP 投融资机制，综合运用中国政企合作基金河南子基金、省级 PPP 开发性基金等各类基金，为全省 PPP 重点项目融资提供有力支撑。

（五）加快推进 PPP 立法进程

PPP 模式在快速推进并取得明显成效的同时，也面临合作项目范围的泛化倾向、实施不够规范、社会资本方顾虑较多、相关管理制度措施存在"政出多门"等一些亟待解决的突出问题，究其根源，主要在于 PPP 立法缺失。因此，应加快 PPP 条例正式出台，明确 PPP 项目的适用范围、政府管理部分的职责、参与各方的权利义务、项目风险的分配、项目融资以及项目的执行和监管等，确保法律适用的统一性，维护投资主体的合法权益，进一

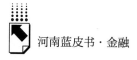

步增强项目的规范性、参与各方的契约精神，提高社会资本参与的积极性。同时，地方政府有关部门应根据 PPP 项目的不同阶段、不同的步骤、具体任务，参照世界银行、亚洲开发银行等研究制定具体的操作规程、步骤和具体的格式，为 PPP 项目参与方、有关人员提供有针对性的、实质性的帮助。总之，通过建立完善的法律法规和操作规程，积极推动 PPP 模式规范发展，PPP 项目顺利实施。

B.21
河南省区域性股权市场
健康发展的对策研究*

河南省人民政府发展研究中心联合课题组**

摘　要： 实现河南区域股权交易市场健康发展，解决大量中小企业融资难、创新难、发展难的问题，不仅是个理论问题，也是个实践问题。为此，课题组及其协作单位，开展了专项课题研究，在考察了中原股权交易中心开业一年多来运营实践的基础之上，对河南省区域股权市场的发展现状及存在的问题，进行了较为深入的思考，并从理论和实践两个层面提出了相应的对策和建议。

关键词： 河南省　资本市场　股权市场

多层次资本市场是经济转型升级、结构调整、可持续快速增长的"孵化器""加速器""助推器"。中小微企业是活跃经济发展和解决就业问题的重要力量，区域股权市场正是为了解决大量的中小企业融资难、创新难、发展难问题应运而生的。区域性股权市场是多层次资本市场的"塔基"，主要服务于所在省级行政区域内中小微企业，是地方政府扶持中小微企业政策措

---

* 本文系2016年河南省政府政策咨询招标课题"河南省股权交易市场健康发展研究"的研究成果（项目编号：2016B161）。项目完成单位：河南省政府发展研究中心、中原股权交易中心、郑州大学西亚斯国际学院、郑州大学马克思主义学院等。

** 课题组组长：刘战国；课题组成员：王国胜　李新锋　刘艺娃　靳瑞　杜文平。

施的综合运用平台（也称四板），自 2013 年证监会清理整顿各类交易场所以来，全国已基本形成"一省一市场"的发展格局。截至 2016 年 9 月底，全国先后成立 40 家区域性股权市场，各区域性股权市场共有挂牌企业 1.35 万家，展示企业 5.41 万家，累计为企业实现各类融资 6450 亿元。

毋庸讳言，目前，河南大约有 43 万家企业，其中中小企业占了绝大多数，规模以上企业不到 1 万家，而境内上市公司也只有 75 家，挂牌新三板企业有 336 家，实现河南区域股权交易市场的健康发展，从而解决大量的中小企业融资难、创新难、发展难问题，已成为政府、社会和学界普遍关注的重要问题。深入开展河南省区域性股权市场研究，具有重要意义。

一 河南区域股权市场发展的基本情况

（一）完善机构，按照国际最高标准重组"中原股权交易中心"

中原股权交易中心是河南省政府批准设立的河南省唯一一家区域股权交易场所，是中原豫军的重要一员，2015 年 6 月 29 日成立，9 月 16 日开业开市，中心的成立和开业填补了河南省金融业态的一项空白。中原股权交易中心在河南省政府金融办和河南证监局的监管和指导下，主要从事股权、债权及其他权益类资产的登记、托管、挂牌、转让及融资等相关服务的市场组织，是私募证券市场的一种形式。中心定位于河南省中小微企业私募证券发行与交易市场，遵循"公平、诚信、创新、高效"的经营理念，以"服务实体经济、服务中小微企业，推动产业、科技和资本的融合"为宗旨，努力成为汇聚资本市场相关要素的区域平台，中小微企业与社会资本对接的桥梁，广大中小微企业走向更高层次资本市场的孵化器。

（二）完善政策，营造区域资本市场跨越发展的优越环境

2015 年 9 月，河南省政府金融办联合 8 个厅局共同出台《关于推进中原股权交易中心建设，支持中小企业发展的意见》（豫政金〔2015〕106

号）支持中原股权交易中心建设发展，积极引导全省企业通过在中原股权交易中心挂牌、登记托管，建立现代企业制度，完善公司治理结构。对进入中原股权交易中心挂牌的企业，由企业所在地政府比照当地对企业在境内外上市或新三板挂牌的奖补政策给予适当支持。河南省人民政府办公厅《关于转发优化企业融资服务若干政策措施的通知》（豫政办〔2016〕55号）提出，对成功在全国中小企业股份转让系统及河南省区域股权交易市场挂牌、融资的企业，当地政府要给予适当奖补。目前，全省的郑州、安阳、鹤壁、洛阳、周口、许昌、驻马店、新乡、焦作、漯河、济源、南阳等多个地市出台企业"四板"挂牌奖励政策，有力促进了当地企业积极认识和利用资本市场规范发展的意识和水平。

（三）发挥区域资本市场的杠杆支点作用，从根本上解决中小微企业融资难、融资贵的矛盾

2015年，在成功探索区域企业集中挂牌的"汤阴模式""鹤壁模式"后，2016年在其他地市相继推开，一次性集体挂牌数量屡创新高。先后有新密、滑县、兰考、民权、周口、博爱、汝州、焦作等十余市县举办了企业集中挂牌仪式，一次集中挂牌企业数量创了新纪录，其中新密36家、周口72家和焦作245家，区域股权市场对企业挂牌的吸引力逐步增强。截至2016年12月30日，中心挂牌企业1026家，其中展示板982家，交易板44家，30多家挂牌企业通过股权、债权等多种方式融资超过3.1亿元，有1家挂牌企业成功转板至新三板，四板市场服务实体经济能力初步显现。

中原股权交易中心自成立后，积极发挥自身第四板资本市场的杠杆和支点效应，不断拓展业务，为中小微企业服务，其中不乏经典的成功案例。例如，中心通过组织路演活动，为郑州大河智信科技股份公司等十家企业实现股权融资8940.9万元。大河智信成立于2014年5月，是中心首批首家挂牌企业，具有自主研发能力的精英技术团队，公司通过对物联网、云计算、大数据等技术的综合运用，形成了以智能检测、智能控制和专家系统为主的自有核心技术，2015年通过中心的路演平台，以股权融资方式为其融资2300

万元。大河智信属于初创期的轻资产企业，既不符合银行融资条件，也不符合新三板挂牌条件，但通过在中心挂牌，不仅能为企业带来资金，提高企业知名度，也为企业走向更高层次资本市场打好了基础，创造了条件。挂牌之后，企业各项业务进展顺利，社会资金关注度更高，企业发展进入快速、良性发展轨道。

（四）区域股权市场正在成为区域经济转型升级的"孵化器"和"加速器"

从中原股权交易中心两年多的运行效果看，其服务实体经济、服务中小企业的社会效应逐步显现。这一切表明区域股权市场的功能和作用，不仅仅是为中小企业融资开辟一个新的渠道，更重要的意义在于普及资本市场知识，加深对资本市场的认识，营造健康金融环境。一是有利于企业加强自身的规范管理，实现向现代型企业转型和跨越。二是有利于为企业扩展融资渠道、综合运用金融工具、合理规划融资结构，减少高利贷融资和过渡担保。三是有利于居民认识正规投资渠道、提高风险防范意识，拒绝参与非法集资。四是有利于政府提升资本运营意识，合理配置地方金融资源，打造区域经济金融中心，有效促进资本市场和社会经济发展。

二 河南区域股权市场发展中存在的主要问题

由于中原股权交易中心成立时间较短，尚处于培育和探索阶段，尽管整体发展较快，但是也产生了许多问题。这些问题阻滞了河南省多层次资本市场体系建设和地方经济的发展，需要引起高度重视。

（一）政府、社会和企业对区域股权市场的功能和作用认知理念不足，制约和影响了机构参与意愿和参与度

区域股权市场从其定位和功能来说，具有一定的公益性。在目前的环境下，要发挥其功能，促其良性发展，就需要政府、社会和企业的广泛认知，

更需要与区域性股权市场发挥作用相配套的中介机构、投资机构和其他社会机构的大力参与。

按照证监会对区域股权市场的功能定位，区域股权交易市场是地方政府扶持中小企业资金和政策运用的重要平台。河南已经出台了多项支持区域资本市场发展的文件，成立多只产业引导基金，但真正投向中小企业和投向在中心挂牌企业的基金还十分有限。

部分地方认为区域股权市场流动性差、融资能力有限，对中心在规范、培育、孵化等方面的作用认识不够、重视不足，对中小企业在区域股权市场挂牌的积极性不高。反映出一些地方政府对资本市场功能和作用缺乏深入系统的了解，对发展区域资本市场缺乏整体规划和长远规划，不能综合运用政府资源和政策红利营造区域金融发展环境，因此，在出台扶持政策方面动作慢、力度小，很难形成后发优势。

（二）政策和法律配套存在"漏洞"和"短板"，使股权集中托管缺乏政策依据，影响股权质押业务开展

从国内其他区域股权市场成功经验看，区域股权市场很大一部分融资为股权质押融资，但由于缺乏明确的法律规定，在区域性市场股权登记不具有对抗第三方的法定公示效力。这就需要区域股权市场的登记托管功能与工商部门的登记质押功能协同互认，以解除金融机构对企业股权质押不实的担忧。为此，安徽、湖北、山东、河北、重庆、吉林、江西等省份在企业股权集中登记托管方面出台相关政策，明确要求省内非上市股份公司和国有及国有控股企业股权需在区域股权中心登记托管，在赋予区域股权市场相应法定效力后，极大地促进了股权质押融资业务的开展。而河南尚未出台类似的相关政策，成了股权市场规范健康发展的"漏洞"和"短板"。

（三）中小企业信用体系不完善、私募机构数量少，影响企业融资

虽然中心自开业以来为30多家企业实现融资3.1亿元，但总体融资规模低于其他大型金融体系，其原因是多方面的。一是河南中小企业产业结构

偏传统，高新技术和新兴产业挂牌企业少，适合股权投资的企业少。二是挂牌企业财务规范程度普遍较差，缺乏健全的公司治理结构和明晰的发展规划。三是在宏观经济下行过程中，中小企业信用体系不完善，银行等金融机构对中小企业融资谨慎，几乎不做增量，致使中心与银行合作产品无法发挥应有作用。四是私募股权投资机构是区域股权市场发展的土壤，是中小企业投资的主要力量，① 但由于河南省近几年基本上禁止私募股权投资机构注册，致使河南省私募基金数量过少，与区域股权交易市场的发展要求和发展趋势严重不匹配。

三 对策与建议

毋庸讳言，河南资本市场发展是相对滞后的，无论是上市公司数量、市值规模、资本市场融资总量和资产证券化率等多项指标都与河南省在全国的经济地位不相称，四板市场起步较晚，发展河南资本市场任重道远。从资本市场发展的自然规律来看，只有从最基础的四板市场做起，抓早抓小，做大基数，做强基础，形成梯队，扎实推进，才有可能逐步赶超周边省份，做到后来居上。

（一）提高认识，加强宣传引导，形成政府、企业、机构和社会发展区域股权市场的合力

当前不但要扩大对股权交易市场性质、功能和定位的舆论宣传，扩大股权市场的知名度，而且必须采取切实有效的措施，从理论和实践的双重层面加强引导，提高政府、企业、机构和社会对股权市场的整体认知。对政府而言，要做好顶层设计，制定科学的政策，合理配置各种资源，推动资本力量

---

① 截至2016年9月底，全国注册私募股权投资机构1.7万家，认缴资金9.1万亿元。由于河南省近几年基本上禁止私募股权投资机构注册，致使2016年底只有私募基金130多家，管理资产仅50多亿元，远低于河南经济占全国经济总量的比重，严重影响了河南中小企业股权融资规模和数量。

有序扩张和区域金融中心建设；对企业而言，要正确评估自己的发展方向和目标，选择合理的融资渠道，扩大企业的知名度和盈利水平；对投资机构而言，要激发其参与意识，在做好风险评估和防控的情况下，提高其参与度，推动股权市场的成熟和发展。

（二）强化政策法律的配套与落实，处理好宏观指导和微观落实的关系

股权市场的健康发展，既离不开政府政策和法律的宏观指导与保障，也离不开配套政策和法律规定的微观落实。否则，就会出现宏观政策与配套措施的"两张皮"和"空对空"现象，就会出现法律保障的"失语"和"缺位"现象。所以必须强化政策法律的配套与落实，在政策与法律上堵塞"漏洞"、补上"短板"，协调管理部门与股权交易中心之间服务定位及业务范围的契合关系，避免政策实施中的悖论和冲突，为股权市场的健康发展扫除障碍，打破藩篱，营造良好的运行环境。建议积极借鉴和学习山东、重庆等地经验，出台非上市股份公司和国有控股企业股权集中托管规范管理文件，促进股权质押融资业务发展。

（三）培育中介机构、投资机构和其他社会机构，提升其参与意识和服务能力

要充分培育与区域性股权市场发挥作用相配套的、与服务中小企业发展需求相适应的中介机构、投资机构和其他社会机构，适当增加其数量，提高其服务市场、服务中小企业的质量，提升其参与意识，逐渐改变股权市场普遍存在的机构不愿参与服务、企业不愿挂牌的状况。近期国务院发布了《规范发展私募股权投资机构的意见》，在河南省委、省政府《关于加快推进郑洛新国家自主创新示范区建设的若干意见》中也提出促进私募投资基金、股权投资基金发展。各市级政府应尽快出台配套支持细则，并积极鼓励地方政府组建产业引导基金、创投基金，培育私募股权投资文化，服务中小企业融资。同时，政府应支持中原股权交易中心通过适当方式参与河南省涉

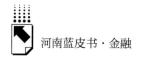

及中小企业各类基金的运营管理，以更好发挥基金领投、领贷作用，或者借鉴山东经验，成立专门的"四板投资基金"，投资区域股权市场挂牌的中小企业。

（四）建立小微商学院，培育新一代优秀商界人才

现在大学所设置的 EMBA 学位，每年的学费动辄需要几十万元，这对一般的中小企业来说，学习课程的成本较高，令很多企业家望而却步。中原股权交易中心服务于省内广大中小企业，除了提供融资服务外，培育孵化也是其重要功能之一。为了更充分发挥培育孵化功能，中心可以开办小微商学院，本着培育企业从培养企业家入手，将小微商学院打造成专门服务于河南省中小微企业家的基地，免费为企业家提供前沿的、有实践意义的商务课程，通过提供包括法律、财税、企业管理、资本经营等专业培训以及交流、考察、资源对接、投融资产品对接等衍生服务，提高挂牌企业规范管理水平和资本运作能力，促进企业更好地认识资本市场、利用资本市场，从而提高省内企业整体发展水平，促进省内经济社会发展进步，力争用3～5年的时间为河南省培育出一批新一代的优秀商界人才。小微商学院定位应该是公益的性质，但培训的组织与运行均需要人力资源的投入，课程举办场地、邀请授课专家、课程延伸活动等也需要一定的费用支出，政府可以委托或购买服务的方式按实际提供服务的数量和质量给予补贴。

B.22
河南省供应链金融发展的
问题与对策建议

徐夏楠*

摘　要：　供应链金融是一种基于产业供应链管理对链条中企业提供融资的金融服务方式，强调构建信息流、资金流、商流、物流四流合一的信用风控体系，能够有效解决中小企业融资难问题。河南省供应链金融起步较晚，目前仍处于探索发展阶段，金融模式、信用评价体系、政策制度仍存在较多问题。本文基于河南省中小企业发展现状，分析供应链金融发展中存在的问题，并提出相应对策。

关键词：　供应链金融　河南省　贸易融资

一　引言

供应链金融是由贸易融资发展而来，最早出现是在20世纪前期上海银行的一些抵押业务中，正式开展是在20世纪末，在金融业内部竞争压力不断加大的背景下，供应链金融开始出现并不断创新。经历了票据贴现、贸易融资、初步发展和全面开展四个主要阶段，现已在部分领域具备成熟的发展经验和模式。

---

* 徐夏楠，河南省工程咨询中心高级经济师，硕士生导师、省级学术技术带头人。

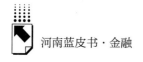

供应链金融是商业银行利用供应链上核心企业上下游的中小微企业的资金流、物流等各类信息，为供应链上的中小微企业提供灵活的金融支持，目的是在尽可能多地吸引中小微企业客户贷款的同时，又能控制此类贷款的坏账风险。对于中小微企业来说，供应链金融是有效缓解中小微企业融资难问题的重要途径，能够降低企业交易成本、促进企业实现规模经营。对于供应链条来说，供应链金融能够盘活链条上的资金流通，提高整个链条资金流动效率。目前，传统的供应链金融以银行等金融机构为主导，融资模式主要有三种，即应收类融资、预付类融资和存货类融资，分别是利用债权、货权和存货作为企业还款能力和信用证明来进行融资。随着互联网金融的快速发展，供应链金融业务在技术和效率上都有大幅提升，以集团主导和互联网金融平台主导的现代新型供应链金融成为供应链金融的发展方向和趋势。在金融体制改革和经济转型创新发展背景下，供应链金融对于促进多产融合、实现跨界经营、推动经济高质量发展具有积极的意义。

二　河南省中小企业及供应链金融发展现状

供应链金融服务对象主要为中小企业。中小企业是中国数量最大、最具创新活力的企业群体，在促进经济增长、推动创新、增加税收、吸纳就业、改善民生等方面具有不可替代的作用。国家统计局数据显示，截至 2016 年末，河南省有规模以上中小工业企业 2.26 万户，比 2015 年增加 3000 余家，占全国规模以上中小企业数量的 6.1%；完成主营业务收入 5.34 万亿元，占工业主营业务收入的 40.1%，同比增长 10.7%；实现利润总额 0.4 万亿元，从业人员 466.69 万人。有规模以下中小工业企业 4.98 万户，从业人员 80.08 万人。从数据结果来看，中小企业经济运行总体保持平稳，主要经济指标增速企稳回升，经济效益有所提高。但受生产规模、技术和资本、人员综合素质等因素的影响，中小企业特别是小微企业发展依然面临诸多的困难和挑战。

其中，中小企业融资难问题最为突出。笔者曾就此问题做过问卷调查，调查结果显示，2016 年在有融资需求的中小企业中，38.8% 的企业反映融资需求得不到满足，较上年降低 0.3 个百分点，没有明显改善。银行惜贷、压贷、抽贷、断贷现象时有发生，银行对中小企业的贷款利率普遍上浮 30% 以上。此外，中小企业销售回款难、人才缺乏、环保约束加大、创新转型难、制度性交易成本高、政府公共服务有待进一步优化等问题，也都严重影响着中小企业的发展和企业家的发展信心，投资意愿总体偏弱。2016 年河南省国民经济和社会发展统计公报数据显示，2016 年，河南省民间投资 31414.73 亿元，同比增长 5.9%，增速比 2015 年同期回落 10.7 个百分点；民间投资占全省固定资产投资（不含农户）的比重为 79.0%，比 2015 年低 4.2 个百分点。因此，河南省亟须进一步加强和改善融资服务，积极发展供应链金融，加大对中小企业信贷支持，切实缓解中小企业融资难题。

目前，河南省供应链金融仍处于探索阶段。银行类金融机构供应链金融产品体系逐步健全，以中原银行、郑州银行等为代表的银行类金融机构提供供应链金融产品，对提升全省供应链金融产品水平具有重要意义。供应链金融模式主要包括国内的应收账款融资产品、预付账款融资产品、存货融资产品。除商业银行开展供应链金融业务外，供应链管理公司和物流企业也逐步开展供应链金融工作，但由于供应链金融不是其主要业务，而且考虑到供应链金融体制机制不健全，法律法规不健全，企业参与积极性不高，供应链管理公司的供应链金融业务寥寥无几。

三 河南省供应链金融发展存在的主要问题

（一）传统模式下供应链金融难以覆盖上游多级供应商

一是信息化管理有待加强，传统模式下供应链金融难以搭建与商流、资金流统一的信息流。各机构/企业拥有不同的 ERP 系统，信息无法共享，资金方很难整合风险评估信息。银行对企业的动产评估体系还不健全，风险评估主要依靠企业主体资信，很少参考贸易背景。二是信任无法传递。信任只能在核心企业与一级供应商间传递，其他环节的供应商难以通过背书获得融资，现有的商票、银票、保理无法作为信任依据。在市场经济中，质押物价格波动会导致质押对象的升值贬值，存在很大不可控风险。三是信息化程度低，支付结算不能自动完成。供应商与买方之间的约定和结算无法自动完成，涉及多级供应商结算时，易出现挪用情况，银行并不能跟踪到信息。四是缺乏优质业务场景。中小企业无法证明偿还能力，很难得到资金方的认可。大型企业掌握上下游企业的采购、销售数据对金融机构评估产业链企业运营情况具有重大意义。但大型企业出于自身利益考虑，共享数据资源或协助上下游企业融资会增加一定成本并不具有现实收益，往往不愿意配合。

（二）尚未建立健全中小企业信用评价体系

在传统的中小企业信用评价体系中，各金融机构对大中小企业的信用评级都采用统一的标准。在供应链融资模式下，虽然各金融机构已不再局限于企业财务报表等"硬"信息，开始关注企业的单笔交易情况、核心公司的综合实力和信用等级，借助供应链中核心企业的力量和供应链的综合实力，来判定供应链整体的信誉水平，对供应链进行风险控制。目前，完善的中小企业信用评价体系仍然还未建立。中小企业的资料无法被有效收集和准确评级，会给商业银行的供应链金融拓展服务带来难度并且还会带来极大的信用风险。虽然供应链融资能有效规避单一企业的信用风险，但不能消除信用风险。所以，建立健全中小企业信用评价体系，不仅能客观评价中小企业的信用状况，有利于获得融资，还能降低金融机构的信用风险，减少损失。

（三）金融产品单一，不能满足中小企业的需求

金融机构是供应链金融的参与主体，其网点分布、金融产品体系完善程度决定了其服务能力。截至2017年第二季度，河南省银行业投放贷款7.56万亿元，其中小微企业贷款约1.11万亿元。虽然河南省供应链融资服务日益完善，但目前各金融机构创新意识不足，所提供的供应链融资产品大都是较为基础的供应链融资服务，未能很好地满足中小企业的融资需

求。产品体系不健全，全省金融机构供应链金融业务仍以运用应收账款类融资、预付款类融资金融工具为主，存货类质押融资业务处于停滞状态，供应链金融产品体系未能实现闭环。对供应链金融产品风险控制的运用仍停留在依靠核心企业信用层面，未能积极推动基于供应链信用体系的风险控制模式。

（四）供应链金融风险控制水平还需提高

一是企业风险控制体系有待建设，专门制度缺失。二是供应链自身存在风险。核心企业、供应商、经销商、分销商、终端用户、物流及仓储等众多参与主体共同构成了商品产、供、销的链条，不同主体之间存在大量的、持续的交互协作，产生的信息分散地保存在各个环节及各自的系统内。如何从多个参与方中平行地、及时地、全面地获得数据并完成风险控制的交互操作，成为动态管理的难点。信息发布与获取的不平等、不及时、不共享造成金融机构的信息不对称，不利于银行了解、评估、分析供应链整体、系统的状况及存在的问题。目前，河南省培育了一批如瑞茂通、鲜易等为代表的供应链管理企业，对供应链金融发展有一定的带动作用。但供应链管理公司远远不能满足供应链金融发展需求，一是供应链管理公司运行系统提供的数据信用度不高；二是供应链管理公司一般由物流企业、电商平台、大型企业转型等设立而成，本身经营多种业务，供应链金融只是其中一个非主要业务，因此企业对供应链金融投资不足，服务不广。

（五）供应链金融缺乏相应的制度规范

供应链金融目前尚处于起步阶段，国家和地方层面相关制度和法规都很不完善，现行政策中也缺乏指导供应链金融发展的政策。从操作层面看，商业银行、第三方企业、核心企业、上下游中小企业并没有相对统一的操作规范，业务流程存在投机的可能。另外，合同条款中也存在很多不完善的地方，易导致运营风险的出现。从监管层面看，监管部门对供应链金融的风险特征了解有限，缺乏规范、引导和监管。

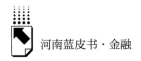

四　河南省供应链金融发展对策

供应链金融不仅在解决传统企业融资难问题上发挥巨大作用，同时能够有效实现商流、物流、资金流和信息流的"四流合一"，从而使供应链成本更低、效率更高、信息更透明。供应链金融市场正成为与产业发展结合最紧密的金融业态。更好发展供应链金融，需要充分发挥互联网的作用，实现信息共享，并开发出特色产品，打造供应链金融品牌。

（一）构建供应链金融服务体系

将供应链金融发展思路作为全省金融创新工作的重要课题，探索全省供应链金融的发展路径。制定供应链金融发展配套政策，支持供应链金融业务发展。一是要进一步发挥政府投资基金的引导和带动作用。设立国家中小企业发展基金、国家新兴产业创业投资引导基金、国家融资担保基金，带动供应链金融发展，进一步优化中小企业融资环境。二是要建立协同推进机制。政府有关部门、银行、保险公司、担保机构、核心企业、产业园区要相互协调配合，共同推进供应链金融发展。三是要瞄准河南省重点领域和主导产业，选取有实力的企业示范带动，重点推进。四是要注重发现、培育核心企业。金融职能部门要加强与农业、工信、商务等部门对接，向金融机构推介一批信用较好、社会责任心强、成长性好的企业。五是完善信用评价体系建设。发改委等部门要积极完善社会诚信体系、中小企业信用信息体系建设，并努力实现部门、金融机构、核心企业之间，核心企业与上下游企业之间信用信息互通共享。六是要加大宣传培训。积极宣传推广当前河南省部分银行和企业在供应链金融方面取得的成效，培养一批懂金融的人才，推动供应链金融模式在全省快速发展。

（二）强化全省企业信息化建设

一是提升企业财务管理信息化水平，建立现代化的财务管理制度，实现企业自身财务凭证管理、财务报表管理等信息化。二是提升企业生产经营信息化水平，建立现代化的公司内部企业管理信息系统，并客观真实地输入、输出企业运行数据。引导大企业积极如实地确认对中小企业欠款的数额，便利中小企业以应收账款进行融资。三是配合财政部门研究加快担保体系建设，引导各方面建立担保公司为中小企业贷款提供信用担保，并且推进落实担保公司有关准备金税前扣除政策和免征增值税政策。四是进一步发挥中小企业发展基金的作用，引导和带动社会资本，共同支持处于种子期、初创期具有成长型中小企业的发展。五是完善企业信用违约惩罚体系，提高企业违约成本，防范恶意违约、骗贷等破坏企业信用体系的行为，树立金融机构对企业融资的信心。六是设立公开违约黑名单，强化企业管理者的信用意识，提高企业管理者信用水平，降低企业的违约风险，提高金融机构债权保全效率。

（三）推进"区块链+供应链金融"应用

区块链本质上是一个去中心化的分布式账本数据库，具有分布式、去信任化、不可篡改、可追溯等特点，可以提供征信环节的信用背书。在区块链中，每个节点拥有均等的记账权利，所有节点都有一份共同的数据，当其中一个节点的数据改变时，其他节点的数据也会随之改变，并且这些数据具有不可伪造性。目前，区块链在银行领域已经开始尝试应用于支付结算、贸易融资、征信辅助查询等。未来，区块链或有机会成为银行降低合规风险、监管风险的必备武器。

区块链在供应链金融领域应用，使企业能够通过区块链技术将所有的交易信息记录在区块链上，实现信息共享；使用区块链记账，可以真正实现"信息+资金+物流"统一，使信任能够沿着资金流传递；嵌入区块链智能合约，对接金融机构支付通道，链条上的企业资金清算路径固化，能够有效管控违约风险；金融机构与核心企业通过联盟链，使债权转让得到多方共识，能够降低操作难度，加快转让过程，简化转让手续，增强债权转让的时效性；区块链技术可以追溯整个债权转让的痕迹，使供应链金融的债权转让在链上可视并可追溯，核心企业信用可基于可拆分、可流转的类商票凭证在

供应链中流动。

加快推进"区块链＋供应链金融"应用，有利于供应链金融的发展，在更好地解决中小企业融资难问题的同时，又能够对供应链金融参与方的履约进行监控约束。因此，政府应为金融机构和企业供应链金融发展提供宽松的业务经营环境，并充分利用互联网、大数据技术创新供应链金融模式，引入区块链人才，借助区块链为供应链生态多元主体信息建立交互平台，使交易各方公开透明参与，形成完整、流畅、实时且可溯源的信息流，改善供应链信息互通与相互协作，提升供应链整体效率。银行应用区块链技术，需要循序渐进地开展试点、改良和总结，然后再进行推广。

（四）提高风险控制技术水平

供应链金融是依附在真实交易上的金融方案设计，业务风险与交易参与方的履约环环相扣，紧密关联。传统供应链金融模式下提高风险控制技术水平，应根据风险管理流程依次进行风险识别、度量、评估、控制，建立风险防范机制。可以适当转移风险到第三方，或建立质押商品信息收集系统，掌握供应链金融风险波动，及时控制。在"区块链＋供应链金融"模式下，区块链"智能合约"将现行合同约定事项上链，使其变为自动触发与操作，引入"技术信任"弥补履约中存在意外过程和主观违约等问题的不足，能够确保金融方案设计风险控制措施的效果，保障融资安全。但"区块链＋供应链金融"应用的前提是供应链上各参与方的数据上链，需要促进供应链中的核心企业与金融机构互信互惠，达成"产业＋金融"协同做强供应链的价值共识，并由核心企业与银行主导共同建立联盟链。商业银行应用前沿的金融科技优化风险管控，需创新机制，允许容差与试错，进而将业务实例应用到区块链，从局部的风险控制功能优化扩大至类型业务、产品的风险控制创新，找到适合商业银行自身规模、风险文化、风险控制体系的最佳实践。

（五）培养高素质金融人才队伍

供应链金融是商业银行利益新的增长点，银行已从传统的信贷模式向新型融资业务模式转变，因此商业银行建立专业化的管理体制，培养专业化人才和团队，对供应链金融业务发展能够提供多方面的保证。要在供应链金融领域探索、实际操作并落地，首先需要建立供应链金融专门人才团队，接受新的理念和科技，熟悉供应链金融业务的模式及特点、风险控制思维和方法。拓展培养"区块链＋供应链金融"人才，目前，能够把探索性的区块链前沿理论变成应用技术方面的人才较为短缺，因此商业银行应结合银行自身的战略规划及探索目标，采用包括自主培养、第三方专业合作及第三方参与共建等形式，储备专业人才团队，培训理解区块链技术的原理，建立"金融＋区块链"的人才团队及机制。

参考文献

董振宁、罗毅颖：《广州供应链金融业务发展问题与对策》，《物流技术》2016 年第 12 期。

边涛：《我国供应链金融的现状、问题及对策》，《产业与科技论坛》2016 年第 2 期。

赵燕：《互联网供应链金融模式在我国的实践和发展对策分析》，《经济论坛》2017 年第 2 期。

邵华清、侯迪：《供应链金融与中小企业融资问题研究》，《价值工程》2014 年第 6 期。

纪昀瑛：《我国供应链金融发展的分析与研究》，《山西农经》2017 年第 2 期。

王怡雯：《我国供应链金融发展中的三大问题》，《时代金融》2017 年第 15 期。

《"区块链＋供应链金融"应用图景》，搜狐财经，http://www.sohu.com/a/225743720_463907，2018 年 3 月 17 日。

B.23
大数据、信息化与商业银行经营转型

中国工商银行河南省分行管理信息部课题组*

摘　要：　在经济发展新形势下，银行的经营进入了"新常态"，商业银行的发展速度、增长方式、经营模式正在经历深刻变革。如何适应新常态，寻找发展新动力，保持持久竞争力，是银行业面临的重要课题。大数据与信息化时代的到来，为商业银行创新服务模式和发展动力、顺应时代发展潮流和客户需求的变化提供了前所未有的机会与挑战。商业银行需要在大数据与信息化的支持下，实现精准营销、精益运营与精细管理，深入打造客户基础良好、业务结构合理、风险控制严密、员工队伍优秀、管理团队成熟、经营思路清晰的可持续发展道路，开辟中国银行业改革发展的新境界、新气象。

关键词：　大数据　信息化　商业银行经营转型

一　引言

在经济发展新形势下，银行的经营进入了"新常态"。在宏观层面，"三期叠加"的阶段性特征裹挟着商业银行面临业务拓展压力升高、外部风险内部化加剧、不良贷款率攀升等经营难题；在中观层面，利率市场化、互

---

* 课题主持人：宋金亮；课题组成员：毛永明　郭晶晶。

联网金融、新型银行等金融变革步伐加快，金融创新在淡漠产品边界的同时使得混业经营的"大幕"逐步拉开，同业界限逐步扩大，竞争态势随之加剧，商业银行的垄断优势逐步退减；在微观层面，随着社会财富与知识的积累，客户对商业银行提出更高的金融服务需求，商业银行亟须构建完善、安全、便捷、高效的金融生态系统与客户服务机制，满足客户全方位、多样化、差异性的金融需求。如何破题新常态，寻找发展新动力，保持持久竞争力，实现经营转型是商业银行面临的重要课题。

大数据是指海量的数据资源，即范围超出人类收集、存储、管理和处理能力的巨型数据集，具有规模庞大、增长迅速、类型繁多、价值潜力巨大等特点。大数据往往依托信息化手段，结合一定的分析方法，转化为相应的分析成果，并将成果转化为相关实践，实现数据与信息资源的价值落地。商业银行数据资源高度密集，信息技术优势明显，在运用大数据方面比其他行业有着天然的优势。在大数据与信息化背景下，如何进行数据转化，将数据资源落地成营销策略、运营方式与管理逻辑，引领商业银行转型发展，破题"新常态"？本文聚焦于该问题，试图详述大数据与信息化，并通过剖析大数据与信息化在商业银行精准营销、精益运营、精细管理等层面的运用逻辑，去探讨商业银行的经营转型。

二 大数据与信息化

（一）大数据

1. 大数据的产生

随着信息技术的进步，全球信息快速累积。国际数据公司（IDC）统计显示，2011 年全球数据总量已经达到 1.8ZB（1ZB = 1 万亿 GB，1.8ZB 相当于全球每个人去做 2.15 亿次高分辨率的核磁共振检查所产生的数据总量）。如果用数据化视频光盘（DVD）把这些信息记录下来，所有 DVD 盘片叠加起来的长度是地球与月球之间距离的 3 倍，大约 120 万公里。而且这个数值还在以超过59%（平均每两年翻一番）的年增长率快速膨胀。预计到2020年，全球总共拥有35ZB的数据量，其中有15%为结构化数据，其余85%为非结构化数据（见表1）。

表1　结构化数据与非结构化数据的基本区别

特征	结构化数据	非结构化数据
数据形式	较为固定	不固定
数据表现	二维逻辑	不方便用数据库二维逻辑表现
数据模型	具有标准的数据定义、分类分级、记录格式及其转换、编码等	很难有统一的标准化方法进行数据模型的统一
数据描述	数据结构定义和数据长度相对固定	多用树、图等模型进行描述
处理方法	可以增、删、改、查等；还可以基于结构性数据进行各类统计分析、联机分析、数据挖掘	以非结构化数据的分析为主，如非结构化文本的分析、视频分析、图像分析、日志分析等
储存方式	用二维表结构存储在关系型数据库中	存储方式多样
应用场景	广泛用于围绕交易的核心业务处理（如银行核心交易系统）、各类结构化信息分析及管理信息系统	多用于传统结构化数据处理技术（如关系型数据库）难以处理或处理成本很高的场景

在数据总量膨胀的背景下，数据库的处理要求超出了单机的能力范围，最高配置的小型机（单机数据库，计算集中、存储集中）已不再适用，对称多处理（SMP）架构数据库（计算分布、存储集中）、大规模并行处理（MPP）架构数据库（计算分布、存储分布）成为主流。数据库架构的改变，看似只是一个简单的技术演进，但实际上，两者存在着本质的差别（见表2）。量变引起质变，大量数据的出现颠覆了传统数据管理方式，在数据来源、数据处理和数据思维等方面带来了革命性的变化。数据规模由相对较小的以MB为基本单位，变为规模较大的以TB/PB为基本单位；数据类型由以单一种类、结构化数据为主，变为繁多种类，以半结构化及非结构化数据为主；数据模式由模式较为固定变为难以预先确定的模式；处理对象由数据变为问题，而数据成为资源来辅助问题的解决。由此，产生了大数据的概念。

表 2　数据库时代与大数据时代的基本区别

特征	数据库时代	大数据时代
数据规模	相对较小,以 MB 为基本单位	规模较大,以 TB/PB 为基本单位
数据类型	单一种类,以结构化数据为主	种类繁多,以半结构化及非结构化数据为主
数据模式	为数不多的数据模式,较为固定	难以预先确定数据模式
处理逻辑	数据导向	问题导向

2. 大数据的内涵

"大数据"是一个比较抽象的概念,目前针对大数据内涵还没有一个完全一致和统一的界定。从字面角度来看,大数据是指规模庞大的数据量。维基百科上注明,大数据中指增长快速,难以使用现有的数据库管理工具来驾驭大量数据,其困难主要存在于数据的获取、存储、搜索、共享、分析和可视化等多个方面。专业技术咨询机构 Gartner 指出,大数据是需要新的处理模式才能具有更强的决策支持力、洞察发现力和流程优化能力的海量、高增长、多样化的信息资产。

大数据满足 4V 特点,即大量(Volume,存储量大、计算量大)、多样(Variety,来源多、格式多)、快速(Velocity,增长速度快,处理速度快)、价值(Value,浪里淘沙,却又弥足珍贵),其承认数据的混杂性,力求探索事物的相关关系,具有对重要细节信息发现、挖掘和应用的能力。利用大数据分析技术,数据可以被创造出新的认知与价值,成为改变市场、组织、机构以及政府和公民关系的重要依据,带来大知识、大科技、大利润、大发展,进而引起生活、工作与思维的巨大变革,抢占大数据就是抢占下一个时代的制高点。

3. 大数据的应用

大数据之大,不仅意味着数据多,还意味着每一个数据都能通过分析而获得生命,产生价值,焕发活力。而且,数据不同于实物性的物质,不具有排他性,数据的价值不会随着使用的增多而减少,而是可以被不断地处理与使用。数据的价值并不限于特定的用途,可以为了同一目的而反复使用,也可以用于其他的目的。在基本用途完成之后,数据的价值依然存在,只是处

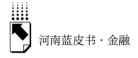

于休眠状态，直到被再次利用。在大数据时代，我们需要拥有数据思维，通过分析工具，不断发挥创造力，释放数据的隐藏价值。

目前，大数据在政府公共服务、医疗服务、零售业、制造业以及涉及个人服务等领域都有广泛的应用，为相关行业带来了可观的价值。许多企业纷纷开始了大数据时代的业务布局，IBM从2007年起，逐步完成了对商务智能软件供应商Cognos（花费20亿美元）、数据分析和统计软件提供商SPSS（花费12亿美元）、数据库分析供应商Netezza公司（花费17亿美元）等公司的收购；易安信（EMC）自2009年起，逐步完成对数据复制解决方案提供商Data Domain（花费24亿美元）、数据库软件供应商Greenplum（花费3亿美元）等公司的收购。

（二）信息化银行

1. 信息化银行的产生

信息化是一个随着经济社会的发展、科学技术的提高，逐步升级与发展的过程。在1990年之前，商业银行处在手工银行阶段，主要依靠手工来登记账簿，通过算盘来计算数据。1990年之后，商业银行逐步进入银行电子化阶段，将前台的手工操作搬上了计算机，由单机处理代替手工处理。之后，电子计算机逐步向中、后台渗透。2000年前后，在通信技术的支持下，局域网开始建立并逐步扩容，信息传递的范围逐渐扩大。在计算机技术及通信技术的支持下，商业银行的经营发展逐步完成由电子处理替代人工操作，此外现代信息技术的逐步渗透促成了商业银行运营方式、经营思路、管理逻辑的变革，商业银行进入银行信息化阶段。

在银行信息化阶段，商业银行纷纷设立数据中心实现了数据集中，开发了一系列的管理系统，建立了业务集中处理中心、金融交易中心、单证中心、报表中心、电子银行中心、电话银行中心、短信平台、远程授权等集约化的运营管理平台，实现了前后台业务处理的工厂化、集约化和标准化。同时，网上银行、电话银行、手机银行和自助银行等电子银行服务体系逐步完善，商业银行可以为客户提供全天候、不间断的金融服务。正是出于对信息化推动升级发展的深刻认识，2013 年，工商银行在业内率先提出启动"信息化银行建设工程"，充分利用信息技术、开发挖掘信息资源、促进信息交流和知识共享，让信息化在商业银行经营转型中发挥更大、更深层次的作用。

2. 信息化银行的内涵

信息化银行是依靠信息来实现银行经营管理的组织与统筹，是建立在"银行信息化"基础上的运营管理模式的深入革新，是更高层次的银行信息化，是以科技创新与业务创新的深度融合推动银行经营管理方式转变的重大变革。信息化银行有以下 5 个特征。第一，信息共享，即实现行内外各类信息的集中、整合、共享、挖掘，让信息资源成为经营发展中起决定性作用的生产要素。第二，互联互通，即实现前、中、后台之间的相互贯通，实现各渠道之间的协同，实现各机构之间的联动，实现业务流程的畅通与高效。第三，整合创新，通过大数据，整合客户的资金流、物流、商品流，分析其相互关系及影响，形成客户的信息流，打通全流程的金融服务链条。第四，智慧管理，充分利用数据挖掘、模型构建等工具，智能分析海量的结构化和非结构化数据，并由此进行市场判断、精准营销、价格发现、风险评估、资源配置等活动。第五，价值创造，现代商业银行的竞争是信息的竞争，商业银行通过信息数据的分析与挖掘，发现机遇、撮合供需、达成交易，将信息资源转化为商品交易和服务供应，建立新的价值点和利润来源。

3. 大数据与信息化

信息化与大数据相辅相成、密不可分。第一，信息化是大数据的前提，大数据的产生以数据的累积为基础，而数据累计建立在信息技术发展的基础上，此外，大数据的记录、传输与处理以信息技术为支持，以信息应用软件为载体，以信息处理技术为实现途径。第二，大数据是信息化的内涵要义，信息化的要义是重视信息及数据在经营管理中的重要作用，而实现信息化的路径即为利用大数据分析技术及思想，以问题为导向，敏感捕捉信息点，发挥数据的洞察力与穿透力。

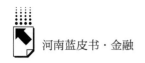

三 大数据、信息化与商业银行精准营销

（一）精准营销的内涵

精准营销是充分利用各类渠道，将产品的营销信息推送到确定的受众群体中，以最小的营销成本，实现规模化销售。精准营销的内涵包含三个方面，第一，精准分析产品诉求，即对银行的产品和服务进行深入剖析，精准地把握产品的卖点。第二，精准定位目标客户，即在市场分层、人群分类的基础上，结合产品诉求，进行目标客户定位，找到银行产品最能迎合其金融需求、弥补其金融服务缺口的客户。第三，精准推送营销信息，即在广告、短信、微信、微博、朋友圈、邮件、座席电话、客户经理回访、上门推介、茶话会、讲座、沙龙等营销渠道中，精选客户接受度最高的渠道，以最小成本实现效益最大，精准无偏地将个性化的营销信息让客户清楚地知晓。

在大数据的支持下，商业银行以精准营销逐步替代传统的大众营销，逐步实现。第一，低成本的产品扩张，即颠覆传统的框架式营销架构，通过市场区分、产品定位，精准地找到目标客户并推送营销信息，以"瞄准"来提高营销精度、降低营销成本、实现理想的经济效益。第二，高回报的客户服务，以精准定位减少对客户的打扰，通过一定范围内批量化的信息推送，唤醒大量的、差异化的金融需求，并通过后续个性化的金融服务最大限度满足目标客户的有效需求。第三，可度量的营销成效，因为客户群体的锁定，营销成效便有了可以分析与评估的范围，根据成效与预期对比，可以修正目标客户的选择范围或者推送渠道，为以后的营销活动提供支持。

（二）大数据、信息化对精准营销的作用机理

商业银行利用大数据技术，大量采集、分析、挖掘客户数据，对客户行为进行有效识别，提升对客户的理解与认知能力，提高对业务发展的洞察与预测能力，降低信息不对称程度，创新出符合客户现实需求的产品，提供客

户急需的业务及服务，提升产品创新及服务优化的效率，为客户及银行创造最大价值。

此外，精准营销的关键在于精准定位目标客户。客户定位需要借助大数据技术，细分客户身份特征和行为特征，从这两个维度出发，瞄准目标客户群，构建目标客户精准营销模型。客户的身份特征是指与客户身份相关的客户信息，诸如客户性质（即对公客户，还是个人客户）、网点归属、管户经理、客户星级、资产负债情况等。客户的行为特征是指与客户交易行为密切联系的客户信息，诸如产品持有情况、产品使用情况（即是否激活、是否启用）、持有产品规模、余额相较基期的增减情况、交易金额的大小等。分析客户特征，通过客户特征的多重限定，逐步缩小营销覆盖面积，实现精准定位。

不能否认，商业银行躺着赚钱的日子一去不复返，"台风来了，猪都会飞"这样的景象很难再现。营销业绩指标管理、考核驱动固然重要，但只能称为"技"。以市场为导向、以客户为中心，深度经营客户，才是"道"。精准营销如同阿基米德撬动地球的那根杠杆，可以"四两之力"拨"千斤之重"。在此背景下，商业银行需要依靠大数据分析，深耕客户基础，拒绝短期式、"运动"式、"敲锣打鼓"式的粗放型产品营销，以客户需求为出发点，以精准营销为着力点，持续维护客户，提升营销效率。

（三）精准营销的现实应用

美国银行依托大数据，致力于实现"在考虑成本的前提下，大幅提高计算分析能力"，购买50个服务器节点和800个处理内核的 Hadoop 集群，以实现1PB数据的处理能力。依托该信息处理技术，美国银行提出优惠（Bank Ameri Deals）项目。该项目针对持有美国银行信用卡及借记卡的客户，进行消费地点的分析，以给予客户需要的返现优惠。同时，通过对客户消费地点的分析，圈定了客户的活动范围，以该范围内的多种渠道（如网点、网银、电话中心等），为客户提供实际接触服务，加强客户维护，提升客户的满意度。

交通银行在2011年,以 Teradata 天睿公司(数据分析解决方案厂商)的数据仓库平台为基础,构建了事件式营销系统。该系统可以根据客户的属性与行为特征(如年龄、性别、资产规模、理财偏好等),对客户群进行精准定位,分析出相应客群潜在的金融服务需求,进而有针对性地设计出适合客户需求的营销项目。而采用大数据的解决方案后,交通银行营销活动的客户命中率提高了6.1个百分点,达到了17%。

工商银行依托数据仓库,构建多部门、多机构、多渠道、多步骤的智能营销管理框架,常态化开展精准营销工作,营销成功率比传统方法平均提高2~4倍。具体而言,工商银行以数据挖掘分析为基础,细分目标客户群体,精准配置合适的产品和服务,充分运用智能化精准营销模式,通过人工外呼、融e联短信开展集中营销推介,引导客户通过自助方式完成产品购买;从客户满意度、忠诚度、贡献度等多维度建立精准营销项目跟踪评估机制,结合最新产品业务发展情况,不断优化重要数据挖掘模型,提升项目模型的精准性。除了依靠智能营销管理系统,工商银行围绕零售业务重点工作,对特定客户、资金、产品、服务、渠道的行为偏好和金融需求持续开展挖掘分析,并制定实施相适应的产品服务综合工作方案,将数据挖掘分析纳入个人金融业务经营管理的全过程,建立常态化的数据挖掘分析应用制度。

四 大数据、信息化与商业银行精益运营

(一)精益运营的内涵

精益运营是指通过业务操作流程、约束制衡机制、风险控制响应等全流程、多环节的持续优化和改善,来实现业务操作的敏捷准确、风险控制的及时周密、资源使用的高效高质。精益运营的核心是全流程管理,是通过精益运营工具的应用、精益运营组织体系的支撑、精益运营理念的引导,从业务操作的每个环节及事前、事中的风险控制着力,优化资源配置,改善经营效率,强化经营成果。

精益运营的关键在于流程优化与风险控制。在流程优化方面，运营是业务的操作与管理，精益运营需要在不断提升各环节操作效率的同时，做好环节之间的衔接，提升整体效率，持续更新与优化现有业务操作；在风险控制方面，业务操作与管理的背后是业务流程的控制，而业务流程是对业务风险点的严格把控，因而业务运营是矛盾汇集、风险聚焦的主阵地，是实现风险源头控制的主战场，为了实现精益运营，保证运营质量，需要对业务运营与操作环节严把风控关，实现风险事前、事中的严格控制。

（二）大数据、信息化对精益运营的作用机理

在流程优化方面，为了防范风险，基于约束与制衡机制，业务流程设计一般会将操作员与审核员分离，参与者与监督者分离，而根据业务风险敞口的大小，审核环节的操作要求、监督环节的控制标准也会不同。尤其是在业务集中化之后，业务分工越来越细、各环节操作者的分离程度越来越明显，许多业务的操作者与审核者甚至不在同一个地点。随之而来的是沟通成本的增加。借助大数据与信息化技术，商业银行可以在利用分工持续推进专业化，提升各环节操作效率的同时，降低信息不对称，较少各环节之间的摩擦，平滑业务实操，提高业务整体办理效率。

随着信息技术的进步，商业银行可以深入推进信息技术在业务运营中的运用，持续推进业务操作的自动化、标准化、智能化，在坚持风险控制的红线下，推进业务操作系统的升级、更新、换代，继续优化业务流程，持续提升客户体验。同时，商业银行可以利用大数据与信息化技术，分析系统内所掌握的现有业务操作流程设定的实际表现，采集行外数据，获取并分析客户对现有操作流程与方式的实际反馈，从行内外数据入手，持续探究业务可深入优化的环节，节省业务办理时间及业务处理成本，提高运营效率。同时，利用大数据，剖析反馈、细琢流程、持续优化。

在风险控制方面，我国经济正处于"三期叠加"的阶段，市场行为良莠不齐，外部风险向银行内部传导加剧，风险的表征越来越模糊，风险模式越来越难以琢磨，传统数据分析方法下的风险控制技术已难以有效适应现有

的风险事件特征，风险事件的遏制与防控面临前所未有的压力与挑战。商业银行需要借助大数据技术，提升对风险因素的敏感度与识别力，提高对风险事件的鉴别精度，完善对风险的事前、事中、事后监测与控制，建立覆盖面广、信息量大、反应灵敏的风控网。

（三）精益运营的现实应用

建设银行自 2001 年开始与 SAS 公司合作，构建大数据分析体系。目前，该行大数据应用部门覆盖科技部、个金部、对公部、电子银行部、信用卡部、风险部、审计部、国际卡部等，SAS 公司累计培训人员达 1200 人，SAS 专业分析使用人员达 100 人，SAS 业务日常使用人数达 900 人。在精益运营方面，建设银行大数据分析纵深于信用卡部、风险部、审计部等部门，构建了包括非现场审计（2011 年）、内部评级（2005 年）、风险实验室（2009 年）等应用在内的大数据风控体系，完善了风险管理系统，提升了运营质量。

工商银行基于风险监控平台，通过对客户的信用额度、交易频度、交易时间间隔等特征变量的分析，研究银行卡和电子银行交易欺诈案例特征，构建客户交易特征行为档案。利用神经网络模型，提升反欺诈的辨识能力，实时识别并堵截信用卡盗刷、网银转账、手机银行转账和 B2C 支付等业务的风险交易，构建基于神经网络模型的信用卡欺诈交易的实时识别与干预系统。此外，工商银行基于信贷运营支持系统，通过对客户资金流向、履约情况、关联关系等特征的分析，运用决策树算法研发交易违约风险监测、资金流向风险监测、"裸贷"风险监测模型，并根据信贷业务管理需求，将风险监控模型评估为"红、橙、黄、灰"四个风险等级，将四色模型信息推送至相应的核实处理人员，运用大数据及时预测和量化客户风险信息，以便及时对不同的风险资产采取差异化的处置措施。

工商银行利用文本挖掘工具，将客户历史客户投诉日志信息进行结构化处理，从繁杂琐碎的用户描述中，提取关键内容，发现客户投诉的主要类别、关注点、不同类型投诉的热点词、概念之间的链接关系等，深入洞察客户投诉原因，进行有效归类，并将每条投诉设定类别标签，并统计所占比例，明确业务改善的主要方面。通过聚类筛选，工商银行针对不同类别制定相应举措和后续行动，提高警觉性和敏感度，抓住客户话语中的热点词，形成触发机制，进行有效预警，形成热点词知识库，结合概念连接图进行分析，围绕这些热点词并结合业务知识建立语境，形成"发现—关联—问题分析—行动改善"的业务闭环，指导并改善相应的业务活动。

五　大数据、信息化与商业银行精细管理

（一）精细管理的内涵

精细管理是通过岗位职责的持续细分与明确、管理制度的不断调整与优化、信息资讯的深入透明与持续披露等途径，来实现内部管理的规范高效、经营管理的精密控制与发展路径的调整规划。精细管理是由过去粗放型管理向集约型管理的转变，是由传统经验管理向科学化管理的转变。而大数据分析技术为商业银行实施精细管理提供了可操作、易实行的途径和方法。

精细管理的要义是通过机制规范与创新，实现管理质量与管理效能双提升。机制规范是将各机构、各条线、各岗位的管理责任具体地、明确地落到实地并相互衔接，制作管理手册，明确各岗位的规定动作。但规范化不对等于僵化，商业银行需要通过保留创新空间，赋予各级管理者机制优化与创新的可能，以创新来优化管理机制，以创新来应对新常态下的新机遇、新挑战、新问题，实现规范与创新的有机互动与结合。

（二）大数据、信息化对精细管理的作用机理

在信息化银行的战略布局下，经营管理早已不再局限于物理空间（银行物理网点），经营管理的虚拟空间（网上银行、手机银行、电话银行等）急剧扩大。据统计，2015年，工商银行电子银行客户数量已突破5亿户，其中，网上银行客户数量已突破2亿户，手机银行客户数量已达到1.76亿

户。而且，在互联网金融浪潮的洗礼下，工行融 e 行等开放式金融服务平台将非工行客户也纳入经营服务管理范围，传统的行业界限和经营格局已然被打破。显然，依靠物理渠道的经营经验和直觉感知来制定方向、分配资源的决策文化，已经难以适应经营管理的新形态，需要有所调整。要依靠数据驱动，通过数据的提取、整合、读取、挖掘来洞察市场风向、捕捉经营潜力、配置经营资源、制订经营重心，以数据重塑管理，构建易部署、合实际、重实效的经营规则，优化经营结构，提升企业经营效益。

此外，要发挥数据价值，实现商业银行管理的"经验导向"到"数据导向"的转变，发挥数据对商业银行管理的洞察力与支持力，商业银行需要借助大数据与信息化技术探索、发现、分析、转化，在信息海洋里寻找信息，研读信息并发现信息的价值点，分析信息的汲取和利用，将设想转化为可执行与可落地的经营成果。商业银行需要根据业务发展与经营管理的战略目标，持续提升驾驭数据与信息的能力，不断提升信息化水平，积极推动信息成果转化，将信息驾驭能力打造成企业竞争力的重要组成部分。

（三）精细管理的现实应用

美国最大的直销银行 ING Direct 银行成立于 2000 年，其具有独特的管理理念，以简单并且追求高回报为客户带来更高效益。为此，该行只提供网上银行服务，只向客户提供最基本的金融服务（如普通储蓄存款账户、定期存单、简单住房按揭贷款、普通基金与理财服务等），其对客户的支票账户会支付年化 4% 左右的高额利息，保证客户从存款中得到较高回报。这种简单的运营模式并非无中生有，而是建立在基于大数据分析基础上，通过大数据分析，该银行得出采用该模式，可以实现低于传统银行模式所需的材料费及人工费，节省大量经营管理成本，保证更高的盈利水平。基于对所有可获取的各种异构数据的分析，该银行甚至主动解除不符合其发展模式及经营理念的客户（例如给呼叫中心太多电话的客户），每年为该银行节省上百万美元的经营成本。

工商银行基于数据与信息技术，建立了基于价值会计的管理系统（简称 MOVA 系统）。该系统通过对机构（含网点）、部门、产品、客户经理（含柜员）、客户五个维度相关绩效指标的计量，为全行提供了一套集绩效考核理念、方法、技术与应用于一体的整体解决方案，切实解决了各级行领导班子、经营性部门负责人、客户经理、柜员薪酬分配中的业绩贡献计量问题，力争实现系统功能与管理应用的良性互动，为全行深化精细管理、优化资源配置和转变经营机制提供支持。目前，在大数据及信息化技术支持下的 MOVA 系统建设，已成为事关全行客户管理与营销、经营分析与科学决策、绩效考评与资源配置的重要事项，成为全行经营管理的重要抓手和管理会计体系建设的重要内容。

六 结语

传统银行信息中心的地位是由其信用中心地位决定的：银行对其他企业单向提供信用，搜集其他企业相关的信息，处于信息支配地位，成为社会信用中心和信息搜集中心。而在金融脱媒的影响下，商业银行的信息中心地位受到严重威胁，信息优势地位正在丧失。除了金融脱媒，在电子商务、社交网络、大数据、LBS（基于位置的服务）移动服务模式的冲击下下，相较于客户的全量信息，商业银行通过传统渠道只能获取部分客户信息。此外，在数据处理方面，随着数据处理技术与数据分析思维的发展，非结构化数据逐步势强，过去从结构化数据中获得的信息不再完整，甚至只是全部信息的一小部分，大量的异构数据成为沉默数据，不能发挥其信息资源的价值。因此，依靠传统技术，商业银行在收集、存储、分析、运用上都缺少大数据与信息化的基本机制与系统保障，智能停留在"小数据"时代，必须因势而变。

在数据收集方面，商业银行需要注重拓宽数据来源，加大对电子渠道、社交媒体等内外部非结构化数据的积累，增强将碎片化信息转化成完整数据链条的智能化数据收集能力。在不断丰富结构化与非结构化数据的基础上，提高数据价值的识别能力与数据增值的应用能力，加大对各类数据深层次、多维度的挖掘分析，使数据真正成为提高竞争力和产生经济价值的生产因素。

由于数据挖掘的不确定性和数据分析创意的未实践性，每一次数据挖掘不一定会产生预想的价值，甚至有可能失败，引入试错机制是商业银行践行大数据与信息化战略的必经之路。"小步快跑"，允许犯错，迭代式挖掘与分析，需要成为在大数据时代推崇的工作方式，要对数据分析与挖掘项目要积极进行试点，建立并完善高效的"创意→分析→执行→反馈→纠错"工作机制，缩短验证周期，严格控制成本，并将实验成功的项目尽快进行成果推广与落地，将数据分析成果转化为经营管理效益。

不论是信息指导经营管理，还是信息成果转化，出发点都在信息。如果信息本身有偏差，"失之毫厘，谬以千里"，在信息资源基础上搭建的信息利用大楼必定根基不牢、主体不正。所以，在大数据时代，商业银行必须关注信息质量。而信息质量与银行的每一项业务、每一个操作息息相关。每项经营活动，甚至细微到某位客户的预留手机号码正确与否、对公客户有没有登记员工人数信息、某笔账务处理有没有瑕疵，都会影响到信息质量。提升信息质量是商业银行实现精准营销、精益运营及精细管理的基础工程，是打好数据与信息大战的持久战略。商业银行要充分重视提升信息质量的意义深远，认清形势、凝心聚力、克难攻坚，扎实推进信息质量的治理与提升。

"近水知鱼性，近山识鸟音"。在新形势下，银行的经营进入了"新常态"，商业银行的发展速度、增长方式、经营模式正在经历深刻变革。而经营形势愈严峻、金融业愈开放，产品体系愈复杂，金融机构参与国际金融的范围愈广、程度愈深，商业银行面临的信息不对称与交易成本就愈高，市场甄别、产品定价、风险监测、业务处理等方面的难度就愈大，营销、运营与管理就愈需要大数据与信息化的支持。利用大数据与信息化，通过信息的集中、整合、共享、挖掘，把银行的经营决策和战略制定，从"经验依赖"向"数据依据"转化，破题新常态，寻找发展新动力，保持持久竞争力，是银行业面临的重要课题。

"周虽旧邦，其命维新"。新形势、新常态给商业银行经营带来了严峻挑战，更为商业银行业实现更长期、更高水平、更可持续的发展提供了前所未有的机遇。商业银行既要有直面挑战的勇气和信心，更要有善于在新常态下捕捉新机遇的智慧与能力，以行业的担当、国际的视野、创新的基因，利用大数据与信息化技术、思维、理念与智慧，加快摆脱传统经营理念的束缚，超越思维定式的局限，打破对常规路径的依赖，在大数据与信息化的战略布局下，实现精准营销、精益运营、精细管理，深入打造客户基础良好、业务结构合理、风险控制严密、员工队伍优秀、管理团队成熟、经营思路清晰的可持续发展道路，开辟中国银行业改革发展的新境界、新气象。

参考文献

陈君：《大数据背景下商业银行信贷风险研究》，《财会通讯》2016 年第 23 期。

陈明：《"互联网＋"与卡业务创新》，《中国金融》2015 年第 14 期。

程华、杨云志、曾令涛：《运用大数据挖掘传统银行业务价值：美国第一资本金融集团案例》，《南方金融》2016 年第 8 期。

高建峰、张志荣：《大数据时代商业银行风险管理优化》，《上海金融》2014 年第 8 期。

宫哲、万适：《论驱动信息化银行的"三驾马车"：数字服务、大数据及信息安全》，《当代经济管理》2015 年第 12 期。

贾学奇、胡棋智、姜勇：《关于将"大数据"技术引入银行运营风险管控的思考》，《农村金融研究》2015 年第 1 期。

江明哲：《借鉴大数据相关关系　提升信贷审批前瞻性》，《上海金融》2015 年第 2 期。

雷晨光、陈运娟：《大数据时代下商业银行客户关系管理思维变革》，《金融与经济》2015 年第 4 期。

刘勤福、孟志芳：《基于商业银行视角的互联网金融研究》，《新金融》2014 年第 3 期。

刘瑜、康朝贵、王法辉：《大数据驱动的人类移动模式和模型研究》，《武汉大学学报（信息科学版）》2014 年第 6 期。

聂广礼、纪啸天：《互联网信贷模式研究及商业银行应对建议》，《农村金融研究》2015 年第 2 期。

彭博：《基于大数据时代网络融资的风险研究》，《改革与战略》2015 年第 2 期。

乔海曙、许可：《互联网银行理论研究的最新进展》，《金融论坛》2015 年第 6 期。

沈一飞：《欧美直销银行发展趋势》，《中国金融》2016 年第 9 期。

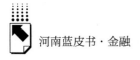

沈一飞、姜晓芳：《数字银行的国际趋势》，《中国金融》2015 年第 4 期。

师自国、周开禹：《运用大数据方法加强人民银行内部再监督工作》，《金融与经济》2015 年第 10 期。

史金召、郭菊娥、晏文隽：《在线供应链金融中银行与 B2B 平台的激励契约研究》，《管理科学》2015 年第 5 期。

宋媚、张朋柱、范静：《基于 G2B 共享信息中介的异源信息信任形成研究》，《系统工程理论与实践》2015 年第 5 期。

孙犇、胥爱欢：《广西建立金融扶贫大数据管理平台》，《南方金融》2016 年第 4 期。

谭先国、洪娟：《大数据时代下小微贷款创新》，《中国金融》2014 年第 18 期。

王李：《互联网金融时代"银行小贷"与"电商小贷"模式对比研究——基于小微企业、个体工商户融资需求满足性的视角》，《社会科学战线》2015 年第 7 期。

王彦、博樊营、高潜：《大数据时代网络爬虫技术在商业银行中的应用》，《银行家》2016 年第 6 期。

王彦博、高潜、杨璇：《大数据时代下智能人脸识别技术在商业银行中的应用》，《银行家》2016 年第 2 期。

魏国雄：《大数据与银行风险管理》，《中国金融》2014 年第 15 期。

冼国明、石庆芳：《互联网金融：城商行的挑战与机遇》，《现代管理科学》2014 年第 4 期。

谢尔曼、黄旭：《商业银行大数据六问六策》，《银行家》2015 年第 3 期。

徐启昌：《云计算与银行业务价值》，《中国金融》2016 年第 1 期。

薛莹、徐晶郿、崔恒春：《农业银行加强信息技术与业务融合的研究》，《农村金融研究》2015 年第 7 期。

杨东：《互联网技术对金融具有革命性的影响》，《银行家》2015 年第 8 期。

杨海平：《大数据与零售银行数字化管理》，《中国金融》2014 年第 10 期。

余薇、秦英：《互联网金融背景下小微企业融资模式研究》，《企业经济》2014 年第 12 期。

翟永会：《互联网金融背景下商业银行的融合发展路径——基于竞争优势的分析》，《河南师范大学学报》（哲学社会科学版）2015 年第 3 期。

张建国：《大数据时代银行业应对策略》，《中国金融》2014 年第 15 期。

张连起、刘建、郭婷：《基于电子商务平台的小微企业融资模式》，《中国流通经济》2014 年第 8 期。

赵付玲、安锋、张晓锋：《大数据时代商业银行信息化问题浅析》，《金融理论与实践》2013 年第 10 期。

郑志来：《互联网金融、金融脱媒与中小微企业融资路径问题探究》，《理论导刊》2015 年第 5 期。

周继述、王雪松：《大数据助推银行全面风险管理》，《中国金融》2013 年第 14 期。

B.24
商业银行转型发展风险控制研究

中国工商银行河南省分行内控合规部课题组*

摘　要： 经济减速换挡、利率市场化深入推进、同业竞争日趋激烈、互联网金融蓬勃发展，银行业整体经营环境发生了深刻变化，大型银行可持续发展面临风险因素更多、范围更广、变化更隐蔽、性质更复杂和管理难度更大等诸多挑战，对银行强化内控管理，提升风险管理水平提出更高要求。为此，课题组从高度关注银行经营活动中不断出现的各种问题和风险，按照国内银行监管部门各项监管要求，主动揭示业务领域内控管理中存在的主要风险隐患，并提出有效的治理措施。

关键词： 商业银行　转型发展　风险控制

随着经济体制改革日益深入以及世界金融市场不断发展壮大，商业银行在发展过程中面临的风险日益呈现出多样化和复杂化的特征。同时，随着金融创新日渐活跃、先进技术不断应用、业务品种越来越多，银行控制风险的难度也更大，改善和增强银行内部风险管理与控制成为各银行创新发展面临的首要问题。如何顺应其特点和规律，构建"横向到边、纵向到底、全员参与、相对独立、反应灵敏、运作有序"的管控体系，

---

* 课题组组长：张天福；课题组成员：李适　王为民　邓永胜　马四新　谢黑龙。

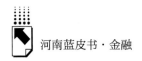

提高抗御各种风险的能力，是建立现代商业银行制度过程中亟待解决的重要课题。

一　商业银行转型发展风险控制研究的重要意义

党的十九大提出，我国经济已由高速增长阶段转向高质量发展阶段，中国正处于转变发展方式、优化经济结构、转换增长动力的关键时期。在这一特殊攻坚期，中国银行业也面临新的挑战，高质量发展对银行业也提出新的要求。不断提升风险管理能力，走出一条差异化发展的道路将是实现高质量发展对中国银行业提出的新问题、新要求。

近年来，国际国内经济环境复杂多变，银行风险案件面临巨大的反弹压力，特别是民间融资活动风险向银行体系蔓延，信贷领域风险案件日益凸显，风险案件防范工作面临不少新情况、新问题，从严治行、从严管理的任务十分艰巨。尤其是 2015 年以来，客户银行存款丢失或被挪用成了各类新闻媒体和网络舆论的热点话题，作为从事资金存放和支付结算的专业机构，商业银行不可避免地被卷入其中，并屡屡成为媒体和社会舆论关注的焦点。外加社会上犯罪分子以高额回报为诱饵，利用客户盲目逐利心理和对银行的信任，通过陪同客户办理业务，伺机获取密码、调包 U 盾等手段，利用银行支付结算渠道，盗取客户资金，造成存款"失踪"，再利用媒体将问题引向银行，给银行带来了较大的声誉风险。在这种形势下，适应社会形势变化和商业银行转型发展，进一步加强商业银行风险控制具有重要的现实意义。一是加强风险控制，有助于商业银行向着赢利和完成自身使命的目标运行，并使这一过程中的意外最小化；二是加强风险控制，有助于管理层能够应对瞬息万变的经济和竞争环境、客户不断变换的需求和偏好，有利于商业银行的稳健经营和未来发展；三是加强风险控制，有利于提高商业银行经营效率，降低资产损失风险，有助于保证财务报表的可靠性以及经营活动的合法合规性；四是加强风险控制，有助于商业银行遵守相关法律法规，避免自身名誉受到损害以及受到其他不良影响。

二 商业银行转型发展面临的风险内涵特征及危害

（一）商业银行风险的内涵

国外金融业对银行的定义是：银行是通过风险管理而实现收益的金融企业。从理论角度讲，所谓风险即是指引起损失产生的不确定性，它包含了损失与不确定性两个因素，由于人们难以确定何处、何时、何种程度的潜在损失，决定了我们必须重视和研究风险。商业银行风险是风险的一种，但它又不同于一般的风险，商业银行风险不仅影响到银行自身的经营状况，还影响到其他当事人，甚至影响到各个行业、产业的发展，还可能会动摇经济基础，引发社会动荡、政权更迭等。商业银行风险的主要特征表现为以下几点。

1. 风险具有双重性

它既能带来损失，也能带来收益。正如学术界所说的，风险带来的损失为风险损失，风险带来的收益为风险收益。一般来讲，风险就是资产遭受损失的可能性，但是只要正视这种风险结果，就能在充满风险的经济环境中把握风险、控制风险，尽量避免风险损失，进而争取风险收益。如银行作为高风险行业，若经营管理者对风险认识、评估、预测到位，对防范、控制、规避风险的措施到位，银行业产生的效益也是巨大的。

2. 风险具有可变性

风险在一定条件下是可以转变的，随着人们识别、认识、抗御风险的能力增强，在一定程度上能够降低风险，使一些风险得到防范和化解，即使风险存在，也能够为人所控制。

3. 风险具有发展性

随着社会进步和生产发展，现代科学技术创新及其运用，既能给银行发展带来机遇，也能带来新的风险因素和风险事件，这就要求防范与控制风险的机制更加完善，措施更加到位，手段更加先进，要求更加严格。

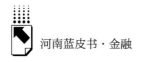

（二）商业银行转型发展期面临的主要风险及诱因

1. 网络风险（e-risk）

网络风险是由四方面的原因造成的。一是操作系统存在漏洞。二是应用系统存在漏洞，主要是网络业务系统设计缺陷。三是数据存储漏洞，即数据存取、保密、硬盘损坏导致的风险。四是数据传输漏洞。这是指数据在传输过程中被他人窃取、修改等导致风险。

2. 信用风险(credit risk)

信用风险是借款人因各种原因未能及时、足额偿还债务或银行贷款而违约的可能性。发生违约时，债权人或银行必将因为未能得到预期的收益而承担财务上的损失。信用风险暴发的诱因，除因内外需求萎靡不振、国内经济转型及结构调整等外部环境因素导致的信用违约暴露上升外，当前诱发信用风险的微观人为因素也日渐多样，不良贷款演化路径日益复杂。一是与企业主个人失当行为有关。如非理性的跨界经营、盲目扩大规模、短贷长投、大额资本投机交易，甚至参与非法集资、金融诈骗、赌博及高息民间借贷等。二是与个别银行分支机构负责人和员工行为失范有关。部分信贷从业人员对客户虚假交易、隐性关联互保等风险置若罔闻，甚至存在主动"包装"客户从而获得报酬等触犯道德底线的行为，协助企业伪造信息、拆分企业和账户来增加拓户数量和贷款额度，致使风险成倍地放大，道德风险、信用风险、声誉风险相继交织。

3. 利率风险(interest rate risk)

利率风险的诱因分为四种情况。一是重新定价引发的风险。它产生于银行资产、负债和表外项目头寸重新定价时间（对浮动利率而言）和到期日（对固定利率而言）的不匹配。二是收益率曲线形成的风险。当银行的存贷款利率都以国库券收益率为基准来制定时，由于收益率曲线意外出现斜率、形态的变化对银行的收益或内在经济价值产生不利影响，从而产生收益率曲线风险。三是基差造成风险。这是现代金融的一个概念，是由于在对各类资产负债利息率调整标准上的不完全相关性造成的。当利率发生变化时，这些差异就会导致具有相同到期日或重新定价的资产、负债和表外工具之间的现金流量和收益差额发生不可预测的变化。四是选择权形成风险。这是发生于银行的资产、负债和表外组合的选择权风险。银行在交易和非交易账户中都有选择权风险存在，主要是客户提前选择归还不到期存贷款造成。例如，客户在存贷款没有到期时，提取存款和归还贷款的选择权而不付任何罚款，如果不对此进行科学管理，客户就会在对自己有利而对银行不利的时候行使选择权，由于中国为刺激经济发展频繁下调存贷款利率，许多企业纷纷"借新还旧"，降低融资成本，选择权风险在商业银行今后的业务发展中日益突出。

4. 流动性风险（liquidity risk）

流动性风险诱因：一是资产与负债错配造成的流动性风险。二是新兴业务带来的流动性风险。三是其他风险诱发的流动性风险。

5. 操作风险（operational risk）

操作风险包括雇用合同以及工作状况带来的风险，事件、客户、产品以及商业行为引起的风险事件，有形资产的损失，涉及执行、交割以及交易过程管理的风险事件等。

6. 欺诈风险（fraud risk）

因其在操作风险中的特殊性将其单独列为一类风险。欺诈风险诱因一类是由外部诈骗造成的，如电信诈骗、网络诈骗、信贷诈骗、假存单诈骗等，另一类是内部人员造假诈骗造成的，如员工办理业务虚存实取，模仿客户存单造假、放贷造假等。近年来，欺诈风险呈不断高发态势。一是欺诈案件不断发生；二是欺诈手段各种各样；三是欺诈范围涉及广泛；四是欺诈损失非常严重。

7. 法律风险(law risk)

法律风险诱因分为三个方面。一是决策中未充分考虑依法合规性，在经营、披露、宣传中因内外差别造成声誉损失，由策略风险转化成法律风险。二是由于不完善或有问题的内部程序、人员及系统或外部事件所造成的损失而形成的法律风险。三是由信用风险及市场风险转化成法律风险。

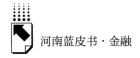
8. 道德风险（moral risk）

银行道德风险是指银行从业人员违背职业道德，给银行的资产、信誉乃至业务发展带来的影响和危害。员工的不道德行为往往又同违规违纪、违法犯罪行为联系在一起，成为诱发案件、事故的直接原因。道德风险诱因有三个方面。一是权力行使中产生风险。银行的各级管理人员，手中都掌握一定的权力，正确的行使权力，会促进银行发展，但是权力被思想动机不纯、道德品质不好的人所掌握和运用就可能产生以权谋私的风险。二是工作人员操作中可能产生道德风险，如违规懈怠、见利忘德等。三是人事工作中产生道德风险。主要是选人用人重才轻德。

9. 声誉风险（reputation risk）

声誉风险是指由商业银行经营、管理及其他行为或外部事件导致利益相关方对商业银行负面评价的风险。

从上述风险类型来看，商业银行目前转型发展过程中应着力控制的风险是网络风险、信用风险、市场风险、欺诈风险等。其中网络风险、欺诈风险等因其具有新型性、具体性、内生性、信息不对称性和多样性特征，使其成为商业银行转型发展面临诸多风险中最复杂、最难以识别、计量和控制的风险。

三 商业银行转型发展风险控制需关注的问题

近年来虽然各家商业银行为保证转型发展顺利推进，开展了多项专项风险排查，并持续开展日常排查，但是仍然有部分机构对排查工作重视程度不够甚至被动应付，排查工作变成了走过场。从近年来发现的问题来看，员工参与非法集资被刑事拘留的有之，基层管理人员涉及资金中介的有之，管理人员和员工参与经商办企业的有之，等等。可谓是"千辛苦万辛苦，出了案件白辛苦；千成绩万成绩，有了案件没成绩"。这些问题不但滋生着重大风险乃至案件隐患，也在不断挫伤商业银行的管理自信。剖析存在这些问题的深层原因，商业银行转型发展需要重点关注以下几个问题。

（一）安全责任明确不到位

部分商业银行机构不能正确处理业务发展与风险控制的辩证关系，重业务发展，轻案件防控，甚至把案防工作看成业务发展的羁绊；有些业务部门和风险防控部门的案防责任分工上不清楚，简单地将案防工作认为是某个部门的事情，出现"踢皮球"现象。甚至部分员工认为案防工作是领导的事，是管理部门的事，跟自己关系不大，对发现的案防问题反应迟钝、处置不够；少数管理人员对发现的案防问题小而化之，对责任人教育指导不够，惩戒处罚不到位，不利于提高风险防控水平质量。

（二）制度流程完善不到位

个别商业银行机构的规章制度存在"立、改、废、释"不及时、不一致、不简明等问题。一是作为具体执行层面的细则类规定其针对性、可操作性不强，且绩效考核制度过于强调业务发展指标而风险控制指标。二是针对产生的新情况不能及时调整，对已失去执行必要的制度未及时废除。

（三）关键环节管控不到位

部分商业银行机构制度流程及关键环节的执行出现偏差，无法有效预防并处置案件，譬如开户意愿真实性核实和尽职调查不到位，抵押不足、无效、估值偏高，互保圈风险防范不力，预留印鉴、客户证书等重要制度要素的设定和领取环节把控不严，与客户尤其是对私客户无法及时对账，业务处理"一手清"等。

（四）员工操守教育不到位

个别商业银行机构对员工的培训教育不够，对禁止行为宣讲力度不足，对员工的动态行为掌握不够全面深入，对发现可疑苗头的敏感性不强。有些机构企业文化培育存在偏差、工作氛围不够和谐，在员工面临生活、工作、家庭困难时反应迟缓，解决不力，为员工违规操作留下诱因。

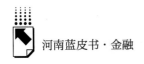

（五）信息沟通交流不到位

信息不对称是制约风险防控工作成败和效率的关键要素，不能及时全面地获取风险防控线索信息，就无法在第一时间做出正确的判断和行动。当前的信息不对称主要包括银行业金融机构和客户之间、银行业金融机构上下级之间、银行业金融机构之间以及与监管部门之间的信息不对称。

（六）案件责任追究不到位

多数机构在案件问责时，往往强调客户因素多，分析主管因素少；对直接人员处罚多，对管理人员处罚少或不处罚；经济处罚多，行政处罚少，导致处罚警示的震慑威力不足。

（七）科技手段运用不到位

一方面部分金融机构只重视业务系统更新建设，对风险监测与排查系统建设投入不够，不能实现利用科技手段防范风险发生；另一方面科技信息系统共享与运用不够，日常风险防控主要靠人力检查、排查等传统手段实现，不能从一些内部系统平台中查找、分析、诊断有用信息，从中发现风险隐患和案件线索，从而达到事半功倍的效果。

（八）日常案防应急演练不到位

重视案防工作，加强日常应急演练，不断提高全员处置突发事件的技能，是防控各类风险的关键。但从一些机构日常安防演练工作来看，重形式、轻内容，实际应急演练针对性不强情况时有发生。经过多年的经营和实践，商业银行的安保制度可以说是相当完善了，如果安全管理每个环节上的每个员工都能够按照规定要求尽职，那么犯罪分子根本就无机可乘。

四 商业银行转型过程中加强风险控制的有效对策

风险控制工作是经营管理的重要组成部分，坚持以人为本，树立"全责"的经营管理理念，构筑预防案件的思想防线，打牢思想政治基础，筑严思想政治防线是预防案件的有效途径。各级分支行、各级管理人员务必从思想上高度重视，时刻保持高度的政治敏锐性和洞察力，进一步增强政治意识、大局意识、责任意识、风险意识和底线意识，坚决克服麻痹和侥幸的心理，做到警钟长鸣，确保万无一失。

（一）加强案防责任落实工作，树立以人为本抓风险控制的新观念

各级机构负责人要强化主体责任，牢记"一岗双责"职责，正确处理业务发展与内控之间的关系，将案防职责贯彻到日常工作中，切实提高对案防工作重要认识。主要领导要对内控管理和业务发展做到"两手抓，两手都要硬"，在保持各项业务尤其是新业务全面高速发展的同时，加强履职监督，加大对员工案防履职情况和效果考核力度，督促全行履行好案防职责、发挥好案防主体作用。分管领导要认真贯彻落实银监部门、上级行案防工作要求，加强对日常案件风险隐患的巡查和问题查处力度，提高风险防范的能力。俗话说"一丑遮百俊"，银行各项业务发展再好，一个案件，一个事故可能毁掉一个行，甚至使一个行丧失发展能力。课题组认为，在对商业银行基层机构的考核中，应提高内控管理在绩效考核中的权重，建立案防履职考核评价体系，量化考核成果，与岗位绩效严格挂钩，以健全的内控管理机制促进各项业务健康持续发展。说到底，人是商业银行风险控制的根本和基础，要强调以人为本，要求商业银行在内部风险控制文化上充分发挥人的主动性和能动性，不断依靠提高从业人员的各项综合素质、不断提高员工的道德水准、不断加强员工法规意识，同时利用考核机制充分调动从业人员的主动性、积极性和创造性，进而达到内部风险控制的最优效果。商业银行内部风险控制的成功与失败，在根本上取决于企业员工的风险控制意识和行为，特别是商业银行领导的内部风险控制意识和风险控制行为。因此，商业银行要注重重塑内部风险控制文化，尤其是各级管理者要营造积极的内控文化氛围和环境，率先垂范、明智践行，有效激发基层行员工的敬业爱岗热情。同时，注重对员工的研究，尊重员工的心理需求，要尊重员工、理解员工、关

心员工、信任员工，营造一种以人为本、民主和谐、严肃活泼、紧张有序的内部工作环境，发扬爱岗敬业、勤奋克己的工作精神，进而创造更加优秀的工作业绩。同时，要加强管理人员与基层工作人员的沟通和交流，减少上级与下级之间的信息不对称及隔阂，形成强大的企业合力，进而促进银行更加健康、持续、快速发展。

（二）加强对网络风险的控制，促进互联网金融健康发展

目前，互联网金融的快速发展，使网络风险日益突出，已成为商业银行转型时期面临的重要新型风险。主要防范措施有以下几个方面。

1. 在实体方面

商业银行机构的安全保卫部门应该重视把本银行的计算机及网络安全纳入自己的视野，自己管理，加强对计算机中心及机房的管控，对机房重地要制定更加严格的出入制度，对计算机中心人员要加强保密教育，严格落实各项保密规定。

2. 在硬件方面

一是改善银行硬件运行环境，银行机房建设要按照国家统一颁布的标准进行建设，特别是严防机房靠近各种无线电发射台或电视转播发射点，避免计算机信息传递出错。二是做好设备维护工作。三是加强网络安全防范。做好三级备份，对网络的信号传输标题进行屏蔽处理；对连入内网的计算机要安装并及时更新杀毒软件；对进出内部网的数据包进行过滤，防止银行的有关信息数据在网上被窃听、篡改。

3. 在软件方面

一是重视银行应用软件在开发过程中的安全加密工作。编程过程中要对重要环节采用可靠的加密技术，及时发现并修正软件设计过程中的缺陷。二是将网上银行系统作为防范重点。加强银行内部操作人员的权限和密码管理，严禁越权操作，密码强制定期修改，数据输入严密检查，及时清除各种垃圾文件。三是做好数据备份，确保数据安全。四是对客户推行使用芯片银行卡，网上银行使用 U 盾等安全级别高的介质，确保客户使用网银时的资

金安全。

4. 在信息管理方面

一是建立商业银行内部计算机风险防范组织体系。各级银行领导要高度重视计算机安全工作，成立计算机安全防范领导小组，明确权利责任，从上级领导到基层员工签订安全责任状，营造出"科技安全、人人有责"的良好氛围。二是落实风险内控制度。银行业务与非业务用机实行严格分离管理，做到专机专用，专人管理，各负其责。三是解决人员素质对计算机及网络安全的影响。对不断加强对科技人员的培训，提高银行科技人员处理计算机及网络故障、防范各种网络风险的能力。对银行基层业务操作人员，应不断加强计算机安全知识的普及和培训。

（三）高度重视信用风险控制，全力化解不良贷款

信用风险是商业银行积极推进转型发展面临的重要风险，随着经济下行压力加大，客户违约现象频发，信用风险目前表现突出，大量银行不良贷款持续攀升。为此要做到以下防范措施，一是做好贷前调查、贷时审查、贷后检查工作，严防贷款企业恶意逃废我行债务。二是积极推动信贷结构调整。根据"有保有压、有进有退"的政策，加大对优质法人客户和项目的营销力度，大力拓展新兴产业信贷业务空间；稳步压缩潜在风险贷款、"两高一剩"贷款、亚健康贷款，进一步优化信贷结构。三是建立防火墙，严控一家企业为多家企业担保或多家企业相互担保，落实足额的抵质押物。四是加大对违规处罚的力度。对不按规定做好贷后管理，虚假受托支付，贷款被挪用，贷款抵质押物灭失、转移、损毁、严重减值，贷款发放后销售货款零归行，以及授信后管理、十二级分类、抵质押物重评等环节发生的违规问题，加大处罚力度，并限期进行整改，强化制度约束力。

（四）加强利率风险控制，提高利息创收能力

近年来，我国利率市场化的步伐逐步加快，2013 年 7 月，中国人民银

行宣布全面放开贷款利率下限；2015 年 5 月，酝酿已久的存款保险制度正式实施，当月中国人民银行将存款利率上浮比例扩大到基准利率的 1.5 倍；2015 年 6 月，《大额存单管理暂行办法》公布实施，由此带来的利率风险急剧加大，规避利率风险成为商业银行应对利率市场化的重要内容。为此，要开展以下防范措施。一是避免资产过度扩张，适当扩大资本的约束范围。由于我国宏观因素和产业走势，我国商业银行一直有规模片面扩张的现象，这种现象加剧了宏观经济的波动，通过信贷资金的注入，进一步加剧了金融泡沫的形成，同时把自己置身于利率风险之中。在这种情况下，商业银行应该在一定程度上抑制资本套利行为，严控对过热行业的贷款审核流程，合理收缩高风险的信贷规模。从而真正避免人为的使利率收入差额缩小，即一方面拼命高息收揽储蓄，一方面低息发放贷款。二是建立完善的资产负债管理体系。三是建立符合我国国情的利率风险预测模型。四是引入金融工具弱化利率风险。

（五）加大对欺诈风险的防控，遏制案件高发势头

欺诈风险是商业银行在转型发展过程中所面临的重要风险，是各种重特大金融案件发生的源头，必须高度重视，全力防控。一是强化内部反欺诈风险管理。加强员工培训，帮助其掌握反欺诈知识。二是加强外部欺诈风险防范。一方面要深入分析近年来外部各类欺诈案件，尽可能预测可能发生的外部欺诈风险；另一方面要组织银行内部员工学习，提高其反外部欺诈的能力；此外要完善操作流程，不给犯罪分子可乘之机。三是完善防范欺诈风险管理制度。落实案件查访责任制，提高制度执行力。四是构建防范欺诈风险管理管理系统。明确责任部门，构建统一的监测平台，辅以先进的风险管理信息系统。五是引进先进的反欺诈防控技术。例如，在欺诈案件比较集中的信贷、信用卡发行领域，依托线性判别分析模型、神经网络模型等先进的数理统计技术，对客户的身份进行识别，对其信用度进行确认，对其经营及财务状况进行科学分析判断。六是加大对高案发领域的监测与督促整改。加强对高风险领域业务的日常监测力度，特别是要加强对理财、存款、信贷领域

的模型监测，对涉及非法集资的高风险企业，要在信贷管理系统中标注为潜在风险客户进行控制。加大对公定期存款异常波动等情形的监测，开展对公结算账户风险专题分析。加强当前信用风险多发领域和业务品种的贷前调查和审查；进一步优化监控预警模式，加强对虚构交易、异常资金流向等情况的监控。抓好日常反欺诈风险管理，针对目前案件中暴露出的柜面业务控制、远程授权、代发工资管理、手工验印控制、空白重要凭证管理、银企对账、重要岗位权限控制、存单质押贷款系统硬控制以及理财产品垫款管理等方面的漏洞，逐一剖析，还原场景和环节，列出问题清单和时间表，督促相关专业部门对风控问题进行整改。

（六）加强道德风险防线建设，完善内部控制环境，强化员工日常行为管控

商业银行的成就主要来源于高素质的职工队伍，更是内部控制制度中最基本的构成要素。人是控制环境的重要保证，既是内部控制的主体，也是内部控制的客体。一是严把用人关，对重要岗位的人才选拔和配备，应全面考核其德、能、勤、绩等综合素质，着力构筑良好内控文化和严密的风险防范防线。二是认真落实对员工的管理责任，一方面强化事中监管、事后监督，以防范风险为重点，切实发挥管理岗的牵头作用，确定工作目标，分解工作任务，落实工作责任，每一项工作的完成有计划、有步骤、有记录、有总结；另一方面积极探索制订"双向"的员工异常行为监督举报制度，引入客户监督、社会监督、内部监督、第三方暗访等手段，提高员工的管控能力。三是加大对员工行为动态排查，掌握员工思想动态，主要看员工性情是否有变化、精神状态是否有变化、消费是否有变化、工作态度是否有变化、家庭生活是否有变化等。特别要重点加强对员工参与民间借贷、参与经商、代客理财和超能力大额购买股票、基金、彩票、信用卡透支、超常规消费等突出问题的关注力度，防患于未然。各行要认真落实家访要求，明确家访责任，通过不断上门走访、谈心活动进行详细了解，逐一排查，切实做到排查不走过场。

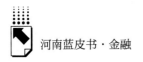

（七）严格建立内控纠错评价制度和责任追究制度

内控监督及评价结果充分体现了对问题的纠正与责任人的处理，建立严格的内控纠错评价制度。一方面促进操作人员和管理人员认真对差错事故、案件进行剖析，反思在制度执行中的缺陷，落实整改措施，督促整改。另一方面促进管理层完善内控机制，提升管理者的素质和管理水平。一是坚定不移地把纪律和规矩放在前面，严肃查处各类案件和风险事件，做到有案必查、查案必严，对检查出现的问题要落实到责任人，不能搞变通，该处罚的处罚，该问责的问责，提高制度执行的有效性、权威性，实现以查促防的治本功能，加大问责和通报力度。二是加大内控评价结果应用力度，强化对评价发现的问题整改问责，重点指导评价得分较低、管理基础薄弱的分支机构进一步加强内控管理、严格案件防控。三是建立案防风险防线，分条线有效地开展风险排查工作，组织工作自查、序时检查、交叉检查等，继续开展对业务运营中"屡查屡犯"的专项治理活动，对在监测、核查、检查、排查、不良贷款责任认定中发现的严重违规行为和"屡查屡犯"问题，按照从严原则，继续抓好案件责任追究，发挥警示震慑作用。加强对存续以及新发生的案件和案件风险事件的督办和问责追踪，形成闭环管理。四是加强对各部门检查计划执行情况的跟踪，核实部门计划未执行以及未完成的原因，强化检查统筹管理的严肃性。

参考文献

银监会《商业银行流动性风险管理指引》，2009。
银监会《商业银行操作风险管理指引》，2007。
银监会《商业银行科信息技风险管理指引》，2009。
财政部、证监会、审计署、银监会、保监会：《企业内部控制基本规范》，2008。
银监会《商业银行内部控制指引》，2014。
美国 COSO：《企业风险管理——整合框架》，方红星、王宏译，东北财经大学出版社，2005。

Abstract

In October of 2017, the 19th CPC National Congress of the Party was successfully held, and the Party decided that the socialist ideology with characteristics in the new era of Xi Jinping should be the guiding ideology that the Party must adhere to for a long time. It sounded the sound of a decisive victory in building a well-off society in an all-round way and a new journey towards a socialist modern country. In particular, Aiming at the development of financial industry, the 19th CPC National Congress report of the CPC pointed out that "deepening the reform of the financial system, strengthening the real economic capacity of the financial services, increasing the proportion of direct financing, promoting the healthy development of the multi-level capital market, improving the financial supervision system, and holding the bottom line of avoiding systemic financial risk". During the year, Henan's financial sector was dominated by welcoming the party's 19th CPC National Congress and learning and implementing the spirit of 19th CPC National Congress, has taken the service real economy as its own responsibility, actively adapted to the challenges of marketization of interest rates and the development of Internet finance, accelerated the strategic transformation of reform, innovation, differentiation and characterization, and supported the structural reform on the supply side. The strength of the financial industry has been strengthened, the "financial armies of Henan" has continued to grow, the scale of social financing has reached a new high, the rural financial reform has made a new breakthrough, and the financial industry of the whole province has achieved new development.

This year's "Henan Financial Development report" was compiled by the Henan Academy of Social Sciences, with the theme of "the rise of financial armies of Henan". This book discusses the implementation of prudent financial policies in the financial industry of henan from all directions and angles, explores the steps and effects of promoting supply-side structural reform, innovating financial products and services, and actively serving the real economy, and puts forward some Suggestions on deepening reform, strengthening innovation, preventing risks and strengthening support for real economy in henan financial industry in 2018. The book is deeply integrated into the new ideas, new claims, new ideas and new measures proposed by the party's nineteen great proposals on the development of the financial industry, aims to provide high quality decision-making reference for provincial government, financial institutions and the public. The book is divided into four parts: general report, financial armies, service innovation and special research.

The general report of this book, written by the research group of henan academy of social sciences, represents the basic view of the analysis and outlook of the development situation of henan financial industry from 2017 to 2018. In 2017, according to the report, the financial industry in henan province actively adapt to the new normal, adhere to innovative development and prudent management, and strive to promote supply-side structural reform, strengthen services and support the real economy, the economy present new trends, new highlights and new features. At the same time, there are new problems and new challenges. In 2018, to achieve steady and healthy development of the financial sector, henan province should strengthen key areas of financial support, accelerating the development of a multi-level capital market, strengthen the weak link of financial innovation, deepen financial reform, outstanding management, and strengthen risk control specification.

In "financial armies of henan", research group of henan provincial people's government development research center illustrates the strategic significance of bigger and stronger financial armies of henan, deeply analyzes the the "henan phenomenon" of the rise of henan financial group, analyzes the financial industry development trend and future of henan economy influence, and puts forward the new times bigger and stronger financial armies countermeasures and suggestions. In addition, the central bank, the central plains securities assets, the central plains, zhengzhou commodity exchange, bank of rural credit cooperatives association of henan province, Zhengzhou bank have carried out a systematic review of main operating conditions in 2017, and prospects for the development of 2018.

In "Services and innovation", this part summarizes and analyzes the business innovation of major financial institutions in henan province in various fields such as inclusive finance, service small and micro enterprises, service area economic transformation and service poverty alleviation, and puts forward the specific development ideas and specific corresponding measures. In "monographic study", on the basis of the in-depth understanding of the party's great spirit, this part has carried out in-depth analysis on the accelerated development of science and technology finance in henan province, promoting the experimental area of lankao financial reform, accelerating the application of PPP mode, strengthening the risk control of the transformation and development of commercial Banks, and promoting the healthy development of regional equity market, and put forward relevant ideas and suggestions.

In view of the new requirements and new tasks proposed by the new era and new situation for the financial industry in henan, this book has invited well-known experts and scholars from relevant financial institutions, financial regulators, scientific research institutes and government departments to analyze the key and difficult problems in the financial industry, especially the financial army in promoting supply-side structural reform, supporting the real economy and preventing financial risks, and put forward the countermeasures and suggestions for the high quality development of henan financial industry from different perspectives.

Keywords: Henan; Financial Industry; Financial Armies of Henan

Contents

I General Report

Abstract: In 2017, the financial industry in Henan province took the initiative to adapt to the new normal, persisted in innovative development and steady operation, put forth efforts to promote structural reform on the supply side, strengthened services and supported the real economy, the financial industry has developed well, the "financial armies of henan" has continued to grow, the scale of social financing has reached a new high, and the rural financial reform has made a new breakthrough. However, there are still some problems in Henan finance, such as the strength of the "financial armies of henan" is not strong, the ability of serving the real economy is not strong, and the regional financial risks still exist. In 2018, in the face of the complex economic and financial situation at home and abroad, in order to achieve a stable and healthy development of the financial industry, Henan province should increase financial support in key areas, speed up the development of multi-level capital markets, strengthen financial innovation in weak links, deepen financial reform, stress regulation and supervision, and strengthen risk prevention.

Keywords: Henan; Finance; Financial Armies of Henan; Supply-side Structural Reform; Financial Innovation

Ⅱ   Evaluation Articles

B. 2   The Research on Comprehensive Evaluation
of Financial Ecological Environment in Henan
Province under the New Normal

Research Group of Henan Academy of Social Sciences / 026

Abstract: Improving the financial ecological environment is a powerful measure to build a powerful economic province for Henan. Construct a financial ecological environment evaluation system include financial ecological soil environment, financial ecological growth environment, financial ecological air environment based on the ecology theory, and by using related data from the eighteen cities in Henan province in 2016, and using entropy model calculate the financial ecological environment to find out the construct characteristics, differences and its`reason of Henan province, And put forward policy advice to promote the financial ecological environment level in Henan province.

Keywords: Financial Ecological Environment; Comprehensive Evaluation; Entropy Method; Henan province

Ⅲ   Finance Henan Financial Army

B. 3   Strategic Thinking and Countermeasures on Strengthening
Henan Financial Army

Research group of Development Research Center of Henan Province / 046

Abstract: In recent years, the rise of the Henan financial army has strongly supported the rise of the Central Plains. However, for a long time, the important short boards which restrict the development of Henan province is still lagging

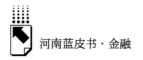

behind the economic development, the discrepancy between savings and loans is large, the growth of capital market is slow, the financial institutions are weak, the structural level is low, the innovation ability is weak, and the professional talent is scarce, The development environment needs to be optimized. To strengthen the Henan financial army, we should strengthen the characteristics, make breakthrough on key fields, cultivate the leading clusters, continuously improve the influence of the financial agglomeration area of the ZhengDong New District, and provide strong support for Henan to build a strong economic province and realize the rise of the Central Plains.

Keywords: Central Plains Economy; Henan financial army; financial risks

B. 4　Analysis and Forecast on the Development
　　　of ZYB in 2017 −2018　　　　　　　*Wang Jiong /* 069

Abstract: Zhongyuan Bank is the only provincial corporate bank in the Henan Province. It was established on Dec. 23, 2014. After two years' efforts, the Zhongyuan bank has realized the steady and strong development. This article makes a comprehensive, objective and systematic summary and analysis on the development of Zhongyuan Bank in 2016. This analysis is based on the perspectives of business situation, the financial service ability, risk management, strategy and social responsibility. Combined with economic and financial situation at home and abroad, this article offers some suggestions aiming at realizing the voyage plan of listing in Hong Kong and the leaping development in 2017 for Zhongyuan Bank.

Keywords: Henan; Commercial Bank; Zhongyuan Bank

B. 5　Analysis and Forecast on the Development of CCSC
　　　in 2017 −2018　　　　　　　　　　*Li Shiding /* 079

Abstract: Since 2017, under the leadership of the CPC Henan Provincial

Committee, the People's Government of Henan Province and the support from
the Financial Services Office of the People's Government of Henan Province,
faced by unfavorable macroeconomic and securities market conditions, Central
China Securities Co. , Ltd. ("CCSC") tackled difficulties and seized
opportunities, centered closely around established strategies, completed the A
share IPO of CCSC, achieved "three leap-forward steps in three years",
successfully seized two strategic high grounds-H and A share markets and acquired a
window of opportunity for strategic development. As the only securities company
with a legal entity status in Henan Province and an important representative of the
"Henan Financial Allied Forces", CCSC will take full advantage of the benefits of
dual-listing, focusing on fast-tracked development, on one hand enhancing the
overall capability, on the other hand promoting strategic layout, whereby
continuously improving the quality of service for the real economy, accelerating
the rapid transformation and upgrading of regional financial development and
economic structure.

Keywords: Henan; Central China Securities; Stock Market

B. 6　The Analysis and Prospect on the Development
　　　of Zhongyuan AMC in 2017 −2018　　　*Guo Hongxun* / 088

Abstract: In the face of the great opportunities and challenges in the new
stage, such as the urgent requirements of financial innovation from the economic
transformation and fierce competition in distressed asset markets, Zhongyuan Asset
Management Co. , Ltd, which is the major initiatives of Henan provincial
government to building the powerful financial institutions known as Henan financial
group, has assumed responsibility of the provincial backbone financial enterprises
and pinpointed the functional orientation in the competition with the other Henan
financial group. Now the multiple-collaborative financial service structure has
initially taken shape and obtained preliminary affection. In the future, Zhongyuan
AMC will strive to become the valuable financial enterprise renowned in the world

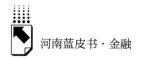
in the industry with the strategic mode of "One Core with Two Wings", which takes non-performing assets as the core basic business and actively nurtures the collaborative development of equity investment and comprehensive financial services.

Keywords: Non-performing assets; Equity investment; Strategic mode of One Core with Two Wings; Multiple-collaborative financial service structure

B. 7   The Analysis of Development Situation and Prospect of Zhengzhou Commodity Exchange in 2017 −2018

Wang Chende, Lu Faxi / 098

Abstract: In 2017, under the wise leadership of the CSRC, Zhengzhou Commodity Exchange (ZCE) adhered to the fundamental purpose of serving the real economy, focused on Strengthening Party building, optimizing self-management, ensuring market stability, and facilitating market development. As a result of the efforts, ZCE achieved substantial progress in every aspect of businesses. 2018 kicks off to put all the guiding principles from the Party's 19th National Congress into action. In 2018, ZCE will follow the guidance of Xi Jinping Thought on Socialism with Chinese Characteristics for a New Era, adhere to the new development philosophy, heed the requirement that development must be high quality, fulfill the three missions of serving the real economy, preventing financial risks, and deepening financial reforms, make more efforts to strengthen the key leading role of the Party Committee, perfect the internal governance, improve front-line supervision, boost the innovation in products and businesses, optimize technical system, explore the path and mode of opening up, improve "Insurance + Futures", strive to make new contributions to the development of the real economy and the structural reform of supply front.

Keywords: Zhengzhou; Commodities; Commodity Exchange

Abstract: As the rural finance main force of Henan province, Henan rural credit union have made outstanding contribution on developing real economy and inclusive Finance, improving financial service and people's livelihood, working for the social benefit in 2017. The next year, Henan rural credit union will continue to maintain strategic focus, hold the responsibility, try hard to make more contribution on Henan's development.

Keywords: Henan; rural credit union; Rural finance

Abstract: Based on the three major characteristics of "trade finance, small&micro finance and public finance", Bank of Zhengzhou has established the strategic transformation direction of characteristic, integrated, branding and internationalization. In 2016, based on the direction of characteristic development and the lead of innovation, Bank of Zhengzhou explore new business actively, continue to speed up the application of qualifications, strengthen product and management innovation, providing a powerful driving force to sustained, rapid and healthy development. In 2017, Bank of Zhengzhou will actively promote the process of integrated operation, strengthen the strategic linkage between the platform of the holding companies and affiliated institutions, and build a new business advantage. Bank of Zhengzhou will accelerate the pace of characteristics development, focus on the establishment of advantages in the characteristics fields, and strive to achieve the goal of "national benchmark of business financial, a Henan model of small&micro financial, the capital financial brand of public

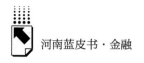
finance". Bank of Zhengzhou will continue to inject new vitality and provide better support for the financial development of Henan Province.

Keywords: Joint-stock Bank; Bank of Zhengzhou; Financial Services

Ⅳ Service Innovation

B. 10 Practice and Exploration in Inclusive Financial Sector
of Postal Savings Bank of China Henan Branch

Li Bin / 133

Abstract: In this study, we analyze the development status of Postal Savings Bank of China Henan Branch, based on this analysis; we analyze the new challenges and new requirements faced by Postal Savings Bank of China Henan Branch. Then, we give some countermeasures and suggestions, these suggestions include service concept, product innovation, top-level design, regulatory policy, credit environment and so on, and these suggestions are proposed to promote inclusive financial development level of Postal Savings Bank of China Henan Branch.

Keywords: Postal Savings Bank of China henan branch; inclusive finance; service innovation

B. 11 The General Idea and Countermeasures of Financial Support
for the Development of Poverty in Henan Province

Xu Han / 141

Abstract: It is a major political task for the whole party in the new period to firmly win the battle against poverty, and it is an important part of building a well-off society in an all-round way, relating to promoting people's well-being, and relating to the long-term stability of the country. Over the years, Henan branch of China Development Bank, earnestly implemented a series of major policy decisions of Central government and provincial Party committee and provincial government, and using the development finance concept, to provide intellectual support, to open up the financing bottleneck, to service the province's poverty alleviation, which plays an important role in the construction and development services in poor areas to help poor people out of poverty. Next, Henan branch of China Development Bank will increase support to contribute more power to poverty alleviation in Henan province.

Keywords: Henan; The Development Finance; poverty alleviation;

B. 12 The Exploration of ICBC Henan Branch Serving Regional Economic Transformation

Wu Wenchao / 149

Abstract: ICBC Henan branch adhered financial services to the real economy origin, highlighting the main line of transformation and development, persisting in reform and innovation, continuing to promote the business management transformation, serving Henan major development strategies, serving Henan economic transformation and upgrading, supporting the development of small and micro enterprises, serving opening up and "The Belt and Road" construction, has made outstanding contribution to Henan regional economic transformation. In the process of speeding up the strong economic province construction in Henan Province, ICBC Henan branch should keep serving the major strategies of Henan, focus on the new economy, implement service innovation, and constantly improve risk management, in order to achieve better development.

Keywords: ICBC Henan branch; economic transformation; risk management

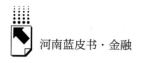

B. 13   Exploring on the Mode and Path of Transformation
          and Innovation of Provincial Branches
          of China Agricultural Bank

Tang Xiaowang / 159

Abstract: With the accelerating pace of financial innovation, the state-
owned commercial banks have ushered in unprecedented opportunities and
challenges. It has become an important task for commercial banks to speed up their
strategic transformation and enhance their core competitiveness. The Agricultural
Bank of China branch in Henan Province actively explored strategic
transformation, strengthened its business operations, agricultural business and retail
business, nurtured and strengthened its intermediary businesses and strengthened its
risk management. The Bank has achieved positive results and provided a model for
the transformation and development of provincial-level commercial banks. In a
future period, the branch of Agricultural Bank of China Henan Branch should
accurately grasp the development direction of commercial banks, speed up the
transition to innovation banks, retail banks and special banks, and continuously
enhance their competitive edge and core competitiveness.

Keywords: China Agricultural Bank; Provincial Branches Bank;
Transformation and Innovation; Mode and Path

B. 14   Research on Measures and Countermeasures to Serve
          Small Enterprises and Micro-enterprises of Zhengzhou
          Branch of China Merchants Bank

Li Lifei / 169

Abstract: Small enterprises and micro-enterprises are the most dynamic force in the development of real economy, play an important role in stabilizing growth, expanding employment, promoting innovation, enhancing economic vitality and promoting social harmony and stability. The zhengzhou branch of China merchants bank always carries out the national financial policy, has innovated credit model, simplified credit flow, strengthened risk management, realized independent professional operation, fully support the real economy. In the future, the zhengzhou branch of China merchants bank should grasp the good opportunity of the rise of zhongyuan and the revitalization of henan, focus on small and micro enterprises to carry out product innovation and business innovation, fully serve the rise of Central China.

Keywords: China Merchants Bank; Small and Micro Enterprise; Finance Services

B. 15 Strengthening Service Innovation to Improve the Efficiency of Commercial Banks' Service Entity Economy

Wang Fang / 178

Abstract: Facing the current complex and changeable macro environment and increasingly fierce market competition, service innovation is beneficial to improve the competitiveness and risk prevention ability of commercial Banks, to meet the increasing financial demand, is a key link for commercial banks to maintain rapid and healthy development. Based on the analysis and summary of the practice and experience of service innovation in Henan branch of the bank of Communications, the paper puts forward some thoughts and Suggestions on further strengthening the innovation of bank services and improving the quality and efficiency of service entities.

Keywords: Service Innovation; Real Economy; Commercial Banks

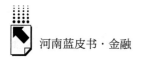

B. 16   The Development Report of China Guangfa Bank

Zhengzhou Branch in 2017   *Shi Tao* / 188

Abstract: In 2017, with the guidance of the provincial government, the service ability of China Guangfa Bank Zhengzhou branch in the real economy increase stability, the financial innovation arise frequently, inclusive finance has made new progress, the overall development of strength enhance steadily. Under the new norm, the development opportunities outweigh the challenges faced by the China Guangfa Bank Zhengzhou branch, it is need to increase the strength of the real economy consistently, establish financial innovation endogenous mechanism, strictly control the quality of assets, and strengthen risk management, to provide strong support to play "four cards" in Henan.

Keywords: Banking Industry; China Guangfa Bank Zhengzhou Branch; Financial Innovation

V   Special Topics

B. 17   Thoughts and Suggestions on the Constructions

of Lankao Inclusive Financial Reform Pilot Area

Li Lifei / 196

Abstract: Lankao inclusive financial reform pilot area is China's first pilot area of inclusive financial reform. Lankao prior to carry and try, create innovation mechanisms and perfect service system, breakthroughs have been made in the fields of inclusive credit, credit system construction and inclusive financial services. In the future, Lankao should aim at the county economy, "three rural", small and micro enterprises, through various measures track out a sustainable, and reproducible road of inclusive financial development. This is not only an important breakthrough in henan to deepen financial reform, but also a major exploration of the modern financial system with Chinese characteristics, which takes both fairness and efficiency into account. Lankao inclusive financial reform pilot area will become the important support for building a well-off society in an all-round way in henan.

Keywords: Lankao; Inclusive Financial; County Economy

B. 18　Current Situation and Countermeasures of Tech-finance
　　　in Henan Province under the Background
　　　of Innovation-driven Strategy

Li Bin / 207

Abstract: In this study, we take the Tech-finance of Henan province as a perspective, and analyze the strategic significance of Tech-finance for upgrading Henan economy, based on this analysis, we analyze the current situation and the restricting factors in the process of Tech-finance of Henan province. The financing channels are relatively narrow, the intermediary organizations are not perfect, and the investment in science and technology does not match the demand. Then, we give the basic ideas and path selection of Tech-finance in Henan province, and some suggestions are put forward to improve the level of Tech-finance in Henan province.

Keywords: innovation-driven strategy; tech-finance; venture capital; Henan province

B. 19　The Thinking and Countermeasures to Speed up
　　　the Construction of Regional Financial Center
　　　of Zhengzhou City　　　　　　　*Wang Mengmeng* / 216

Abstract: To speed up the construction of the national influential regional financial center is the construction of Zhengzhou national center city, one

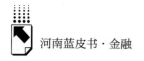

important step to boost the inevitable choice of Henan economic strong province development goals and the modern industry system. Based on the analysis of practical significance to speed up the construction of regional financial center of Zhengzhou, on the basis of favorable conditions and restrict factors, this paper means to put forward the regional financial center and speed up the development train of thought and countermeasures and Suggestions.

Keywords: Zhengzhou; Regional financial center; Open financial

B. 20　Effect, Problems and Countermeasures of Popularizing and Applying PPP Model in Henan Province

Hu Xingwang, Li Junjie and Zhang Hanyuan / 227

Abstract: The promotion and application of PPP model will help to give full play to the decisive role of the market in resource allocation, promote the improvement of national governance ability and the innovation of financial management mode, and realize the improvement of the quality and efficiency of public goods and public service supply. Since 2014, the application of PPP has achieved great effectiveness in Henan province for the last three years. However, there are still some problems such as lack of ideological understanding, uneven work progress, difficulty in project landing, project planning and operation level, and risk awareness. It is necessary for Henan province to further deepen the reform of the PPP, innovate work initiatives, improve the promotion mechanismandenhancethe PPP scientific, standardized and intensification level in order to promote the PPP work of our province to reach a new stage.

Keywords: Henan Province; The Promotion and Application of PPP Model; Resource Al Location

Abstract: It is not only a theoretical problem but also a practical problem to realize the healthy development of the regional equity trading market in Henan Province and to solve a large number of difficulties in financing, innovation and development of small and medium-sized enterprises. Therefore, the research group and its cooperating units have carried out special research, based on the investigation of the operation practice of the Central Plains Stock Exchange Center over the past year or so, the present situation and existing problems of the regional equity market in Henan Province have been studied. The author makes a deep thinking, and puts forward the corresponding countermeasures and suggestions from the two aspects of theory and practice.

Keywords: Henan Province; Capital Market; Equity Market

Abstract: Supply chain finance is a financial service method based on industry supply chain management to provide financing for enterprises in the chain. It emphasizes building a credit risk control system that integrates information flow, capital flow, business flow, and logistics, and can effectively solve SME financing difficulties. The supply chain finance in Henan Province started relatively late and is still in the stage of exploration and development. There are still many problems in the financial model, credit evaluation system and policy system. Based

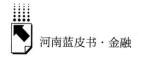

on the development status of SMEs in Henan Province, this paper analyzes the problems in the development of supply chain finance and puts forward corresponding countermeasures.

Keywords: Supply chain finance; Henan province; Trade Financing

B. 23　Big Data, Informatization and Business Transformation of Commercial Banks

Research Group of Management Information Department

of Industrial and Commercial Bank of China Henan Branch / 252

Abstract: Under the new situation, the operation of banks has entered the "new normal". The development speed, growth mode and management mode of commercial banks are undergoing profound changes. How to adapt to the new normal, find a new power of development, and maintain a lasting competitiveness, is an important issue facing the banking industry. The arrival of big data and information age provides unprecedented opportunities and challenges for commercial banks to innovate service mode and development power, to adapt to the trend of development of the times and to change customer needs. With the support of big data and information, commercial banks need to realize precision marketing, lean operation and fine management. Deeply create a good customer base, reasonable business structure, tight risk control, excellent staff, mature management team, clear business thinking of sustainable development, open up a new realm of banking reform and development in China, a new atmosphere.

Keywords: big data; Informatization; Management Transformation of Commercial Banks

B. 24   Research on risk Control of Commercial Banks'

Transformation and Development

Research Group of Internal Control Compliance Department

of Industrial and Commercial Bank of China Henan Branch / 269

Abstract: As a result of the economic slowdown, the deepening of the marketization of interest rates, the increasingly fierce competition among the same industry, the vigorous development of Internet finance, and the profound changes that have taken place in the overall operating environment of the banking industry, The sustainable development of large banks faces many challenges, such as more risk factors, wider scope, more subtle changes, more complex nature and more difficult management, which puts forward higher requirements for banks to strengthen internal control management and improve the level of risk management. Therefore, the author pays close attention to all kinds of problems and risks that constantly appear in the operation of banks, according to the supervision requirements of domestic banking supervision departments, and proactively reveals the main hidden risks in the internal control management in the field of business. Put forward effective management measures.

Keywords: Commercial Bank; Transformation and Development; Risk Control

权威报告·一手数据·特色资源

皮书数据库
ANNUAL REPORT(YEARBOOK)
DATABASE

当代中国经济与社会发展高端智库平台

所获荣誉

- 2016年，入选"'十三五'国家重点电子出版物出版规划骨干工程"
- 2015年，荣获"搜索中国正能量 点赞2015""创新中国科技创新奖"
- 2013年，荣获"中国出版政府奖·网络出版物奖"提名奖
- 连续多年荣获中国数字出版博览会"数字出版·优秀品牌"奖

成为会员

　　通过网址www.pishu.com.cn访问皮书数据库网站或下载皮书数据库APP，进行手机号码验证或邮箱验证即可成为皮书数据库会员。

会员福利

- 使用手机号码首次注册的会员，账号自动充值100元体验金，可直接购买和查看数据库内容（仅限PC端）。
- 已注册用户购书后可免费获赠100元皮书数据库充值卡。刮开充值卡涂层获取充值密码，登录并进入"会员中心"—"在线充值"—"充值卡充值"，充值成功后即可购买和查看数据库内容（仅限PC端）。
- 会员福利最终解释权归社会科学文献出版社所有。

社会科学文献出版社 皮书系列
SOCIAL SCIENCES ACADEMIC PRESS (CHINA)

卡号：942129779976
密码：

数据库服务热线：400-008-6695
数据库服务QQ：2475522410
数据库服务邮箱：database@ssap.cn
图书销售热线：010-59367070/7028
图书服务QQ：1265056568
图书服务邮箱：duzhe@ssap.cn

基本子库
SUB DATABASE

中国社会发展数据库（下设 12 个子库）

全面整合国内外中国社会发展研究成果，汇聚独家统计数据、深度分析报告，涉及社会、人口、政治、教育、法律等 12 个领域，为了解中国社会发展动态、跟踪社会核心热点、分析社会发展趋势提供一站式资源搜索和数据分析与挖掘服务。

中国经济发展数据库（下设 12 个子库）

基于"皮书系列"中涉及中国经济发展的研究资料构建，内容涵盖宏观经济、农业经济、工业经济、产业经济等 12 个重点经济领域，为实时掌控经济运行态势、把握经济发展规律、洞察经济形势、进行经济决策提供参考和依据。

中国行业发展数据库（下设 17 个子库）

以中国国民经济行业分类为依据，覆盖金融业、旅游、医疗卫生、交通运输、能源矿产等 100 多个行业，跟踪分析国民经济相关行业市场运行状况和政策导向，汇集行业发展前沿资讯，为投资、从业及各种经济决策提供理论基础和实践指导。

中国区域发展数据库（下设 6 个子库）

对中国特定区域内的经济、社会、文化等领域现状与发展情况进行深度分析和预测，研究层级至县及县以下行政区，涉及地区、区域经济体、城市、农村等不同维度。为地方经济社会宏观态势研究、发展经验研究、案例分析提供数据服务。

中国文化传媒数据库（下设 18 个子库）

汇聚文化传媒领域专家观点、热点资讯，梳理国内外中国文化发展相关学术研究成果、一手统计数据，涵盖文化产业、新闻传播、电影娱乐、文学艺术、群众文化等 18 个重点研究领域。为文化传媒研究提供相关数据、研究报告和综合分析服务。

世界经济与国际关系数据库（下设 6 个子库）

立足"皮书系列"世界经济、国际关系相关学术资源，整合世界经济、国际政治、世界文化与科技、全球性问题、国际组织与国际法、区域研究 6 大领域研究成果，为世界经济与国际关系研究提供全方位数据分析，为决策和形势研判提供参考。

法律声明

　　“皮书系列”（含蓝皮书、绿皮书、黄皮书）之品牌由社会科学文献出版社最早使用并持续至今，现已被中国图书市场所熟知。“皮书系列”的相关商标已在中华人民共和国国家工商行政管理总局商标局注册，如LOGO（ ⬛ ）、皮书、Pishu、经济蓝皮书、社会蓝皮书等。“皮书系列”图书的注册商标专用权及封面设计、版式设计的著作权均为社会科学文献出版社所有。未经社会科学文献出版社书面授权许可，任何使用与“皮书系列”图书注册商标、封面设计、版式设计相同或者近似的文字、图形或其组合的行为均系侵权行为。

　　经作者授权，本书的专有出版权及信息网络传播权等为社会科学文献出版社享有。未经社会科学文献出版社书面授权许可，任何就本书内容的复制、发行或以数字形式进行网络传播的行为均系侵权行为。

　　社会科学文献出版社将通过法律途径追究上述侵权行为的法律责任，维护自身合法权益。

　　欢迎社会各界人士对侵犯社会科学文献出版社上述权利的侵权行为进行举报。电话：010-59367121，电子邮箱：fawubu@ssap.cn。

社会科学文献出版社